高等院校创新创业教育系列教材

内部创业基础

主　编　汪　忠　唐亚阳　李家华
副主编　周忠宝　贺　迅　钟卫东
参　编　唐　苗　雷冬娣　程　铭
　　　　董精同　吴　娟　田彩红
　　　　吴洪江

机械工业出版社

本书系统介绍了内部创业的相关理论，主要内容包括：内部创业概述、内部创业的环境、内部创业者与内部创业团队、内部创业机会、内部创业资源、内部创业计划书、实施内部创业、内部创业的组织支撑因素。本书将理论与实践有机结合起来，既注重内部创业基础理论的讲解和阐述，又密切联系国际国内最新的研究成果与中国的本土实践。同时，每章都设置了非常丰富的栏目，以方便学生学习。

本书可作为高等院校创新创业相关课程的教材，也可供企业中的内部创业者及相关研究者参考。

图书在版编目（CIP）数据

内部创业基础/汪忠，唐亚阳，李家华主编. —北京：机械工业出版社，2022.5

高等院校创新创业教育系列教材

ISBN 978-7-111-70900-8

Ⅰ. ①内… Ⅱ. ①汪… ②唐… ③李… Ⅲ. ①企业管理-高等学校-教材 Ⅳ. ①F272

中国版本图书馆 CIP 数据核字（2022）第 094958 号

机械工业出版社（北京市百万庄大街 22 号　邮政编码 100037）
策划编辑：裴　泱　　　　　责任编辑：裴　泱
责任校对：史静怡　李　婷　责任印制：任维东
北京富博印刷有限公司印刷
2022 年 9 月第 1 版第 1 次印刷
184mm×260mm·14 印张·255 千字
标准书号：ISBN 978-7-111-70900-8
定价：49.80 元

电话服务　　　　　　　　　网络服务
客服电话：010-88361066　　机　工　官　网：www.cmpbook.com
　　　　　010-88379833　　机　工　官　博：weibo.com/cmp1952
　　　　　010-68326294　　金　书　网：www.golden-book.com
封底无防伪标均为盗版　　　机工教育服务网：www.cmpedu.com

序一

2020年10月，我和汪忠教授一起在湖南大学为湖南省的高校教师做创新创业教育方面的培训。课上，我展示了《全球创业观察2019年—2020年度报告》中有关中国的数据，其中创新员工活动这一项，中国的数据是0.2%，在50个参与调查的经济体中，位居倒数第3位，也就是说中国员工鲜有内部创业活动。汪教授当时正在编写这本书，看到这个数据非常感慨，当即邀请我为之作序。我欣然接受。

简单说，内部创业是建立在岗位创新基础上的。欧盟委员会联合研究中心在2016年发布了《欧盟创新能力框架》，将创业定义为发现和识别机会，采取行动，为他人创造价值，并指出价值不限于经济价值，也包括社会价值和文化价值等。在此框架基础之上，2020年3月，该中心又发布了《公立和私营部门创新员工：概念、道理和方法》。这份有关创新员工的报告指出内部创新不是某个部门或某几个人的工作，而是所有员工日常化的思维和行动。机构文化和组织架构非常重要，要有鼓励员工创新的环境和机制，也要有容忍失败的文化和态度。

在成熟机构中，内部创新包括三个方面，即创新、主动和承担风险。创新是指机构参与、尝试和支持创新点子，有可能产生新产品、服务或流程，也可能得不到理想结果；主动是指机构采取主动行动，改造所处环境，使之对自己更加有利，勇于引领行业先锋，而非跟风随大流；承担风险是指机构愿意参与高风险的项目，采取大胆的行动。在此过程中，机构可能会消耗一些资源，却得不到明显的投资回报。

假设机构有创新文化，鼓励尝试和突破，容忍失败，而机构领导也支持员工创新，那么员工该具备怎样的素质，有哪些方法和框架可以引导他们更好地实现岗位创新呢？我总结了以下几条：

（1）员工明晰机构的愿景和发展战略。任何个人的创新都要与组织的发展一致，获得机构和领导的支持非常重要。

（2）任何创新都要以为他人创造价值为目的，不仅是经济价值。他人可以是机构本身、同事，也可以是客户、合作伙伴或其他利益相关者。

（3）员工要有强烈的责任感和主人翁意识，善于在工作中发现突破口，将创新作为日常工作习惯。

（4）员工在做创新工作的同时，要平衡创新与本职工作的关系，不能顾此失彼，甚至本末倒置。

（5）员工要善于沟通、整合资源、带动他人一起行动。

（6）创新的过程不一定一帆风顺，会有不确定性、风险和坎坷，员工要有坚强的毅力，持续探究，钻研突破。

（7）创新的结果可能是产品、服务、解决方案、技术、流程等物质和非物质成果。

与创业一样，方法和工具可以有效地协助员工做好创新工作。举两个例子。一个工具是用户旅程地图。一个用户在选择、使用和后续过程中会与一个机构的不同部门有"接触点"。这些部门的员工通过亲身体验、倾听和洞察，发现用户的痛点，通过某些改变，可以提升用户体验。这就要求员工既要有责任感和同理心，也需要使用用户旅程地图这样的可视化工具协助他们复盘和整理用户需求。另一个工具是价值主张画布，能够帮助员工分析用户需求，进而有的放矢地提供解决方案，为他人创造价值。

其他框架和方法，诸如设计思维、精益创业、头脑风暴、批判性思维、效果推理理论、六顶思考帽、迪士尼策略等，都是全球通用的创新工具。创新创业教育课程，就是老师在真实应用场景中教会学生使用这些工具的过程。学生通过刻意练习和反思，逐步将这些思维方式和工具内化，才能在需要的时候灵活应用，辅助其实现创新。

人类已经迈进了第四次工业革命时期，科技渗透到经济、社会、生活的方方面面。虽然我们不可能都成为企业家，但是我们都需要像企业家那样去思考和行动。大众创业、万众创新，重点在两个"众"字。创新创业跟每个人都息息相关，是日常化的习惯。希望这本《内部创业基础》教材可以打开人们的视野，培养出更多创新创业人才！

英国创新创业教育者学会研究员

张　静

序二——创新形势下的企业文化与内部创业的浅谈

一次很偶然的机会与汪忠教授相识，因爱善的创业一直秉承着商业向善的发展理念，与汪忠老师所倡导的公益创业的使命和价值高度契合，可谓一脉相承。另外，汪忠教授和我都愿意用自己切实的行动把公益与商业结合，营造一个以"善"循环的社会经济形态，所以在创业思想上多有碰撞和交流。

今受汪忠教授之邀来为本书作序，在荣幸之余，又深感责任重大。爱善作为一个初创企业，我也作为一名年轻创业者，能够将我个人创业的经历和感悟分享给大家，是大家寄予我的非常厚重的期望，我也希望我的这段话，能够给众多学子在学习创新创业的过程中，提供一些实际的指引和帮助，同时，让我们一起在共益经济体中共勉，从内部出发，打造向善共益的商业文化和社会风气，发掘内部人才，激发大家的潜力，带动和鼓励内部创业，一起推动中国企业的向善发展。

当今企业的生存环境，比我八年前创业时更为复杂，也更为多变。为了谋求生存和发展，企业必须学会如何在复杂不利的环境中创造性地突围。虽然爱善天使从当初创业到今日已有八年时间，从当初的小公司发展成了一家拥有近500名员工的现代化高新技术企业，但我们一直在探寻通过各种途径进行创新，例如产品创新、技术创新、市场创新、资源配置创新、组织创新。而在组织创新方面，我们一直践行"存爱兼善、助人达己"的企业文化，用内部创业组织驱动的方式，通过"自创业、自组织、自驱动"，形成"三自一体"的爱善组织永动机发展模型，以此来帮助企业拥有可持续的竞争优势。

何谓创业？就是成立一家新的企业，通过向市场提供一个产品或一项服务，以公平交易的形式，帮助客户满足需求，进而实现企业发展的目标。而"内部创业"则是指企业内部的员工，以企业发展、经营增长或人才激励等为目的和目标，为企业带来新的创新项目、新的战略部署或创新性的改变。所以，内部创业就是指支持和鼓励企业内部的优秀员工拥有独立经营者意识，并以企业主人翁的思考方式或身份，为企业和个人带来创新或找到新商机的组织创新发展和团队激励机制。

其实换句话来说，创新和创业对当代社会的青年群体，如同新鲜空气之于生命的意义，他们会持续不断地在思想上创新、观念上创新、技术上创新、知识上创新。一方面是为了技能的提升，但是更真实的，是他们纯粹为了追求个人价值的最大化绽放。所以一家企业要想成为高速发展的企业，能够应对外部环境不可预见的变化，一定要推行内部创业机制。

我经常对公司内部的各部门总监和副总经理谈到,我鼓励大家在自己本职工作领域以内深扎根,在擅长的领域内培育出大美绝活,如果可以做到,我鼓励任何一个部门成立咨询公司,独立运营,以独立企业的形式为爱善提供专业服务,同时可以为社会上其他公司提供专业的咨询服务,实现真正的创业。

我个人认为在未来中国和世界商业组织的发展中,这会是必然的趋势!通过倡导内部创业,鼓励和激励先进,让优秀的团队无成长制约,也可以帮助公司自助突破发展瓶颈,业务节节攀升。

所以在爱善内部,我们一直奉行"以艰苦奋斗者为本、以保持精进者为准"的人才发展理念,明确推动并鼓励员工务实创新,保持精进的内部创业、发展和晋升的机制。同时"以自我批判者为根、以大美绝活者为魂"的自我精进意识,让员工时刻保持总结和反思的习惯,并挖掘和强化自己的核心竞争力,制定自己未来发展的方向,帮助大家增强专业能力去适应未来多变的竞争环境。

为鼓励内部创业,提高整个团队的效率和效能,同时也能让公司在组织管理上顺应市场的变化而变得更为灵活,爱善一直在利用数字化技术与支撑多岗位的协同作业,以及内部和外部的协作机制,来构建前中后台的分布式的组织形态,搭建有机的管理框架,其基本的理念就是推动所有部门成为内部的独立组织,最好实现独立结算,使企业组织架构更为扁平、高效沟通、高效决策。

只有这样才能促进员工沟通少障碍无障碍,鼓励创新,增强信息在内部的流通,提高企业对外部环境的敏感程度和反应速度。

当然,爱善的前中后台分布式的组织形态和扁平式的管理,是基于我们自身前期的基础建设和发展需要,成立什么类型的内部创业团队或部门,取决于企业的具体目标和实际需求。

对于那些想要开拓新业务和新机遇的企业,一个外向开拓型的团队则会更为适合。当然,企业还可以同时成立多个不同类型的专门团队。但无论是哪一类团队,都必须结合企业的实际情况,采用符合自身需求的创新机制,最大限度地为企业带来创新。否则,鼓励内部创业的结果,可能会让内部团队更撕扯,优秀的人才留不住。

有了合适的架构,企业还必须通过文化建设来增强内部创业的效果。

成功实施了内部创业的企业,在企业文化上一般都具有这样的特点:高度的企业认同感、信任感,超强的团队学习力和浓烈的团队学习氛围,以及对错误和失败的超强包容心,团队成员具有较强的主人翁意识,以成就客户为核心宗旨,将个人与公司的荣辱、长远发展相结合,主动精进成长。与此同时,公司充分支持努力追求上进和努力创新的人,在困难和问题面前,一起努力,面对失败,一起坚守,共同承担,积极调整方案和执行方法,向着目标勇往直前。

如果没有容忍错误、接受失败的企业文化,企业绝不可能实现内部创业的设想,而那些对失败和错误容忍度很低的企业，不会将精力和时间投入到一个未经尝试的新项目、新机会上，也不会把巨大的资金投入到产品创新和组织创新上，因为这些企业一旦看到有麻烦的苗头，就会立刻掉头，重新回到安稳熟悉的老路子上。

在今天这种充满激烈竞争和快速变化的社会环境中，不仅企业需要进行创新，在校的学子也需要保持敏锐，练就大美绝活，更多地参与社会实践，多接触外部环境，尽早参与社会劳动，掌握多种专业技能。

当然，创新是一项不断延续、永不停止的工作，还需要大家一同去坚守、去努力，而汪忠教授主编的这本《内部创业基础》，我相信它一定会让大家眼前一亮。本书将内部创业以及内部创业所能实现的组织裂变、模式升级与管理变革进行了系统的解读和剖析，有机会阅读此教材的同学，一定会受益匪浅，对内部创业也会有系统性的认知和了解。

爱善天使集团创始人
湖南电子商务协会会长
张　帆

前言

创新创业是世界的潮流和趋势。内部创新创业成功率越高,越有现实指导意义。但是,全球创业观察报告发现,有关中国的内部创新创业数据位居世界倒数的位置,也就是说需要进一步鼓励中国的内部创业活动。《国务院关于推动创新创业高质量发展打造"双创"升级版的意见》(国发〔2018〕32号)中指出,鼓励大中型企业开展内部创业,鼓励有条件的企业依法合规发起或参与设立公益性创业基金,鼓励企业参股、投资内部创业项目。

因此,我们克服困难,撰写了这本《内部创业基础》教材。根据我们现有的文献检索,本书将可能是国内学者撰写的第一本内部创业基础教材。本书介绍了内部创业基础的相关理论和方法,内容全面、结构完整、系统性强。本书主要内容包括:内部创业概述、内部创业的环境、内部创业者与内部创业团队、内部创业机会、内部创业资源、内部创业计划书、实施内部创业、内部创业的组织支撑因素。本书将理论与实践有机结合起来,既注重内部创业基础理论的讲解和阐述,又密切联系国际国内最新的研究成果与中国的本土实践,同时,每章都设置了非常丰富的栏目,以方便学生学习。

本书的特点主要体现在以下几个方面。

(1)体系完整,结构合理。本书系统地阐述了内部创业者开展内部创业活动所需的基本知识,并在每个章节插入了大量的案例以帮助学生加深理解,从而使学生树立科学正确的创业观,掌握基本的内部创业理论,具备必要的内部创业能力。

(2)栏目丰富,可读性强。本书设置了非常丰富的栏目,以方便学生学习。本书在内容体例上设有以下栏目。

【内容提要】概括本章主旨,明确知识要点,引导学生进行阅读与学习。

【学习目的与要求】细化学习目标,使学生的学习目标清晰明了。

【开篇案例】通过具体的案例将本章内容展现给学生,提高学生的学习兴趣,并促进学生对相关内容的掌握。

【透　　视】提供相关阅读材料,拓展学生视野,增强知识与现实的联系。

【复习思考题】在本章学习完成后,引导学生对本章内容进行回顾,强化学习效果。

【案例分析】提供相关案例,引导学生利用所学知识进行分析和思考,增加知识的实用性。

【系 列 实 训】设置实训内容，使学生在实践活动中真实感受到创业的各个过程，理论结合实践，有效把握相关知识点。

（3）教材内容"中国化"。本书有意识地把内部创业的普遍原理与我国的内部创业实际相结合，书中选用的案例等内容基本都是国内的，以更好地反映我国内部创业方面的探索和现实状况。

（4）坚持"立德树人"根本导向。根据"基础扎实、视野开阔、德才兼备"的人才培养总目标，致力于转变传统创业教育理念，将"社会责任""社会使命"等理念融入内部创业教育内容，坚持德育为先，以培养创业者正确的价值导向。

本书由汪忠、唐亚阳、李家华担任主编，周忠宝、贺迅、钟卫东担任副主编。全书共分为八章，具体写作分工如下：第1章由汪忠、唐亚阳、田彩红编写；第2章由汪忠、李家华、唐苗编写；第3章由汪忠、雷冬娣、吴洪江编写；第4章由汪忠、贺迅、程铭编写；第5章由汪忠、钟卫东、董精同编写；第6章由汪忠、唐亚阳、吴娟编写；第7章由汪忠、李家华、唐苗编写；第8章由汪忠、周忠宝、雷冬娣编写。

本书在编写过程中借鉴和参考了大量国内外专家学者有关内部创业的文献资料，这些资料都是研究者们的丰硕思想成果，在此，我们一并表示衷心的感谢！

本书可作为高等院校创新创业相关课程的教材，也可供内部创业者及相关研究者参考使用。

由于编者水平有限，书中难免存在疏漏和不当之处，敬请各位专家、同行和广大读者批评指正。

编　者

目录

序一

序二——创新形势下的企业文化与内部创业的浅谈

前言

第1章 内部创业概述

1.1	内部创业的概念与内涵	003
1.2	内部创业时机	008
1.3	内部创业过程	010

第2章 内部创业的环境

2.1	内部创业环境概述	023
2.2	内部创业的外部环境构成	027
2.3	环境对内部创业的作用	030

第3章 内部创业者与内部创业团队

3.1	内部创业者	040
3.2	内部创业团队	047

第4章 内部创业机会

4.1	内部创业机会概述	064
4.2	内部创业机会识别	068
4.3	内部创业机会的评估	078
4.4	内部创业机会的规划与开发	083

第5章 内部创业资源

5.1	内部创业资源概述	100
5.2	内部创业资源——人力资源	106
5.3	内部创业资源——财务资源	113
5.4	内部创业资源管理	123

第6章 内部创业计划书

6.1	内部创业计划书概论	134
6.2	内部创业计划书的撰写	136
6.3	内部创业计划书的审查、展示与抉择	149

第7章 实施内部创业

7.1	新业务的实施管理	159
7.2	内部创业融资	163
7.3	建立支持新业务的培育机制	170

第8章 内部创业的组织支撑因素

8.1	内部创业组织支撑因素概述	185
8.2	管理层支持	186
8.3	激励报酬机制	190
8.4	工作自主性	193
8.5	组织结构	197
8.6	组织文化	201

参考文献   206

第1章 内部创业概述

内容提要

内部创业是由组织提供资源，让具有创新意识和创业冲动的员工和外部创客，在组织内部进行创业，最终共享创业成果的过程。本书中，内部创业主要指企业内部创业。华为、阿里巴巴、去哪儿网等多家知名企业都陆续开展了企业内部创业活动。内部创业可分为企业内新创事业和企业外衍生创业。内部创业实践的关键是需要对人才、技术、业务、组织进行综合判断。内部创业活动开展需要具备三大基础条件：管理层要认同、制度要托底、主业要定型。内部创业运营模式主要有战略孵化型、积极促进型、辅导教练型、机会导向型。

学习目的与要求

理解内部创业的概念与内涵；了解内部创业的时机；掌握内部创业的过程。

开篇案例

离开了腾讯的微信未必会火

腾讯2011年推出微信这个App时，未必想到它会那么火。最初只是作为即时通信的应用程序，却不知道这个小小的创新会为腾讯带来那么巨大的转变。

那么问题来了，假如当年微信团队离开了腾讯，还会火吗？

我觉得一定不会的，首先，把时间轴推回2011年，也就是微信诞生的第一年。第一代用户需要烦琐地注册微信号吗？并不用，因为当年是用QQ号直接登录微信平台，之后才开始需要用手机号注册的。如果没有腾讯老东家这么开放的数据资源，微信作为一个小团队是根本无法在互联网初期立足的。记得有次马化腾在公开场合说过："假如微信不是生在腾讯，那么后果不敢想象。"小的创业公司很难和大公司展开长期的拉锯战，很显然初创的小公司在这种杯水车薪的日子里多半是凶多吉少。微信的创立既有腾讯内部人员能力的支持，还有腾讯用户的大数据作为支持，没有用户数据和大数据统计为每次大版本更新作为风向标，仅靠着一腔热血的年轻创业者肯定做不出现在应用多样化的微信。

资料来源：大娱乐家陈先生. 离开了腾讯的微信未必会火[EB/OL]. https://www.jianshu.com/p/0758aab08b3c.

1.1 内部创业的概念与内涵

1.1.1 内部创业的概念

内部创业是由组织提供资源,让那些具有创新意识和创业冲动的员工和外部创客,在组织内部进行创业,最终共享创业成果的过程。本书中,内部创业主要指企业内部创业。

内部创业是一个追求利用现有资源识别机会的过程,它包括企业内新创事业和企业外衍生创业。现有组织可以通过鼓励员工运用创业者的思维,自由地追求不受现有行政边界束缚的项目,来培育具有潜在"盈利能力"的创新。

企业内部创业涉及整合或重组资源来拓展公司的竞争力并抓住新机遇。内部创业的产出受到组织和环境特性的影响,需要积极主动的人员群体以及开放、有利的创新环境。

企业内部创业行动由创业意愿和创业行为构成。创业意愿是指一个机构对于拥抱新机会和为创造性变革承担责任的意愿。创业行为包含了识别机会、开发概念、评估资源需求、获取必要资源以及管理和收获成果等行为。这些行为都被视为创业活动的组成部分。

企业内部创业行为是指企业通过识别创业机会来获取竞争优势的一系列行动。近年来,内部创业逐渐被国内企业推崇,越来越多的企业借助内部创业来拓展新业务(见表1-1)。

表1-1 推出内部创业计划的部分中国企业

名称	年份	相关举措
华为	2000年	出台《关于鼓励员工内部创业的管理办法》,提供设备等支持以及优惠的扶持政策
去哪儿网	2012年	全面推出内部创业体系,以期权池和业务升级为激励机制,鼓励形成内部创业企业群
中国电信	2012年	成立"天翼科技创业投资有限公司",培育创新公司
阿里巴巴	2013年	组织扁平化,分拆成立25个项目导向的事业部
搜狐	2013年	"悬崖计划"——推动内部项目的创业孵化工程
海尔	2014年	共创共赢模式——将集团分成4000多个创业自主体
字节跳动	2016年	全面推动内部创新创业,依次创立西瓜视频、抖音、多闪等平台

资料来源:作者根据网络资源整理。

> 透视

京东内部孵化机制

在这个"不颠覆,莫创业"的时代,大公司抱着"与其被别人颠覆,不如自我颠覆"的想法,不断思考、尝试新方向,战略布局各个产业链条,"走自己的路,让别人无路可走",其名为:内部创业。

2015年3月,京东"拍到家"App上线,四月份,"拍到家"正式改名为"京东到家",主打两小时快速配送,以此方式切入社区O2O(Online to Offline,线上到线下)服务。目前京东到家包括了"超市到家""鲜花到家""外卖到家",涉及生鲜、商超商品、外卖和鲜花等品类,而这个被东哥称为"具备战略属性的京东O2O产品"是其亲自带领京东O2O团队创业的项目。

那么,京东的内部孵化机制是如何运作的?

在京东众创学院开营仪式上,京东O2O服务副总裁任鑫详述了京东内部创业那些事。"现在的世界充满不确定性,三个月前对这个市场的判断,可能到今天就不太一样了。所以,这个时候要小步快跑。"任鑫说。

任鑫介绍,原则上,京东在进行内部创业尝试时,通过"不允许做效率优化、不允许做目标调整和用引导技术从下往上把东西找出来"的玩法,刺激大家去思考如何做"创业项目"。

首先,不允许优化效率。凡是发现他们有优化效率,把一个东西变得更有效率的行为,就会让他们停止创业活动。因为优化效率是在你已经完成模式验证,用户喜欢你的东西,你的解决方案也靠谱后,这时候你要用较少的资金,更快地把这个方案提供给用户。但在验证用户是否需要这个东西时,优化效率是没有用的。

其次,不允许做目标调整。因为他们在创业过程中会发现,今天卖五十个盒饭,明天卖一百个,这就是成果。但是,我们要的不是卖盒饭,我们让他们明天的目标变成"让这一栋楼所有人都买过你的东西,不管是什么"。他们的整个视角就会随着目标的框定而变化,他们就会去关注那些还没有买过东西的人,他们为什么没有买,什么东西能吸引他们第一次购买,从而通过目标调整关注点。

最后,使用一些引导技术和服务设计方面的观点。我们不偏向于从上往下推一个东西,而是从下往上来推这个东西。世界上有一些技术让你把一个特别困难的问题变成很多个简单的问题。类似于我们要想出一个问题的解决方案,第一步先不想解决方案,先思考在各种环境下,有哪些不靠谱的点子,再让大家相互给其他点子打分。打完分后受到启发还想到哪些方法,再让大家写在横轴、竖轴上打分,最后变成你只需要给你旁边的两个点子打分,让他们把事情做出来。

大的公司,其实内部都已经开始让各种"小朋友",用各种"小尝试、快尝试"的思路做事,小步快跑。在公司这样一个小实验里,一个小朋友通过做这件事就产生很多想法,各层级的管理人员每天也会参与这些事情,大家一起做了很多奇奇怪怪的事情,得到很多观点,这不仅是正确与否的问题,关键是这些观点是从生活中来的,是很鲜活的。

资料来源:京东:好公司都鼓励员工内部创业[EB/OL].(2015-06-03). http://mp.weixin.qq.com/s/8nQgo169wlHeE_4_fJwD-g.

1.1.2 内部创业类型

内部创业划分为企业内新创事业和企业外衍生创业。"企业内新创事业"是指企业为追寻市场机会或产品创新而设立新事业单元,包括新事业部、新项目小组和新创意提案组等;"企业外衍生创业"包括并购创业企业、成立合资企业和独资企业等。

1. 企业内新创事业

企业内新创事业包括在人力资源部门内设子部门、设立新产品子公司或新产品开发部门、在整个组织中传播相关概念和流程等。

一些组织会采取比较谨慎的方式进行企业内部创业,它们会在人力资源部门内部设立一个子部门,专门负责企业内部新创事业。这种方式通常对组织的影响最小,因为它侧重于通过派遣经理参加企业内部创业会议的形式对这些人员进行培训。这些受过培训的管理人员可参与并促进企业内部创业,以缓解组织中创业人才匮乏的状况。

由于企业内部创业经常形成不同的企业文化和做事方式,因此一些组织会通过新设立单独产品子公司的方式来进行企业内部创业。尽管与组织的其他部门分离,但该子公司依然负责评估整个组织中的全部个人提案,新的子公司采用通过评估的提案,相关个体在公司提供的支持和资源下进一步发展该想法以开发出新产品或新服务。

跨领域的新产品开发部门是更正式的企业内部创业结构,通常由副总裁牵头,鼓励员工提出关于新产品和新服务的想法。经企业高层审核通过后的个人提案将获得时间和资源,以进一步开发项目。在组织中设立如此高级别的部门,能够向所有员工展示企业内部创业的重要性。企业内部创业的最终目的是使其概念和过程贯穿于整个组织,鼓励并奖励创新以促使公司新产品、新服务和新流程不断涌现。

透视

阿里巴巴的内部创业:钉钉

阿里巴巴对外一直有一个符号:创新。这个创新与活力催生了支付宝、淘宝,还有蚂蚁金服、阿里云等这些应用,是什么样的精英培养了比较浓厚的氛围使他们能有这样的发展呢?其实是阿里的一种文化,比较成熟、比较创新的文化。

阿里巴巴对内部的业务一直有坚定的态度。在阿里巴巴内部创业说实话是不容易的,当时就因要不要做钉钉争吵得不可开交,因为所有人都想做2C,不愿意做2B(Business to Business,企业对企业)。创始团队在接触中小型企业时发现,企业会存放很多文档,包括审批的文档,传统的企业中,领导出差回来以后发现桌面上有很多要签字审批的文档,如果不签字审批,这些事情就会中断,进行不下去。于是,创业团队基于工作的需求做出了钉钉1.0,其初衷就是为了解决企业的沟通问题。

微信和钉钉最大的区别在于,微信是针对生活,例如分享一些美食在朋友圈是一种生活的方式,而钉钉的定位是一种工作方式,它是针对一个企业来说的。钉钉是提高工作效率的一种应用,主要包括两个方面:一个是沟通,一个是协同。未来钉钉平台的产品会更生态,钉钉将与支付宝、蚂蚁金服、阿里云以及农村淘宝这些平台合作。钉钉的梦想是让全中国四千三百万家企业,至少有两千万家,能够使用钉钉来提高自己的工作效率。

资料来源:阿里巴巴钉钉事业部宁帅:互联网企业内部创业。

2. 企业外衍生创业

企业外衍生创业是指企业与其他的企业、机构、初创公司等合作共同促进技术研发和应用的行为,这是企业因创新能力和资源不足而采取的一种内部创业方式,是一种开放式创新的过程。企业外衍生创业包括补强型并购、收购、投资、众包、成立合资企业等多种形式。

具体而言,补强型并购可以帮助企业寻求在事业上有协同效应的合作伙伴,以弥补其在某些领域业务能力的不足。在恰当时机进行收购,不仅能为企业带来宝贵资源,还有利于企业预算及风险管理;对率先开展研究且有产品面市的公司进行收购,能够抢占进入市场的时机;对呈现出增长迹象的公司进行收购,可以同时获得商誉。投资具有多重效应,如通过投资成为市场领导者,与其他主体建立合作企业等,从而形成创新生态系统。众包是一种廉价获取创意的方式,通过众包网站可以在全球范围内集思广益和发掘人才;同时,客户和企业内部员工均可在众包网站上进行迭代创新,从而确保解决用户的真实问题。此外,企业还可基于共同追求及利益与竞争对手组建合资企业。

1.1.3 内部创业的意义和价值

1. 适应外部环境的不断动荡和变化

伴随着新的企业、新的产品、新的技术以及新的专利数目在全球商业市场的井喷式增长,已经建立并且在成熟运作的企业不可避免地面临一个基本的选择。面对市场地位被饱含进取心的新建企业快速削弱、消费者注意力被转移至新市场的境况,成熟运作的企业要么变成这场新商业革命的牺牲品,要么主动加入到这场汹涌澎湃的革命当中。

企业不能一成不变，它们必须不断调整、适应，并重新定义自己的商业模式。这是自由市场经济的一个基本原则。显然，在这个受到创业浪潮强劲冲击的时代，企业改变自身的速度在不断加快。在过去的20~30年里，组织的功能、形式和生命周期都已经并还在继续发生着重大的改变。越来越多的传统商业规则不再适用，关于企业雇员、产品、资源、技术和市场的基本假设受到重大挑战，甚至在很多场景之下已经被完全废弃。对于许多企业来说，适应外部环境的不断动荡和变化已成为一种常态的生存方式。

2. 克服成熟组织内部刚性以保持竞争力

无论是在国内还是在全球范围实施创业活动，都需要承担诸多风险，并投入相当的精力来克服一系列障碍。在企业内部进行创业也需要承担类似程度的风险并投入相当的精力。企业内部创业也称作企业风险投资活动，涉及克服成熟组织中的惰性、刚性、规章制度以及官僚作风，去创造新的东西、新的行为方式、新的系统，有时是新的产品或者服务。这在当今全球化和高度竞争的环境中越来越重要，它能够使企业保持竞争力。

3. 为企业内员工提供创新创业的机会

提到创业，许多人会认为创业是新创风险企业和创业家才能干的事情，与自己没什么缘分。然而，创业并非要独立进行创业，独自去开发新业务。企业内部创业为普通员工提供了一个在企业内部考虑如何开发新业务的机会；再者，比起一个人在新天地打拼，将企业现有技术、人才、企业的品牌等活用起来，能成就更大的事业。根据以往的经验，比起创业家，"普通上班族"中的"企业内创客"开发的新业务成功率明显更高。

透　视

内部创业：企业留住核心人才的关键

内部创业已经成为企业获得创新动力、留住核心人才的关键措施。一个具有创客文化的机构对于千禧代（甚至更年轻的人才）而言是更有吸引力的。未来学家、作家詹姆斯·坎顿认为，至少90%的千禧一代会优先考虑加入创业公司而非大公司。"现在每个公司都在争夺人才，"他说，"创业公司能给人一种新奇的工作愉悦感。"

万事达公司近几年组织了众多创新竞赛和关于敏捷管理的工作坊，这些努力带来的成果不仅包括数以万计的创新想法和几十家内部的创业项目，其中颇受媒体关注的就有Shop This移动端电子消费与支付解决方案，以及让人们坐在家里即能监测到自助洗衣房的实时状态的客户端应用，这些也直接推动了千禧一代的敬业度。并且这些年轻员工在万事达公司总雇员中的占比从2010年的10%上升到2015年的38%。

提到创业，自然离不开股权激励。然而，这却是大公司无法完全照搬风投与创业生态圈做法的一个先天短板。对此，大公司们也正在努力，孜孜以求地试图破解它。

思科公司启用的是一套被称为"自旋"的模型，应用在其早期内部创业的三家公司。具体而言，就是由思科注入启动资金，然后将创业项目"放养"到公司体外并在未来保有回购的权利。当然，这个模型也引发了不在创业项目内的思科员工的私下抱怨，因为他们无任何类似的变现机会。

万事达首席创新官加里·里昂斯（Gary Lyons）也坦言，公司内部体系的创业者必须接受有得有失的现实。"总体来说，这些创业者（即使没有期权激励）有着更高的成功概率和相对较小的个人和财务风险，"他说，"因为像万事达这样的大公司可以提供创业的基础设施、人力资源、财务以及品牌声望方面的支持，这些都超越了普通的财富激励。因为这是在从事有趣的事情、并从公司获得信誉背书和人脉网络——这些创业公司'是他们自己的'、同时也是'我们大家庭内的'。"里昂斯补充道。

芬尼原本是一家传统制造型企业，主要生产中央热水系统、高能效热泵等新能源设备。2004年，芬尼一个负责海外销售的业务经理突然离职，无论企业领导如何挽留都没用，并且这位经理离职后重新创立了一家跟芬尼一模一样的公司，"离职风波"成为芬尼开展内部创业实践的开端。

"离职风波"引发了企业关于如何留住核心员工的思考，芬尼决定以内部创业的形式鼓励核心员工创业，以此达到留住核心员工的目的。第二年，芬尼正式走上内部创业之路。第一个项目是以攻克一个进口零部件作为契机，鼓励企业内几个部门经理创业。由于部门经理的怀疑加上以前类似的失败经历，项目进展非常困难。但是，经过努力，这个项目最终还是取得了成功，并且新创企业很快实现盈利。

第一个项目的成功打消了大家的顾虑，企业不但留住了核心员工，而且通过给予每位员工参与项目的机会，调动了员工的积极性。自此，芬尼每年都会在企业中发起一个项目，鼓励大家创业。企业成功留住了核心员工，由于所有员工都可以参与内部创业项目的投资，公司内开始出现一种特殊的文化——内部创业文化，并且深入人心。

资料来源：汪群. 芬尼克兹内部创业之新[J]. 企业管理，2016（11）：58-60.

1.2 内部创业时机

内部创业的时机是什么？什么情况下能够更好地推动内部创业呢？

内部创业首先要求企业有一定的规模并且主业稳定，这是最基本条件。但是判断内部创业的时机，还要看企业在人才、技术、业务方面是否遇到了难以用传统方法解决的问题，以前一用就灵的老方法、老经验越来越不起作用了，企业开始考虑将内部创业作为新的解决之道。最后，内部创业能否真正落实，还要判断"组织适应性"，看企业能否接受内部创业这种方式。因此，决定内部创业实践的关键是对人才、技术、业务、组织进行综合判断。

1. 人才遭遇窘境

用传统管理方法不可解决的人才窘境主要包括以下四种：

1）人才大量流失：出走创业的高管，往往会带走企业的核心资源，转身就成为竞争对手；离职创业的年轻员工，带走的不仅仅是活力，更是稳定的人心；老员工则坐享其成，占用资源但不出力，导致大企业病滋生泛滥。

2）人员活力丧失：企业高管、职业经理人等企业主力在打拼一段时间后，发现重复工作让他们索然无味，无休止的内斗让他们心生厌倦，心有宏图大志却不被老板认可，传统的激励方式不对自己胃口，缺乏上升空间。

3）闪辞员工频现：正在走向职场中心的 90 后、95 后，他们更想实现自身价值，并不看重薪酬或职位，看似无欲无求却又永不知足，离职率高。

4）二代接班困难：企业内可能有一批整天躺在"功劳簿"上不思进取的老员工，他们曾经战功卓越，现在却变得活力全无、效率低下、官僚主义盛行。

不论是以上哪种情况，从个体角度看，背后的核心症结都是人才的价值创造空间被严重挤压，个人发展的"弹性"受阻，使得员工走向两个极端：要么在企业内部"装死"，要么"出逃"到外面去求生。

2. 技术遇上"拦路虎"

判断内部创业时机的第二个重要标准，是看企业中的技术研发和创新活动是否还在自己的控制范围内，原来的研发创新方法是否能够取得预期成效。下列四种不可控的技术"拦路虎"的出现则是内部创业时机的信号。

1）技术研发、科研项目或产学研合作等传统方式的成本越来越高，效率却越来越低，难以达到预期的效果。

2）内部技术资源闲置，要么没有人转化，要么没有动力转化，宝贵的技术资源没有被充分利用。

3）外部并购新技术的成本过高，超出企业承受能力，或外部技术供应商开始封锁技术来源，技术获取难度变大。

4）新技术剧烈变动导致未来技术发展轨道不确定，企业一旦选错技术方向则损失巨大，技术试错成本过高。

3. 业务发展受困

判断内部创业时机的第三个重要标准，是看业务发展是否还在自己的控制范围内，用传统方法能否实现现有业务的更新和新业务的拓展。下列四种情况的出现则是内部创业时机的信号。

1）采用各种办法却不能阻止现有业务的持续下滑，尤其是出现销售额一直上升但利润率却一直下降的情况。

2）采用传统方式拓展新业务进展缓慢，尤其在推进多元化战略拓展业务时。

3）找不到合适的外部新业务并购对象，或外部新业务并购成本过高。

4）私营企业的传统业务扩张方式受限，效果不尽如人意。

不论是上述哪种情况，背后的核心症结都是传统方法逐渐失效，现有业务不知道该往哪一个方向转型、怎么实现升级，新业务的拓展方向迷惘、成本过高。因此，内部创业可能是唯一的解决问题的突破口。

4. 组织适应性显弱

人才、技术、业务三个条件中只要有一个达到了触发点，就可以考虑启动内部创业。但要真正让内部创业落地，还要看另一个重要条件是否满足，即组织接受或适应内部创业的程度。如果一个组织从上到下都抵触内部创业、刚性很强，就会让内部创业胎死腹中——这就是"组织适应性"。

所谓组织适应性，是指一个组织接受新事物并做出适应性调整的程度，这种调整至少涉及企业文化适应性、冗余资源适应性和流程适应性三个方面。其中，企业文化适应性是指组织是否接受新事物并积极寻求变化；冗余资源适应性即组织的冗余资源能否支持内部创业；流程适应性则是指组织管理流程的调整幅度有多大。

组织适应性和企业所有制密切相关。例如，民营企业通常决策迅速、流程调整较容易、调动资源的难度较小、组织适应性相对较强；反之，国有企业通常决策流程较长、响应速度较慢、调动资源的难度较大、组织适应性相对较弱。

1.3　内部创业过程

1.3.1　做好前提准备

内部创业不是想做就能做的事情，而是要具备三大基础条件：管理层认同、制度保障、主业定型。如果不具备以上条件，则不要轻易进行内部创业。

1. 管理层认同

内部创业是"一把手"工程，推动内部创业必须得到一把手认同，但这种认同绝不是口头说说，而是包含四个方面：价值认同、行动认同、资金认同、长期认同。

（1）价值认同

价值认同是指一把手对内部创业的价值有清醒的认识和高度的认同，并努力使之成为企业创新创业文化的一部分。一把手的眼界和心胸决定了内部创业能否在企业中生根以及开花结果，尤其当内部创业遇到困难时，更需要借助一把手的力量和威信渡过难关。因为转型和新的尝试必然意味着阵痛，而内部创业带给母体的阵痛，一个重要来源就是一把手和高管执行层对内部创业在价值观上的差异。

（2）行动认同

一把手要提出一系列符合内部创业规律的配套制度和管理办法，并有效协调各职能部门关系，强力打破厚重的"部门墙"，整合对接内部创业所需外部资源，培育一批优秀的内部创业家而非寻找一批优秀的职业经理人，同时还要敢于在既得利益和新业务之间进行取舍。

（3）资金认同

一把手要以不同的方式为内部创业提供真金白银的支持，才能让内外部创客看到一把手真正支持内部创业的决心和诚意。

（4）长期认同

三天打鱼、两天晒网是内部创业的大忌，一把手尤其要避免这个问题。首先，从创业规律看，内部创业至少要坚持三到五年以上方能有成效。其次，内部创业不是用企业的资源快速赚一笔钱，而是寻找一种更有生命力和可持续性的商业发展模式，所以要长期坚持。最后，内部创业思路和方向要及时调整，以适应环境的动态变化。中国电信在推出"天翼"计划时，就计划至少要用五年的时间培育一批创新创业者，一旦一把手动摇了，内部创业就会半途而废。

综上所述，一把手对内部创业的认同维度如表1-2所示。

表1-2 一把手对内部创业的认同维度

认同维度	维度1	维度2	维度3
价值认同	战略认同	营造氛围	形成创新文化
行动认同	提出配套管理办法	协调各职能部门关系	形成产业链资源
资金认同	提供资金支持	成立创投基金	对接外部资金
长期认同	3~5年以上坚守期	长期投入	及时调整策略

2. 制度保障

对于绝大多数企业来说，无制度，不内创。因为内部创业是一件高风险的事，所以企业和创业者都期望通过明确的制度来降低风险。那么，在企业出台的内部创业管理办法中，什么才是创客们最为看重的？

创业期满或创业失败后是否能再回到企业工作，是内部创业者最看重的。这就是通常所说的"托底制度"，也就是内部创业制度和其他管理制度最大的不同之处。

一旦缺乏托底，员工只会出现两种情况：一是辞职出去创业，可能会成为企业的竞争对手；二是彻底打消创业念头，回去老老实实工作。其中，第一种情况下的人数较少，第二种情况下则人数众多。因为，当员工身处一个企业或者组织中时，最大的风险就是丢掉工作。而一旦有了托底，便可以让这部分有创业冲动但却不愿意去外部创业的人，找到一个发挥才能的新舞台。

企业要根据自身实际情况，采用不同的内部创业托底制度，按照从宽到严的程度可将托底分为以下四类：

（1）保障型托底

保障型托底是指企业为内部创业的员工提供完全的托底保障。

（2）宽松型托底

宽松型托底是指企业为员工提供宽松环境，承诺创业不成功可以继续回原单位工作的托底。

（3）缓冲型托底

缓冲型托底是指企业为员工提供回到原岗位工作的机会，同时提供分阶段保障。缓冲型托底为内部创业员工提供了回归原岗位的可能性，但也只是给了他们一个出口，在当前工作岗位竞争激励的情况下，岗位一旦出让便有可能再也不能应聘回来。

（4）严格型托底

严格型托底是指在初期，企业对内部创业团队只发放基本生活费，后期则不发放任何工资，全部收入都靠创客赚取，不管以前在企业中担任什么职务。这种彻底切断后路的做法，让很多内部创业团队不得不快速迭代寻找出路。

由此可见，不同企业的"托底"程度不同，这会让内部创业者做出不同的选择。企业要把握好托底的"度"：过松，创业效果则不明显；过紧，则没人敢出来创业。托底就是给那些不是特别想创业，或者处于创业犹豫阶段的人提供的一种保障，这样的托底能够让他们放手一搏。

3. 主业定型

如果企业主业尚未定型却要强推内部创业，可能会将企业推向深渊。

为什么主业定型这么重要？主业是指企业中销售份额大、稳定性强的主导业务。主业稳定之所以重要，是因为只有主业稳定了，才能为内部创业提供基础和条件。人们常说，要把所有力量都打向一个方向，才最终有可能达到目标。

在主业定型的情况下，内部创业会给企业带来两种正向效应：一是增值效应，二是对冲效应。

（1）增值效应

"增值效应"是指企业在主业定型的基础上，利用自身的丰富资源去拓展新业务，进一步增强主营业务价值的一种效应。这是一种依托主业培养新业务，实现业务持续性拓展的方式。所以，一开始企业要让拳头向一个方向出击，而不是朝多个方向乱打。这也就是经常有企业提出"要围绕主业推动内部创业"的道理。

（2）对冲效应

"对冲效应"听上去复杂高级，其实很简单。主业稳定的时间过长，企业会对外界的新变化不敏感，不仅使自身的成长性下降，还会因为丧失活力而出现"大企业病"。内部创业是企业活力的重要来源，利用内部创业的活力恰恰可以"对冲"主业的稳定性，让主业保持应有的活力。换个角度想，内部创业本身就是高度不确定的，而一旦主业也处于不确定性当中，双重不确定性只能让企业的风险更大、死得更快。经常有企业说："要让内部创业服务于未来战略"，即是指在主业定型的基础上寻找未来的新思路。大国企经常采用对冲效应来推动内部创业，激发活力，让主业可持续发展。

那么，在主业定型的前提下，内部创业能做哪些事呢？至少有四件事可以做：

1）扩张业务。扩张业务是指用内部创业的方式实现主业的扩张。

2）配套业务。配套业务是指用内部创业的方式开发一系列围绕主业的上下游配置业务。

3）扩展相关业务。扩展相关业务是指用内部创业的方式拓展与主业相关的业务。

4）开发不相关业务。开发不相关业务是指用内部创业的方式和主业积累的资源，拓展不相关的创新业务。

所以，在主业稳定的前提下，任何企业都有可能进行内部创业。

透视

内部创新创业，要有背水一战的决心

张小龙是中国互联网界的前辈人物，在马化腾还没创业的时候，张小龙已经开发出了Foxmail，拥有上百万用户，但他拒绝商业变现，不在产品中加一丁点广告。

2005年，腾讯收购Foxmail，张小龙成为腾讯副总裁，负责QQ邮箱。5年后一个深秋的夜晚，张小龙给马化腾发了一封邮件，说他想要做一款新的即时通信软件，但可能会对QQ造

成威胁,马化腾回复说,马上去做。

首先,张小龙对微信团队进行了"物理隔绝"。腾讯总部在深圳,微信团队则在广州。张小龙甚至隔绝了自己与总部的"联系"。他每周一应该从广州到深圳开例会,但张小龙表示起不来,马化腾则让自己的秘书叫张小龙起床,张小龙又说路上太堵,马化腾就派车去接他。

其次,张小龙没有用腾讯以往成功的经验,例如QQ的会员体系、等级成长体系、空间装扮等。微信的功能特别简约,最初也没有设计商业变现,就连微信支付也是交给财付通团队来做的。最后微信必须要商业变现,张小龙就把商业化的控制权拿到了自己手里。

所以,微信的商业化跟QQ也是不一样的,QQ既有跟企业用户的交易,也有跟个人用户的交易,且交易规模巨大,而微信只跟企业用户交易,没有跟个人用户交易。

腾讯2020年第三季度财报显示,微信的月活跃用户是12.13亿,而QQ的月活跃用户只有6.17亿,微信的月活跃用户几乎是QQ的两倍。

我们再来看一个相反的案例。

2007年,中国移动推出了即时通信软件飞信,巅峰时飞信的注册用户达到了5亿,而当时的移动QQ还未成势,所以,当时的飞信可以算是即时通信领域的"一哥"。

飞信解决了一个特别大的用户痛点,就是用飞信给移动用户发消息免费,就算对方没有登录飞信,也能以短信的方式收到消息。

但飞信为什么不行了呢?

据媒体评论人申晨讲述,他曾在中国移动工作,参与过飞信的项目,当时他们推出一个新的版本,不仅可以免费发文字,还可以免费发图片、语音,免费打语音电话,还做了一个139说客,类似于微信的朋友圈,几乎等同于微信2.0版本,而且这个想法比微信问世还早了14个月。

但是,这个版本被集团否决了,因为当时中国移动最赚钱的业务就是短信和通话,集团认为你们拿了一个收费的项目去免费化,这样是不可以的。

为什么微信可以自己颠覆自己,而飞信却不行呢?

因为中国移动的管理层需要为自己的业绩负责,在当时互联网即时通信还不太明朗的时候,总不能将最赚钱的业务免费化。而腾讯的马化腾拥有完全决策权,他要为企业的未来考虑,当时QQ虽然是社交通信的霸主,但还有米聊等软件虎视眈眈,与其等着被对手颠覆,还不如自己颠覆自己。

对比微信与飞信两款产品,我们可以看出两点:

第一,在一家企业达到鼎盛之时,或者还未到鼎盛之时,就要做好自己颠覆自己的准备,甚至要开始行动。如果等到对手有超越势头之时,或者业务有衰落之时才采取行动,往往为时已晚。

第二,曾经的成功经验往往会成为如今创新创业的阻碍。电话与短信是中国移动的主要营收来源,在做飞信时,中国移动否决了免费发信息与打语音电话功能,这就导致飞信跟其他即时通信软件相比,没有什么亮点。但是微信抛弃了QQ以往的成功经验,另辟蹊径,从用户角度出发,以做好产品为基础,开发了一款新产品。

我们再来看格力的例子。

2021年5月31日，格力召开年度业绩说明会，在会上董明珠说："格力过去的30年被空调'绑架'了，希望以后投资者不要老讲格力'空调'，要多讲格力'电器'，因为我们现在已经是一家全系列的家用电器企业。"

董明珠弱化"空调"的标签，大力介绍格力的新能源、小家电等业务，"过去我提出的口号是'好空调，格力造'，现在我们提的是'好电器，格力造'"。

董明珠认为格力被空调"绑架"，深层次的原因是格力内部的创新创业能力太差。

以备受关注的手机业务来说，截至目前格力共推出6款手机，其中一款对内销售，其他对外销售，销量极其惨淡，在京东搜索格力手机，只能搜到格力大松G5一款，评价数只有个位数，在淘宝搜索格力手机，按销量排名，排在前两位的销量分别是11台和10台，其他均为个位数。

格力电器的销量虽然取得了不错的成绩，但跟格力空调相比，还是相差甚远，在格力生活电器京东旗舰店里，销量排名前列的均为电风扇等制冷类电器，除了前几位的评价数还能达到10万+条、20万+条外，其他的评价数大多在2万条以下，其中加湿器销量第一的产品的评价数是2000+条，电饭煲销量第一的产品的评价数是10条，香薰盒销量第一的产品的评价数是87条。淘宝上的格力官方旗舰店和格力生活电器旗舰店里，销量与京东店铺相差不大，生活类电器的销量大多在几百台。

格力空调很成功，但格力电器还谈不上成功，除了电风扇还能算是爆品外，其他网售商品均达不到爆品的程度。

粗略来看，原因有三点：

第一，重视度不够。内部创新创业既然要做，就一定要做好，不要觉得不重要就做得差不多就行。董明珠曾说，格力手机并不是格力电器的主要业务，仅仅是作为格力智能生态中重要的一部分，并没有给予格力手机一个重要的地位。

第二，工业设计落后。格力生活电器的颜值老气，还是五年前的水准，在颜值即正义的时代，完全不经打，而且在工业设计上并不统一，没有强辨识度。

第三，没有可持续发展的方法。内部创新创业做孵化，一定是先孵化几款爆品出来，然后总结方法，并且公司给予其他支持，然后批量孵化其他产品。从格力电器目前的产品来看，似乎均是在各自为战。

跟格力有一个相反的案例。小米是靠手机起家，但并没有被手机"绑架"，而是孵化出了更多的产品，例如，小米手环累计销量超1.4亿只，小米充电宝累计销量在2019年就已经破亿，小米空气净化器5年卖出1千万台等。小米每一款爆品背后都有一家生态链企业，这些生态链企业又通过内部创业孵化了更多爆品。

小米以及小米生态链企业是怎么做到的？

小米建立了一个强大的孵化矩阵，为每个生态链企业及产品赋能。例如，在工业设计方面，小米以及生态链企业产品的外观基本都是纯白色，风格简约；在操作方面，减少了用户用不到的功能，操作非常简单；在人才发展方面，小米会将每一个生态链企业的CEO培养成优秀的产品经理，因为产品经理是产品成败的第一负责人。

做企业是不能有短板的，对于一个独立的企业、一个独立的团队，任何一块短板，可能都是致命的。

就像一个智能硬件公司,如果供应链不行,那可能就无法生存。例如做消费升级产品,如果设计不行,颜值不够,这个短板可能就是致命的。

结语:

大企业内部创新创业是一件很困难的事情,不是将之前的成功经验简简单单复制,也不是靠现有的名气随便做一款产品就能火,必须有空杯心态,重新出发。

内部创新创业是一个系统的事情。既要看赛道的长远,也要看团队的决心;既要看产品的功能,也要看产品的颜值。用户调研、寻找痛点、找到优质的供应链等,每一个环节都不容有缺。

资料来源:谷仓新国货研究院.5家巨头,7个项目,看大企业内部创新创业的成与败[EB/OL].https://page.om.qq.com/page/O5fdbI1uoLM6U9zcjmS-HDAw0.

1.3.2 选好内部创业的切入点

俗话说,万事开头难。经过对内部创业的了解,最为关心的一个问题往往是如何在实践中推动内部创业。首先是要选好切入点,所谓切入点就是开展内部创业应该最先着手或可以借力借势的地方,只有选好、选准切入点,才能事半功倍,以最低成本、最小阻力实现内部创业的快速起步。

1. 国有企业(国企)

国企改革已经进行了四十年,但时至今日国企的效率和活力问题仍没有得到很好的解决,原因何在?关键是国企内部的企业家精神没有得到有效激发,内部创业正好为国企激发活力开辟了一条新路。事实上,近些年已经有不少国企进行了内部创业的尝试,但步伐不大,这固然受到了思想观念、体制机制、业务选择和人员素质等因素的影响,但没有找好切入点也是其中一个重要原因。

许多国企高层管理者经常问:我们想开展内部创业,但面临的阻力不小,特别是体制机制方面存在障碍,如何才能快速起步?

一是从混合所有制改革入手,混合所有制有助于内部创业将国有资本的"实力"和非公有资本的"活力"有机结合起来。

二是从盘活资源入手,国企在人、财、物等资源方面具有天然优势,内部创业可以提供激活存量资源的新模式。

三是从企业文化建设入手,把内部创业当作国企创新文化建设的落地方式(见表1-3)。当然,有些国有企业推进内部创业时不止有一个切入点,也可以探索多个切入点的组合。

表 1-3　国有企业内部创业切入点

切　入　点	主要特征	产生效果
与混合所有制改革结合	公私结合	以分配模式和资本结构的优化实现国资增值
与盘活国企资源结合	增存结合	以增量资源优化盘活存量资源
与企业文化建设结合	虚实结合	以创业获得带动企业活力激发

2. 私营企业

内部创业是现阶段企业快速成长的重要手段，也是促进企业持续创新和转型的关键。由于私营企业在人才、资金等方面都处于劣势，因此可以采用更加灵活的方式，在不同发展阶段选择不同的切入点来开展内部创业。对私营企业而言，有三类切入点可供选择（见表1-4）。

表 1-4　私营企业内部创业切入点

切　入　点	主要特征	产生效果
从现有优势领域低成本起步	小步快跑	以有限资源渡过成长期的难关
与新业务试水结合	灵活试错	以新机制培育新业务、激发人员活力
与开新店结合	快速复制	以新模式实现业务高质量扩张

一是从优势领域低成本起步，对于资源有限、刚起步的私营企业，这样的切入方式可实现内部创业快速成长，帮助企业渡过难关。

二是与新业务试水结合，这种方式比较适合主业相对稳定、新业务具有潜力的企业。

三是与开新店结合，这种方式比较适合模式可复制的服务类企业。

1.3.3　做与母体有关的事

一家企业在确定要推进内部创业后，遇到的重要问题之一就是如何选择内部创业的方向。是做与母体相关的事情，还是另辟蹊径开创全新事业？是沿袭母体现有业务，还是利用母体的资源延伸新业务？是侧重于整合母体的资源，还是更多地利用母体的核心能力？这确实令许多希望实施内部创业的企业高层管理者感到困惑。

内部创业在本质上是依托母体的衍生性创业，而非完全独立的社会化创业。因此，创业方向的选择或多或少都会受到母体事业的影响，从实践上看，大部分成功的内部创业也都是从事与母体相关的事业，并在经营过程中与母体实现良性互动。因此，内部创业的方向应该与母体的发展密切相关，这样才能形成协同效应和整合优势，让内部创业团队与母体实现共赢。总体而言，内部创业方向的选择基本包含四个维度，如表 1-5 所示。

表 1-5　内部创业方向的选择

方向选择	业务强项			
	业务	资源	能力	战略
业务相关型	强	强	强	强
资源相关型	弱	强	强	强
能力相关型	弱	弱	强	强
战略延伸型	弱	弱	弱	强

第一类是业务相关型。这一类内部创业活动主要选择企业现有业务或延伸性业务，内部创业的方向不仅与母体业务密切相关，而且与母体的资源、能力和战略的相关性都很强。许多希望迅速实现现有业务扩张或拓展业务链的企业均可选择这类内部创业方向。

第二类是资源相关型。这种内部创业活动尽管在业务上与母体的关联性相对较弱，但充分利用了母体内外的优势资源，例如人力资源、技术资源、财务资源、品牌资源等。具有较多的冗余资源或能整合外部资源的企业可以选择这类内部创业方向。

第三类是能力相关型。这类内部创业活动在业务和资源上与母体的相关性不强，但利用了企业的核心能力，例如生产能力、营销能力、创新能力等。开展这类内部创业的企业需要相对成熟或在某一方面具有较强的核心竞争力。

第四类是战略延伸型。这一类内部创业活动尽管从现有业务、资源、能力上看可能与母体的相关性较弱，但与母体的未来发展战略具有高度一致性，也符合母体的整体利益和长远利益。开展这类内部创业的企业需要确立非常明确的愿景和战略目标，并围绕战略目标开展相应的一系列战略部署工作。

1.3.4　内部创业的运营模式

内部创业的方向选定后，面临的又一个难题是采用什么方式来推动内部创业。是把内部创业当作一般性任务，还是给予专门的支持？是需要单独配置资源，还是需要建立专门的组织机构？这就是人们都关注的内部创业运营模式的问题。对于一个希望成功推进内部创业的企业而言，如何根据自身特点选择合适的运营模式非常关键。

什么是内部创业的运营模式？内部创业运营模式既包括对内部创业过程的计划、组织、实施和控制的方式，也包括组织内部的人、财、物、信息等各类资源对内部创业的支持方式。因此，根据企业对内部创业的资源支持程度和组织化的运营程度，可将内部创业的运营模式分为以下四类（见图1-1）。

第一类是战略孵化型，即强资源支持程度和强组织化运营程度的结合。母体围绕战略目标系统化推进内部创业活动，并从资源和组织机构等多方面对内部创业给予大力支持，使内部创业直接嵌入公司的战略体系和业务体系。

第二类是积极促进型，即强资源支持程度和弱组织化运营程度的结合。母体积极倡导内部创业，并在人、财、物资源和工作时间上给予积极支持，但没有正式成立内部创业推进机构。

第三类是辅导教练型，即弱资源支持程度和强组织化运营程度的结合。母体成立专门机构推进内部创业，但只是给予部分资源支持，主要是对内部创业项目进行辅导帮助，内部创业所需资源从母体内外部进行整合。

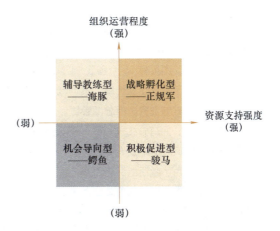

图1-1 四象限运营模式矩阵

第四类是机会导向型，即弱资源支持程度和弱组织化运营程度的结合。母体对内部创业不反对，也没有积极倡导，既没有成立专门的内部创业辅导机构，也没有丰富的资源支持内部创业。但一旦有前景比较好的内部创业项目出现，公司高层就会大力支持。

复习思考题

1. 什么是内部创业？内部创业的类别有哪些？
2. 如何选择内部创业时机？
3. 简述内部创业的过程。

案例分析

西贝莜面村内部创业模式——"创业分部+赛场制"

西贝莜面村（以下简称西贝）独创的内部创业模式"创业分部+赛场制"，也就是西贝的"合伙人计划"。

西贝年收入57亿元人民币，员工3万多人，截至2019年10月在全国24个省59个城市设有352家门店，两次代表中国美食走进联合国。31年的坚持，西贝从内蒙古不足20m² 的小吃店发展成为中国知名的餐饮集团企业。

独创的内部创业合伙模式"创业分部+赛场制"是支持西贝做大做强、走得更远的必不可少的先决条件。

内蒙古的蒙古部落+摔跤赛马射箭赛场的规则，与西贝的"创业分部+赛场制"的形式有点

"相似"。"创业分部+赛场制"是西贝创新的组织机制,它使西贝创业团队在控制质量和保证品质的前提下不断裂变扩张。

创业分部。西贝有15个创业分部,这些分部以总经理为核心建立,甚至以总经理的名字命名。西贝打破了餐饮企业传统的按地域划分华东区、西南区等的做法,允许在同一区域可以有两个分部同时开展业务,但总部会协调双方门店的选址,避免恶性竞争。每一个创业团队都是西贝的合伙人,拥有分红权。每一个门店持股比例为40%,总部持股比例为60%。门店所持的40%的股份由门店自行分配。

赛场制。为了激活组织的活力,西贝鼓励员工进行内部竞争。西贝采用了给创业团队发放"经营牌照"的机制。西贝总部每年会组织考核团队深入门店对创业分部的门店利润、顾客评价、菜品创新等进行考核,然后进行"全国大排名"。根据排名的结果,西贝总部将收回排名后30%的管理团队的"经营牌照"和股份,并将其团队打散后重新分配。处在分配期中的员工,总部会为其发放工资。

西贝总部将给排名前30%的管理团队发放"经营牌照"。这些团队会组建新的管理团队去开疆扩土或留在原地与原来的团队竞争。为了不成为排名后30%而被收回牌照的门店,各门店必须不断提升门店品质,提升顾客体验。

西贝总部会承担新开门店前三个月的资金成本,三个月后新开门店就必须实现盈利,并与总部兑现各持的股份。

裁判员制。西贝总部派出"裁判员"驻店,对门店各方面工作,包括员工作业动作进行巡视监督检查及听取顾客的意见。裁判员必须"六亲不认",如有弄虚作假即会被西贝开除。裁判员会从门店的优秀员工中进行选拔,驻店的一切费用由总部支付。店员—裁判员—店员,实行岗位轮值,这也是员工学习成长的一个过程。

> **思考题**
> 1. 西贝为什么要实行"创业分部+赛场制"的创业模式?
> 2. 为保证"创业分部+赛场制"的成功,西贝采取了哪些措施?为什么要采取这些措施?

系列实训之一

> **实训目标**

1. 掌握内部创业的基本概念。
2. 掌握内部创业的过程。

> **实训内容与要求**

分组,每组6~8人,选出组长,假设各组是企业的内部创业团队,你会怎么开展内部创业活动?讨论调研提纲和行动计划。

第2章 内部创业的环境

内容提要

内部创业的环境是指存在于一个企业外部的能够影响企业内部创新目标实现的所有因素的总和,其特征有五个:整体性、主导性、动态性、宽松性和异质性。在本书中,企业内部创业的环境主要是指外部环境。内部创业的环境主要由经济环境、政策环境、文化环境、科学技术环境构成。环境对企业内部创业的作用主要体现在资源利用、机会把握、观念转变和能力培养、项目选择和战略五个维度。

学习目的与要求

理解内部创业环境的定义和特征;掌握内部创业的环境构成要素;了解环境对内部创业的作用。

开篇案例

在疫情中站立,寻求更强大的动力

"只有在疫情中站立,才能寻求更强大的动力。"上海温州商会常务副会长,红蜻蜓集团董事长钱金波在《致员工信》中这样说道。

2020年1月份疫情暴发后,红蜻蜓集团副董事长兼副总裁钱帆每天都能接到来自全国各地自营店、加盟商的电话,告诉他,又有一批门店将暂停营业。一个接一个的电话,仿佛一个个开关。而红蜻蜓集团在全国各个城市布下的四千多家门店,如同灯火,一个个熄灭。疫情之前,红蜻蜓集团每个月都能有几个亿的营业收入。但当疫情来临时,占营业收入大头的线下零售停摆,再加上店租成本、员工工资,每月的固定开支高达上亿元,这算盘一打,不禁愁上心头。

红蜻蜓集团董事长钱金波在公开信中直言:近期彻夜无眠,出路在哪里?

面对环境的不断变化,红蜻蜓集团采取了一系列措施,其中最核心的一点是:把门店搬到线上、搬到社群中去,保证疫情期间的运营和收入,减少门店停摆带来的损失。计划一出,公司内部员工立马行动起来。一天内,线上商城搭建完毕;两天内,四百多个超两百人的社群建立起来,五千多名线下导购在家上岗。

与此同时,在疫情期间,红蜻蜓集团还在钉钉云课堂上发起了"与抗疫同步"零售人三十天成长计划,通过整合淘宝大学资源,自己制作课程,每天一小时,帮导购用一个月的时间熟悉新零售方式。从2月7日~17日,红蜻蜓集团每天的离店销售额已实现从十五万元到百万元的突破。

通过此次战"疫",红蜻蜓集团成功地将销售阵地从终端门店销售转变为了立体化销售网络,将线上线下从并联关系转变为串联关系,将管理模式从业绩结果管理转变为数据化过程管理,将组织模式从层层下达的管理模式转变为端对端的高效管理模式。这就是红蜻蜓集团让五百零六万名会员在疫情期仍保持活跃的秘诀!

资料来源:在疫情中站立,寻求更强大的动力[EB/OL].(2020-03-06). http://www.shwzsh.com/Home/News/viewid/615.html.

2.1 内部创业环境概述

2.1.1 创业环境

创业活动是在特定的环境下进行的,且受到环境中各种因素直接或间接的影响。随着经济社会的发展,创业环境对创业活动的影响日益显著,逐渐引起了社会各界的关注。由于创业活动的特殊性,学术界在关于创业环境的定义上存在一定的争议,总的来说,可以总结为以下三类:

"平台论":该理论认为创业环境是社会和政府为创业者创办新企业所建立的一个公共平台。该理论将创业环境看成是一个公共品,而政府在提供这个公共品方面承担着重要责任。

"因素论":该理论认为创业环境是影响创业行为的各种因素的有机组合。因素论将创业环境定义为创业者在实现其创业意愿,进行创业活动的过程中所必须面对和能够利用的各种因素的有机总和,主要包括政策环境、融资环境、创业服务环境、创业文化等环境要素。该理论认为创业环境是由社会文化氛围、公共基础设施和政府支持构成,在创业活动过程中发挥着重要作用,它既包括影响创业活动开展的所有政治、经济、社会和文化要素,还包括获取创业支持和帮助的可能性。

"系统论":该理论认为创业环境是一个包含各种创业环境要素的复杂系统,创业者周边的经济、政策、技术、文化等境况是创业者与其企业建立、成长的基础。该系统是一个多层面的有机整体,由可获得的资源、政府的干预、周边大学及科研机构、人们的创业态度等因素组成。与此同时,该理论认为创业环境就是创业者在创立企业的整个过程中,能够对企业成长产生影响的一系列外部因素所组成的有机整体,包括政策法规环境、科技环境、市场环境、融资环境、文化环境、人才环境等外部因素。

目前我国学者主要采用全球创业观察（Global Entrepreneurship Monitor，GEM）的评价标准进行创业环境分析，如图2-1所示。

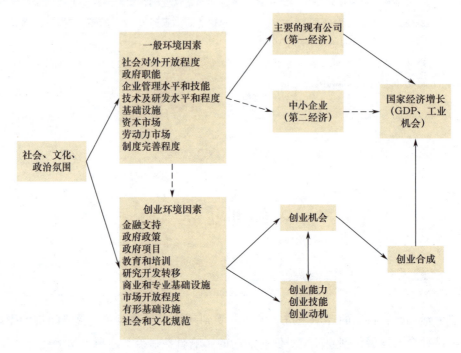

图2-1　GEM的环境影响概念模型

在这里，我们需要了解一下一般环境和创业环境的区别和联系。

（1）一般环境与创业环境是相对的关系

一般环境主要是指可以直接影响已经建立企业的环境因素，这些环境因素主要包括社会对外开放程度、政府职能、企业管理水平和技能、技术及研发水平和程度、基础设施、资本市场、劳动力市场、制度完善程度等等一系列不会对创业活动产生直接影响的环境因素。

（2）创业环境对创业活动会产生直接的影响

全球创业观察认为创业环境主要包括金融支持、政府政策、政府项目、教育和培训、研究开发转移、商业和专业的基础设施、市场开放程度、有形基础设施、社会和文化规范九个会对创业活动产生直接影响的因素。

> 透　视
>
> **互联网革命时代下的创业者**
>
> 在IT技术、互联网风起云涌的四十多年时间里，美国已经培养出了一代最具革命性的创业者。由这些创业者创办的创业企业的发展速度极快，这使得很多之前的传统企业跟不上节奏，

纷纷被打败，创造了"蚂蚁绊倒大象"的奇迹。

最具代表性的要属国际商用机器公司（International Business Machines Corporation，IBM）。作为曾经在个人计算机行业占有超过70%的市场份额、在同类企业中独占鳌头的IBM，到了20世纪80年代末至90年代初，在与戴尔、苹果、微软等后起之秀的竞争中，业绩出现了剧烈滑坡，公司员工人数缩减了将近一半。2004年，IBM将其计算机事业部出售给中国的联想集团后，彻底退出了个人计算机硬件行业，曾经的蓝色巨人IBM成了创业革命的牺牲品。

资料来源：詹姆斯·柯林斯，杰里·波拉斯. 基业长青[M]. 真如，译. 北京：中信出版社，2019.

2.1.2 内部创业环境的定义、类型和特征

1. 内部创业环境的定义

内部创业环境是指存在于一个企业外部的、能够影响企业内部创新目标实现的所有因素的总和。创业的本质是一种创新行为，而内部创业作为创业体系下的一部分，其本质也是创新。激烈的全球竞争和市场环境的不确定性给企业的生存和发展带来巨大挑战，以创新、主动进取和风险承担为主要特征的公司内部创业成为企业应对挑战的重要战略选择。近年来，随着企业外部环境不确定性的加剧，不少中小企业采取创业导向措施面对竞争激烈的市场。创业对盘活经济、扩大就业起到了非常重要的作用，成为提高社会活力和经济活力的重要因素。例如，信息产业企业为了实现扩张，经常使用的方式就是成立新的事业部，也就是所谓的"Business Unit"或者称为"事业单位"。这些事业部相当于一家新创的企业，在企业内部的创业团队，除了与营运高度相关的资源与母体共享之外，其余经营所需资源，在获得母体授权之后，绝大部分都可以经由母体的安排而得到。实际上，包括腾讯的微信、阿里巴巴的钉钉、王小川创立的搜狗，这些获得高度市场认可的产品都是内部创业的硕果。

2. 内部创业环境的特征

（1）整体性

内部创业环境是一个由各要素相互作用、相互联系、相互影响而构成的有机整体。内部创业环境的整体性特征，决定了我们在研究内部创业环境时，必须要用系统的原则和方法，从整体的角度来考察创业环境，而不是孤立地研究内部创业环境的某一个方面。

(2) 主导性

主导性是指内部创业企业在某一阶段的发展中,总有一个或几个要素规定和支配着其他要素。此时,该要素在内部创业环境的各要素中居于主导地位。

(3) 动态性

动态性是指一种"从稳定到不稳定"的特征,主要反映的是内部创业环境变化的速度与幅度。随着科技的进步,社会不断发展,创业企业的环境也在不断发展变化着。竞争者、顾客、市场趋势变化率、增长机会和创新研发的不可预测性等,都极大地影响着内部创业环境。因此,内部创业者需要用动态发展的眼光去观察和研究内部创业环境,适时调整内部创业目标和活动。

(4) 宽松性

宽松性是指环境支持可持续增长的能力与容量环境中可供内部创业企业使用资源的稀缺程度以及企业获取资源的竞争程度。即内部创业环境中的资源与内部创业企业所需资源的匹配情况。

(5) 异质性

异质性描述内部创业环境中各要素之间是否存在相似性或者其中某些环境要素是否有别于其他环境要素的特征,也就是内部创业环境中不同细分市场的产品需求以及市场差异。

透视

国内外内部创业环境的兴起

2016年,随着谷歌宣布将在旧金山建立一个名为"Area120"的创业孵化器后,内部创业再次成为热门话题。谷歌这一计划旨在借此机会留住那些有想法、有企业家精神的员工。据悉,谷歌的内部员工如果有了创业的计划并且通过了审批,将会得到谷歌的相关支持;如果创业失败了还能继续回去上班。

实际上,此前已经有许多企业进行了内部创业的尝试。20世纪80年代,为了医治"大企业病",保持企业活力,国外一些大企业就已经开始实行内部创业机制,如富士通、松下等企业。《财富》杂志在20世纪末的调查表明,当时国外已经有超过60%的大企业在积极尝试这种战略新方式。

2000年,深圳华为技术有限公司出台的《关于内部创业的管理规定》,开创了中国民营企业建立员工内部创业制度的先河。2012年,中国电信正式启动内部员工创业计划后,越来越多的企业加入到了公司内部创业的行列中。

资料来源:孙玉敏. 快,去内部创业! [J]. 上海国资,2016 (5).

2.2 内部创业的外部环境构成

2.2.1 政府政策支持

政府的政策规定和法律法规等都可能直接或间接影响企业的创业活动。《国务院关于构建双创支撑平台的指导意见》（国发〔2015〕53号）中指出，要培育壮大企业内部众创。通过企业内部资源平台化，积极培育内部创客文化，激发员工创造力。《国务院关于强化实施创新驱动发展战略进一步推进大众创业万众创新深入发展的意见》（国发〔2017〕37号）中指出，支持大型企业开放供应链资源和市场渠道，推动开展内部创新创业活动，带动产业链上下游发展，促进大中小微企业融通发展。《国务院关于推动创新创业高质量发展打造"双创"升级版的意见》（国发〔2018〕32号）中指出，鼓励大中型企业开展内部创业，鼓励有条件的企业依法合规发起或参与设立公益性创业基金，鼓励企业参股、投资内部创业项目。另外，《财政部办公厅工业和信息化部办公厅关于2019年度中央财政支持"创客中国"中小企业创新创业大赛有关工作的通知》（财办建〔2019〕75号）中指出，将为以前年度及本年度参赛企业对接金融、科技、产业等方面的创业创新资源，协调提供检验检测、技术成果转化和落地孵化等公共服务。根据2020年《政府工作报告》部署和《国务院关于大力推进大众创业万众创新若干政策措施的意见》（国发〔2020〕32号）等文件精神，要在更大范围、更高层次、更深程度上推进大众创业、万众创新，加快发展新经济、培育发展新动能、打造发展新引擎，建设一批双创示范基地、扶持一批双创支撑平台、突破一批阻碍双创发展的政策障碍、形成一批可复制、可推广的双创模式。

2.2.2 经济环境

2015年，自李克强总理在政府工作报告中提出"互联网+"计划后，"互联网+"便成为人们热议的话题，同时也引起了企业的关注。随着互联网与各个行业的融合，新的商业机遇开始显现，社会生产力将普遍提高，而在"互联网+"时代，传统企业也面临着变革整合。因此，内部创业被不少人认为是传统企业在"大众创业、万众创新"背景下实现自我壮大和发展的有效手段。

当前，全球经济快速增长，基于互联网等方式的创业创新活动蓬勃兴起，众创、众包、众扶、众筹等大众创业万众创新支撑平台快速发展，新模式、新业态不断涌现，线上线下的加快融合对生产方式、生活方式及治理方式产生了广泛而深刻的影响,为社会大众广泛参与创业创新、共同分享改革红利和发展成果提供了更多元的途径和更广阔的空间,同时也为企业内部创业提供了一条探索之路。

2.2.3 社会文化氛围

在日本,人们习惯于与集体保持一致,而不是强调个人的作用。日本企业实行的是终身雇佣制和年功序列制,即按部就班终会得到提拔和加薪,而离开企业去创业会被传统道德认为是一种背叛,创业所需的人才不可能像美国那样自由流动。相应地,日本企业的员工也逐渐养成了不愿冒险、追求稳定,压抑个性、高度依赖团队的个性特征。

而在我国的文化及社会规范中,鼓励自立,鼓励人们通过个人努力取得成功,也鼓励创造和创新的精神,对个人创业持积极态度,因此在我国土壤中更能孕育出企业内部创业的种子。但是客观而言,在处理创业中个人和集体的关系,尤其是个人责任和集体责任的关系时,中国文化仍有不足之处。

2.2.4 技术环境

从技术的角度看,过去三十年,两个关键因素塑造了如今的大公司信息技术(Information Technology,IT)架构:一是始于20世纪90年代初的IT建设,二是在2013年后开始爆发的"云计算"。

早在20世纪90年代,我国大公司就开始了购买外国厂商管理软件的尝试。企业资源计划(Enterprise Resource Planning,ERP)系统等庞大、复杂、昂贵的软件系统是我国大公司IT基础的重要部分,因为有它们把"重活"干了,才有了偏重一线业务、流程等"轻量级"企业管理、运营工具的市场空间。

2013年后,第二个改变大公司IT架构的关键因素——云计算强势登场。云计算为软件即服务(Software as a Service,SaaS)系统的发展奠定了生态基础。云计算就是IT基础设施的互联网化。从阿里巴巴、腾讯等业界主要玩家目前引领的方向看,未来公司的IT架构很有可能是基于云计算的数据平台+中台支撑+前台应用模式。SaaS所处的位置就是"前台应用",解决业务场景中的具体问题;而在整个架构里,它又是企业接触外部数据、汇聚业务信息的"先头部队",担当着抓取前台数据,连通中台,最终将数据沉淀的贯通者角色。从应用层切入的SaaS,通过逐步优化企业核心业务流程和数据、信息路径,很可能给企业经营带来改头换面的影响。SaaS相比传统软件系统能更快部署,有利于适应多变的市场环境,使其与原有IT系统融合,并产生新价值。在战略层面顺应了"在线化""互联网化"的趋势，主动适应了组织形态的演变，也就是建设"开放生态"。

由于技术进步，公司内部以及上下游的各 B 端之间、B 端与 C 端之间，正产生史无前例的互动——向内看，大公司壁垒森严的结构正被内部创业活动打破，从命令式的"强连接"变成了围绕业务的"弱连接"；向外看，从业务、技术、人才、客户到供应商各层面，都产生了更广泛的合作。

> **透视**
>
> ### 亿滋中国牵手阿里云，全球零食领导企业开启数字化升级
>
> 亿滋国际是全球零食行业龙头企业，公司拥有八万余名员工，为全球约一百六十个国家的消费者生产和提供美味的食品和饮料。其中，像奥利奥、趣多多、炫迈口香糖、吉百利等这些中国消费者熟知的品牌就是亿滋旗下的。据欧睿信息咨询公司的报告，其饼干和糖果品类数量排名全球第一，巧克力和口香糖品类数量排名第二。
>
> 随着数字经济深入人们生活的方方面面，零食消费市场发生着越来越快速的变化。"以饼干为例，过去人们大都在商超购买，但现在更多的消费者喜欢在线购买，或是利用无人超市；以前购买饼干更多是为了充饥，现在大家看重的是休闲和健康。"亿滋中国首席信息官欧庆国在谈到系统升级需求时说道。
>
> 在不断变化的市场环境中，亿滋中国管理层意识到，由于客户以及不同业务部门相对独立，所使用的 IT 系统和计量单位等也不尽相同，导致公司无法在第一时间得到准确的销售数字。例如物流部门以"箱"为计件单位，但公司管理层需要看到的是财务数字。不同体系数据的多重转换使得销售数据反馈非常慢，有时需要几天时间。此外，随着生产销售环节聚集的信息越来越多，传统 IT 架构的运营成本也在不断增加。
>
> 欧庆国表示："在我看来，消费市场的改变很大原因在于数字技术发展。作为应对，亿滋中国同样需要拥抱新技术。" 2017 年年初，经过评测，亿滋中国最终选择了阿里云。合作达成后，亿滋中国迁移到阿里云的公共云平台，替代应用云平台的存储及数据库产品，并搭建亿滋中国的中台系统。"中台"是阿里巴巴多年的技术实践理念，用互联网的架构方式来构建强大的业务和数据中台，通过整合企业内部的数据能力和产品技术能力，构建"大中台、小前台"的业务模式，从而支持企业更快捷的业务创新。
>
> "现在每周我们的业务核心管理团队一起回顾和展望生意的时候，直接操作触摸屏即可，都不用准备 PPT 了，这极大地缩短了我们的决策时间。"欧庆国说，"从传统互联网数据中心（Internet Data Center，IDC）到现在的公共云，我们 IT 的成本会降低 22% 左右。我们的销售人员可以百分之百专注于生意，而不是花时间去理解数据。亿滋中国团队从市场反馈到市场应对变得更加迅速和果断，而这就是数字化转型的意义。"
>
> 打通数据、建立中台是第一步，也是数字化转型过程中最基础的。基于此，亿滋中国才实现了利用数据进行可视化分析，增强了业务洞察能力。未来，双方还将应用人工智能技术预测

销售，最终实现生产领域C2M（Customer to Manufacturer，从消费者到工厂）的升级。

资料来源：亿滋中国牵手阿里云，全球零食领导企业开启数字化升级［EB/OL］．（2018-06-07）．https://tech.huanqiu.com/article/9CakrnKrnk9b2L．

2.3 环境对内部创业的作用

环境是一个非常重要的内部创业条件，在内部创业中发挥着不可忽视的作用。内部创业的环境包含经济、文化、政策、市场等环境方面的要素，它们不直接参与内部创业活动，却时刻影响着内部创业企业的成长。内部创业企业的环境是内部创业存在与演化的必要条件和土壤，其重要性不仅体现在对内部创业机会、资源等外部条件产生作用，也体现在外部作用对内部创业者的创业意愿、创业项目选择等产生的影响。

2.3.1 环境对内部创业资源利用的作用

创业资源是创业者开展创业活动时必不可少的资源与条件，是实现创业梦想的物质条件与基础，是创业机会落地的桥梁。创业资源既涵盖物质资源，也包括非物质资源。内部创业资源既有一般创业资源的共性，也有内部创业资源本身的特点。环境分为直接匹配环境要素和间接匹配环境要素：直接匹配环境要素包括技术、资金及人才，它们直接为创业企业提供所需的资源；间接匹配环境要素分为政策法规、中介服务体系、文化、市场、信息化等，它们保障了创业企业所需资源的获取。

近年来，在我国社会经济的快速发展和"大众创业、万众创新"的背景下，国家鼓励企业通过内部资源平台化的方式，积极培育内部创客文化，激发员工创造力；鼓励大中型企业通过投资员工创业，开拓新的业务领域、开发创新产品，提升市场适应能力和创新能力。企业所处的外部环境优劣、资源利用的难易程度、风险大小、创业途径等决定了企业内部创业成功与否。

内部创业资源是内部创业项目创立以及成长过程中所需要的各种生产要素和支撑条件。因此，在内部创业过程中，应当积极拓展资源获取渠道。并且资源对于内部创业的重要意义不仅仅局限在单纯的量的积累上，应当看到内部创业过程还是一个各类创业资源重新整合，获取竞争优势的过程。因此，在内部创业过程中，不仅仅要广泛地获取内部资源，更要懂得如何使用这些资源。

2.3.2 环境对内部创业机会把握的作用

环境在内部创业机会识别过程中扮演着非常重要的角色,因此内部创业者准备创业计划之前,有必要对其进行研究分析,主要包括技术环境分析、市场环境分析和政策环境分析。

1. 技术环境分析

内部创业者应对所涉及行业的技术变化趋势有所了解和把握,应考虑因政府投入可能带来的技术发展问题。

2. 市场环境分析

市场环境分析可以从宏观、中观和微观三个层次来进行分析。在宏观上,主要是对经济因素、文化因素的分析。在中观上,主要是对行业需求的分析,根据波特的竞争模型,潜在的进入者、行业内现有竞争者、替代品的生产者、供应者和购买者是主要竞争力量。在微观上,市场环境包括企业的人员、资金、技术、设施、管理模式和营销渠道等各种内部要素与资源。

3. 政策环境分析

政府的政策规定和法律法规等都可能直接或间接影响内部创业活动。完成环境分析之后,可以根据分析结果识别出内部创业机会。一般来说,市场特征、竞争者等因素可获得的数据量,常常与内部创业机会中真正的潜力成反比,也就是说,如果市场数据已经可以获得并清晰显示出发展潜力,那么大量的竞争者就会进入该市场,市场中的创业机会就会随之减少。因此,对外部环境进行信息收集和分析,推动内部创业机会的搜索、感知、评价和利用,是识别内部创业机会的重要步骤。

2.3.3 环境对内部创业者观念转变和能力培养的作用

目前,创业已经成为人们老生常谈的话题,创业孵化器、衍生裂变等创业模式也早已被人们熟知,越来越多的人开始跻身于创业的大潮,到处都是关于创业的讨论,例如,如何挑选成员、组建团队,对自身的定位等,而媒体的大力宣传,更是让人们认为创业是人生的必经阶段。

一些普通人成功创业的故事也激励了众多的年轻人,传统企业也从中受到启发,而社会也给创业者提供了一个较好的创业环境,鼓舞了大批的创业者。在创业大军中主要有两部分人:一部分是经过了多年的经验积累,知识、能力、资源都达到一定程度而创业的人；而另一部分人则是盲目从众，自身所具备的才学并没有达到创业的标准。无论属于哪一种创业群体，员工都正以不可阻挡的步伐离开原有公司，进行自主创业。

传统企业原有的体制弊端造成人才纷纷出走，同时也带走了大量的人力、技术资源，令公司损失惨重。在这种情境下，传统企业进行互联网化转型更是难上加难。当今社会，独立创业的门槛很低，只要有少量的资金就能创业，甚至还可以找人投资，社会上对创业的支持，也使传统企业面临着人才流失的窘境。如果传统企业不及时挽救这种局面，那么公司的人才将会流失殆尽。

"互联网+"无论是媒体炒作，还是真正的颠覆转型，都深深影响着各行各业，那些跨界融合的成功案例激励了众多的创业者。在这样一个时代背景下，传统企业必须进行转型，而要进行自我整合，还是被跨界者整合，这由传统企业自己选择。在互联网转型的时代背景下，传统企业拥有充分的主动权可以选择进行自我整合，以适应瞬息万变的市场环境。但随着全民创业浪潮的演进，传统企业面临着人才的流失，公司在互联网时代缺乏必要的人才支撑，曾经拥有的主动权也将消失。对于传统企业来说，是自我颠覆还是被外来者融合，事关企业未来的发展。

因此，很多企业已经开始注重员工内部创新创业的观念改变和能力的培养。例如，通用电气招募了五百位企业教练，向管理人员传授"拥抱冒险、从失败中获得学习"等新理念；这家以严格遵守六西格玛质量标准、在全公司强制推行绩效考核排名的航母型企业，已不再强调绩效排名，目的是不让绩效排名被过度渲染，从而阻碍了效率本身。更多出现在大公司的创业项目宣讲，也摒弃了华丽而冗长的幻灯片演讲做派，而被典型的一两分钟时长、聚会风格的发言取代。而且，来自巨头公司的创业派也越来越时兴参加"失败研讨会"——就像硅谷人那样用一种近乎崇拜的视角来看待失败及其带来的经验教训。

2.3.4 环境对内部创业项目选择的作用

创业环境的不确定性决定着创业项目的选择。在当今市场环境下，信息和知识快速变化，环境中的不确定性日益加剧。各大领域纷纷开始采用互联网思维整合产业结构：更新管理观念，以开放、包容的精神与其他企业合作，共享互联网的发展成果无疑是最好的选择。随着思维理念、管理模式的升级，企业将会实现整体升级转型，获得更好的发展。所谓整体升级转型，是指从宏观上制定全面的转型战略，进行变革，突破企业原有的管理模式和产业结构，重新进行整合；或者循序渐进地进行自我颠覆，在原有产品的基础上，研发新的产品。

如何协调现有业务与新业务之间的关系以及如何统筹各部门重新布局，是目前所有面临转型的传统企业要处理的问题。但是，快速发展的时代节奏以及稍纵即逝的市场机遇，不会给传统企业太久的时间进行考虑，因此，传统企业必须在固守与革新之间进行快速选择。众多的企业开始选择一个折中的办法：由企业出资搭建平台，为企业内部员工以及社会各界人士提供创业服务，如提供管理上的帮助，以一套全新的机制去适应互联网时代下的市场环境，以局部的变革代替整体的转型，以高新技术产业带动传统产业发展。

2.3.5 环境对内部创业战略的作用

环境对内部创业战略的选择具有重大影响。内部创业战略应该高度适配外部环境，并需要根据环境的变化进行战略的调整。内部创业者通过对环境的分析进行内部创业战略的制定和选择。

事实上，在过去的几年里，像可口可乐这样的跨国巨头公司涉足支持创业公司之举已悄然成为一波潮流。如大都会人寿（Metlife）、通用电气（General Electric）、亿滋国际（Mondelez International）、思科（Cisco）、万事达（Master）、泰科国际（Tyco International）等，都不约而同地参考从而嫁接起原本与母体无血缘关系的创业者生态圈。

这些巨头公司培育创业生态系统的举措，恰恰是在培养与公司本身具有关联的、有利可图的新实体的同时，为大型公司"充满了层级、逐渐变得烦冗而脆弱的中层管理体系"注入一股清新的企业家精神。创业生态网络混合型整合利用各部门的资源和优势，创造性地开发、整合、利用边缘资源并释放其内在潜能，促进资源在不同主体间的直接流通，形成各主体间共存共生的依赖关系与社会支持网络，使创业生态系统在协同效应的影响下表现出单个创业主体不具备的功能和作用，从而实现规模效益。

> **透视**
>
> #### 海尔：向创业孵化平台的华丽转型
>
> 早在 2004 年，海尔集团（简称海尔）的营业额已突破 1000 亿元，成为中国首个千亿级规模的世界品牌，可谓气势如虹。而那时人们才刚开始使用视频聊天，网民数量不到现在的六分之一，但海尔已感受到互联网的机遇与挑战，开始探索转型。
>
> 海尔集团董事局主席兼首席执行官张瑞敏说，企业组织架构一般是"金字塔"，用户需求层层汇报，再由上而下执行高层决策，不能及时响应市场变化。互联网时代的显著特征是用户个性化、市场碎片化，"金字塔"式的组织架构一定会被颠覆。因此，海尔决意"去"中间管理层，推倒企业与用户间的"隔热墙"，将企业解构成扁平化结构。

过去10年，海尔集中做了一件事：去掉2万名中间管理层，把过去30年辛辛苦苦打造的"航母"，解构成了一支并联"舰队"。现在海尔只有三种人：创客、创业小微的负责人小微主和服务于创客的平台主。

在从家电制造企业向创业孵化平台转型过程中，海尔开启了创业加速平台的探索。平台负责人孙中元介绍，这个平台下设创客学院、创客工厂、创客服务、创客金融和创客基地五个子平台，实现创新与创业、线上与线下、孵化与投资相结合，为创业小微提供低成本、便利化和全要素的开放式综合创业服务。

其中，创客学院通过创客公开课、创业训练营、创客联盟和创客模式输出等多种形式提升创客能力；创客工厂为创客提供全流程产品解决方案，包括产品设计、模具开发、3D打印、测试验证和生产组装等服务。

在创客服务方面，海尔开放自身资源，提供人力、技术支持、培训、财务、商务和法律咨询、市场渠道、供应链和物流等专业服务。"创业小微可以无偿或者以很低的价格享受到海尔这种大集团所享有的各种企业服务。"平台负责人孙中元说。

资料来源：帼岎．海尔：向创业孵化平台的华丽转型［EB/OL］．（2016-05-27）．http://finance.com.cn/roll/20160527/3741820.shtml.

复习思考题

1. 什么是企业内部创业的环境？企业内部创业环境的特点有哪些？
2. 企业内部创业的外部环境由哪些因素构成？
3. 环境对企业内部创业有什么作用？

案例分析

内部创业承载运营商几多希冀？

继2014年夏季达沃斯论坛上李克强总理首次提出"大众创业、万众创新"后，2016年"两会"中，政府工作报告又将"大众创业、万众创新"升级为中国经济发展"双引擎"之一，"双创"已经成为经济社会发展的焦点。

而作为最早感受到互联网冲击的企业，电信运营商此前已经开始了内部创业的尝试。2012年，中国电信建立创新孵化基地，又成立天翼创投公司，并探索出"基地孵化、天使投资、公司参股、员工控股"的创新模式。此后，中国移动、中国联通也相继出台相关政策，建立起内部创业机制。

电信运营商为何对内部创业如此积极？这既是形势所迫，也是自身所需。形势所迫自然是指以OTT（Over The Top，OTT）业务为代表的互联网应用大军压境，全面进入了电信运营商的核心领域，造成运营商管道化趋势日趋严重。另外，通过日常的业务接触，电信运营商对互联网企业灵活的运营机制、快速的市场反应很是羡慕，也曾经试图学习，但是由于种种原因，高价招聘来的"互联网疯子"，没几年就给治好了，互联网思维很难生搬硬套。因此，电信运营商迫切需要探索一种新的机制，既能够分享互联网产业的高速发展成果，又不违背当前企业的运营体制，内部创业由此应运而生。

当然，与之前自行探索不同，在当前经济发展进入新常态的整体形势下，电信运营商的内部创业又承载了更多的意义。

首先，内部创业开启了运营商在人力资源领域的供给侧改革。人力、资本和自然禀赋是经济增长的三大要素，电信运营商的百万员工中不乏敢打敢拼、思维敏捷之士，但流程化的传统运营模式使其才能只能限制在当前的岗位上，被定位为"螺丝钉"的员工对于企业整体的转型、变革的作用微乎其微。通过内部创业，运营商盘活了内部人力资源，消除了人力资源的供给约束，给这一部分员工才能的发挥打开了广阔的天地，提升了企业的市场竞争力。并且，推动内部创业也为企业有效地留住了宝贵的人才，减少了互联网人潮冲击下带来的优秀员工离职风险。

其次，内部创业增强了运营商在信息消费领域参与供给侧改革的实力。面对互联网大潮，电信运营商已经没有退路，必须推出大量新业务来直面OTT业务的竞争。但是与传统模式下从制造商那里直接购买电信设备再提供服务不同，优秀的新兴互联网业务是买不来的，必须靠自己，而内部创业不失为一种有效途径。作为三大运营商中内部创业起步最早的中国电信，目前共成功征集1700多个项目，完成8批共175个项目入孵，其中20个实现公司化运作。中国移动和中国联通目前也已经有多个通过内部创业产生的新业务推向市场。

最后，内部创业是电信运营商落实"双创"战略的重要举措。当前，"双创"大潮蓬勃汹涌，处于信息通信业核心位置的电信运营商具有网络优势、平台优势和资源优势。运营商对内部创业者开放渠道和平台，使其同互联网草根相比，具备了站在巨人肩膀上的优势，大幅度增加了创业成功概率。并且，内部创业也让电信运营商积累了经验，能够更好地支撑全社会的"双创"事业。

既然内部创业承载了这么多的期望，电信运营商在进一步的探索中不妨胆子更大一些，步子再快一些，乘着国家政策的春风，建立起与当前创业浪潮相匹配的人事、财务、决策制度，使得内部创业能够真正发挥其应有的作用。

资料来源：熊雄．内部创业承载运营商几多希冀？［EB/OL］．（2016-08-25）．http://www.paper.cnii.com.cn/article/zgdxy_15081_269561.html.

思考题

1. 电信运营商面临着什么样的环境威胁？
2. 电信运营商采取内部创业为其带来了什么发展机遇？
3. 为互联网时代的电信运营商未来发展提出建议。

系列实训之二

> **实训目标**

1. 对当代创业大环境有感性认识。
2. 进行内部创业的实战训练。

> **实训内容与要求**

1. 分组:各组选择依托公司,设计内部创业项目。每组三至七人,选出组长,设计内部项目主题,讨论项目商业模式、资源获取途径等。
2. 课堂展示:各组分别阐述并提问,交流感想体会。

第3章 内部创业者与内部创业团队

内容提要

内部创业者与内部创业团队是决定企业内部创业活动成败的最重要因素。内部创业者与管理者、个人创业者有着明显的区别,选择内部创业型员工的方法主要有特征选择法和自然筛选法。内部创业团队是一种特殊的团队,它既不同于企业内的其他团队,也有别于纯外部创业团队,而且在独特的成长周期中,还要经历三个关键"蜕变点"。内部创业团队组建需要遵循三认同选人原则和五大组建准则,同时也要预防四类"团队病",建立好适当的评估标准。

学习目的与要求

掌握内部创业者和内部创业团队的相关概念;了解内部创业团队的三认同选人原则、五大组建准则与四类"团队病"的预防措施。

开篇案例

一名女性"内部创业者"的亲身成长历程

2009年,我拥有了一个全新的头衔——不是一个新的职位,而是一种重新定义自我的方式,它彻底改变了我的工作方式。

那时我还是英特尔公司(Intel Corporation)的一名总经理,负责将一个教育类个人计算机项目变成一门赚钱的生意。这份工作的内容包括开发人性化的产品,为英特尔公司在教育领域拓展市场。我记得我曾在哈佛大学肯尼迪学院(Harvard Kennedy School)发表讲话,谈到自己的职业定位时,当时有人问我:"也就是说,你是个'内部创业家'(Intrapreneur)?"那是我第一次听到这个词,我意识到它准确地定位了我个人以及我在英特尔公司从事的大部分工作。

五年以后我离开了英特尔,现在,我是凯鹏华盈(Kleiner Perkins Claufield & Byers)的合伙人以及教育科技公司 Coursera 的商务总监。我每天和创业者们一起工作,这是一群拥有无限活力和宏伟设想的人,希望靠自己的努力改变世界。我发现,曾经的英特尔团队的工作职责和我现在的工作职责非常相似。虽然我们过去是为一家大公司工作,但工作重点都是做出新东西。

以雇员身份在一家大公司内部进行创业,可以收获和外部创业同样丰厚的回报和激动人心的体验。而且,这种内部创业具有巨大的优势:继续公司的工作意味着更高的稳定性,同时你可以运用所在公司强大的品牌资源,依靠内部的人际关系和共同的兴趣在企业中更轻松地招聘到所需要的人才。这样,你可以更加专心地实现既定的目标,不用为创业基金、办公地点和公司基础设施等事宜操心。

但英特尔公司和组织松散的初创企业截然不同的是，它给我提供了一个跟随自己的激情、将创意变成重大项目的机会。这里有一些如何成为一名内部创业家的秘诀，是我多年经验所得。

（1）与众不同

参与新项目并争取不同的职位，以此丰富个人经验。早年在英特尔工作时，我接受了一份到日本从事数字化视频光盘（Digital Video Disk，DVD）标准化的工作。我的一位经理认为这是一个糟糕的人事调动，因为我缺乏足够的经验，此举将阻碍我晋升成为公司最高管理层的道路。但结果是，我在这个职位上做得风生水起，部分原因归功于我的与众不同。没有人预料到，计算机公司里会有一个年轻的美国女职员努力争取那些消费型电子产品公司的客户，例如索尼（Sony）、松下（Panasonic）和日立（Hitachi），但是我确实就是这么做的。

通过不停打电话、努力结识能够提供帮助的人、在商业会议上说日语，以及大无畏的做事风格，最终英特尔被相关委员会接纳，获准将 DVD 应用在计算机上推广，而不仅仅是在家用电器上。事实证明，人们确实喜欢在计算机上看电影。

（2）成为自己的 CEO（Chief Executive Officer，首席执行官）

成功的 CEO 理解公司业务各个不同的部分，深谙与人相处之道。很多所谓的创业者只具备十分单一和局限的技能。你或许是一位伟大的工程师，但是对财务、制造或传播等方面知之甚少。由于初创企业的资源有限，你必须懂得招聘人才，提高团队技能。你需要承担不同的角色，即便你不是相关领域的专家。此外，你还需要永无止境地扩大自己的知识面和学习新的技能。可以学习的资源数不胜数，还可以向很多前辈请教，以此拓宽自己的视野。

（3）打造自己的董事会

找到一个"赞助者"，他/她可以作为你的参谋，帮你与公司内部可以向你提供帮助的人建立联系，为你的组织提供保护，让你有足够的时间和空间达成你的愿景。我在英特尔（Intel）的"赞助者"就像是一个首席董事，或是一个出色的风险投资家：他会提出一些尖锐的问题，强调我需要思考的东西，帮助我招聘人才，教会我如何搞定年度资金申请。好的方面是，在一个你已经熟悉的机构建立自己的董事会和争取支持，要比你盲目寻求一个陌生风险投资公司的帮助容易得多。

（4）把握好自己

在英特尔，"内部创业者"的标签给了我（和我的团队）一个全新的定义。突然之间，我们发现一切事情都可以在"创业"的框架下解释，这也让其他人更容易理解——这个过程有助于排除新的行事方式所面临的障碍。作为内部创业者，我们以提出相反的意见、全力投入并顺利完成工作为荣。

你不需要加入一家创业公司也能创新并做出一番成就。通常来说，你需要的只不过是创造力，以及在所熟悉的领域之外掌握新技能，并努力在公司内部进行创新的决心。

资料来源：根据网络资料整理。

决定企业内部创业活动成败的一个最重要的因素是企业是否拥有素质优秀的内部

创业者和团队，他们是否具有将创意转化为现实的能力和热情。虽然挑选和留住合适的人才可能很困难，但如果有正确的激励手段还是可以实现的。由于个人往往难以具备开发新业务所需的广泛技能，因此需要构建合适的团队。

企业家需要通过提出以下问题，来确定理解业务和企业内部新业务开发需求的核心群体。

1）我们是否有一个有能力的企业内部创业者来领导开展新业务？

2）现有顾问或董事会成员是否具备专业知识，可以将企业内部新业务带入生命周期的下一个阶段？

3）我们是否需要组建一个足够有动力、动机和经验的团队来承担创业任务？

4）是否有足够的证据表明企业的创业者和其团队可以有效地一起工作、实现协同？

一些企业内部创新业务需要招聘具有内部创业所需的技能和经验的外部人员。新雇用的内部创业者需要的是一个充满活力的领导者，他担负着多种职责——领导者、管理者、发言人、沟通者、决策者和协调者。新的企业内部创业团队需要一起开展创造性和创新性的工作，通过共同的目标和愿景团结起来。因为在企业内部创业团队的整个生命周期中需要不同的技能（例如营销、融资、技术），团队需要通过开放式的沟通紧密结合成整体，不断相互促进并提供反馈。

3.1 内部创业者

3.1.1 内部创业者的内涵

内部创业者是指具有一定创业意愿及创业能力，在企业的支持下承担企业内部新业务及新项目，并与企业分享成果的企业内员工。内部创业是这类员工在工作系统内部寻求满足个人成就所需要的途径，可帮助他们实现其自我价值并获得较高的经济回报。内部创业者的内涵如表3-1所示。

表3-1 内部创业者的内涵

内涵	具体内容
内部创业者所担任的角色	（1）企业CEO 负责项目的整体发展和推进 （2）技术创新者 负责重大技术创新的人 （3）产品和服务斗士 在直至项目完成的所有关键阶段，对项目落地、发展和进步起推动作用的人 （4）资源分配者 帮助创业项目获得必要人力和非人力资源的人

(续)

内 涵	具 体 内 容
内部创业者需满足的期望	（1）母体高管成员 （2）新创公司的管理者和他们的团队 （3）大多数组织成员 （4）利益相关者
内部创业者/领导者的特点	（1）精力充沛，充满动力和热情 （2）能够吸引、挑选和激励合适的人 （3）具有足够的个人魅力带领企业并领导内外部创业团队 （4）足智多谋 （5）具备优良的沟通技巧 （6）具有在企业内部和外部推销创业项目的能力
内部创业领导者的职责	（1）支持和保护团队 （2）容忍错误 （3）领导和指导管理者与团队 （4）适度冒险 （5）分享愿景 （6）对解决问题的人授权 （7）容忍内部竞争 （8）激发创新与创造力 （9）积极搜寻创意 （10）忍受无秩序 （11）鼓励实验和测试 （12）信任管理者和团队 （13）容忍模糊性 （14）驱动和激励团队

透 视

内部创业者的四大基本特质

最近，人们对组织内部的创业者进行了很多讨论——这些价值极高的管理者和团队成员也许永远不会成为一家公司的创始人，但是他们能够把创业精神的基本原则应用于他们在公司内部担任的角色中。

我们把这些员工称为"内部创业者"，因为他们并没有创办自己的企业，而是在公司内部工作，这就是"内部"创业。

Fishbowl 公司拥有很多内部创业者。他们像老板那样思考策略并付诸行动。对公司的良好发展来说，他们是宝贵的资产。但是组织如何识别和培养内部创业者，更重要的是，你如何确保他们不会离职？

正如作家维贾伊·戈文达拉扬（Vijay Govindarajan）和贾汀·德赛（Jatin Desai）在《哈佛商业评论》的博客文章中提到的那样，成功的内部创业者都有某些共同的特点。下面重点介绍其中的四个特质：

1. 金钱不是衡量他们的标准

当然，内部创业者尊重金钱的价值和重要性。他们理解经济驱动力能让组织获得成功，能够支持这个基本事实，不会反对这个观点。非内部创业者总是在寻找非经济方式，为他们的升职和薪酬提供理由。内部创业者"完全明白这点"，他们完成工作的方式决定了他们对这个组织的重要性。组织无法承担失去他们的损失，因此金钱和升职自然会找上门来。

2. 他们是"温室园丁"

如果你向内部创业者讲述一个有趣的创意，他们不会对这个创意置之不理。这个创意会在他们的脑子里生根发芽，他们总是想弄清楚如何把创意变成现实。如果你下次见到他们，他们可能已经把创意的种子培育成完全成熟的计划，或者他们会打造出更完善的替代方案来改进这个创意。

3. 他们知道如何实现转折

内部创业者并不害怕转折，他们也不害怕失败的到来。他们的动力并不是外在的故作勇敢，而是内心的自信和勇气，他们会践行每一个步骤，逐渐接近最终的目标。在培训和术语中，这种现象被称为"有收获的失败"。为得到成长的机会感到庆幸，即使是痛苦的成长经历。

4. 他们的行为可靠而诚信

最重要的是，内部创业者体现了自信和谦卑的特质，而不是企业红人的特立独行，这是戈文达拉扬和德赛的看法。我非常同意这个结论。在我称为"七个原则"的特质中，诚信（与尊重、信任和勇气一样）是至关重要的一项，这些原则推动我自己的公司取得了非凡的成就，也是我在我的著作中所讲述的方法论的核心内容。一个崭露头角的商人可能具有其他所有特质，但是如果没有诚信作为为基础，他们最终将以失败告终。

那么如果这些特质能够说明一个内部创业者会是什么样子的，你会在哪里找到这些员工，你又如何保证他们会留下来呢？

首先，一家创立之初就强调创业/内部创业的公司会变成磁石，吸引更多志同道合的人士。员工会向公司推荐其他和他们拥有同样价值观的人。物以类聚，人以群分，这也是说，一家公司不能自己不诚信，却期望在员工中找到这些特质。随着时间的推移和经验的积累，你将学会提出这些探索性的问题，这会有助于你确定聘用的员工的真实特质。

这种探索值得我们付出努力，因为在未来的职场生态系统中，越来越多的内部创业者会起到推动作用。

资料来源：David K. W，孟洁冰. 内部创业者的四个特质[J]. 北大商业评论，2014（5）.

企业内部创业者需要恰当的支持和协作，并有效地利用资源，同时以新创企业和整个组织的最大利益为目标来采取行动。团队必须有一种创业的心态，个人的活动被适当地整合，以实现根本目标。为充分理解内部创业者的概念与内涵，我们需要对管理者、个人创业者和企业内部创业者进行区分和了解。

3.1.2 管理者、个人创业者和企业内部创业者

管理者、个人创业者和企业内部创业者这三个群体的共同目标都是实现企业的可持续发展，为企业创造利益和价值。与此同时，这三者之间也存在着一定的差异。

管理者、个人创业者和企业内部创业者这三个群体有不同的时间导向：管理者看重短期绩效，个人创业者看重长期成效，企业内部创业者则介于两者之间。类似的，在基本的行动模式方面，企业内部创业者的行动模式也处于管理者的获授和创业者的完全自主之间；企业内部创业者和个人创业者都是一定程度上的冒险者，而管理者对于承担风险方面则更加谨慎，保护自己的职业生涯和职位是传统管理者的生存之道，而高风险的活动是他们努力避免的。管理者担任的是"守护"的角色，即遵守既有的规章制度，恰当地组织企业的运营，持续地提升生产效率，尽力地规避经营风险。

传统管理者倾向于关注组织中高层的意见，个人创业者则对自己和客户负责，企业内部创业者则又增加了发起人的角色，这是上述三种人群对不同的环境背景的直接反应。有别于个人创业者和企业内部创业者与其他人建立的牢固关系，管理者倾向于公开遵守企业组织结构图限定的等级关系，如表3-2所示。

表3-2 管理者、个人创业者和企业内部创业者的区别

	管 理 者	个人创业者	企业内部创业者
主要动机	晋升以及其他传统的公司奖励，例如办公室、下属和权力	独立进行创造的机会、金钱	独立性以及在公司奖励体系中的提升
时间导向	短期地满足配额和预算，周度、月度、季度以及年度规划周期	生存以及实现五到十年的业务增长	介于个人创业者和管理者之间，有赖于满足自定义的和公司制定的时间表
行动	授权和监督多过直接参与	直接参与	直接参与多于授权
风险	谨慎	适度的冒险	适度的冒险
地位	关注象征性地位	不关注象征性地位	不关注传统的象征性地位；渴望自主

(续)

	管 理 者	个人创业者	企业内部创业者
失败和犯错	试图避免失败和意外	通过决策来追随梦想	能够调动人力来协助实现梦想
对谁负责	其他人	自己和客户	自己、客户和赞助人
与他人的关系	等级是关系的基础	交易和业务是关系的基础	等级内交易

资料来源：KATHMAN M D, FLETCHER J, FIALKOFF F, et al. Intrapreneuring [J]. Library Journal, 1985.

内部创业实际上就是"颠覆"。在一个组织中，保守的主流部门是不会引发和推动创新的，这是因为他们具有从多方面考虑问题、按常识常规办事、不爱冒险等性格特点。想把事情做得圆满的人，多数是没有"颠覆"这种思维方式的，因此他们引发或推动创新的可能性极低。引发创新的人多数会脱离常规，展开想象。世界上许多创新都是由"企业内部创业者"引发的。希望企业员工能够立志成为引发内部创业的企业内部创业者，创造自己和企业的未来。

3.1.3 内部创业型员工的选择方法

哪些人适合内部创业？如何让有潜质的员工快速转变为合格的内部创业者？哪些人即使适合也不能让他进行内部创业？这是让企业领导者们烦恼的三个问题。一旦人选不对，不仅内部创业会出问题，还会出现某个部门被掏空、资源白白浪费的情况，从而影响主业发展和核心稳定，所以企业要对创业型员工进行优质养育，积极地识别和培养内部创业人群。

透 视

中国联通正式启动面向员工创新孵化的"沃创客"计划

王晓初董事长在会上指出，推进内部创新孵化工作，不是赶时髦、摆花架子的应景之举，而是结合联通实际、谋求创新突围的现实所需。

据了解，创新孵化项目采取合作孵化和自建孵化两种运营模式。重点围绕产业互联网、大数据、云计算、物联网等创新领域，以此推动解决公司发展效益、效率及建设维护、客户服务和内部管理等关键问题。

王晓初指出，鼓励先行先试、孵化创新项目的"创新特区""双创特区"，"积小流以成江海"，以新项目形成新供给、推动新增长、开辟新空间。

为此，中国联通公司给予了多项政策支持。在资源支撑上，提供一定的扶持资金、办公环境、创新导师、内部资源以及专业培训、法律咨询等服务。

在人员政策上，保留劳动关系，岗级、薪酬不变；孵化成功后，对适合独立运作的项目，由创投公司组织公司化运作，原则上由创业团队控股。

"通过各单位的协同合作，推动公司内部创新孵化工作的落地，并尽快取得成效。要抓好项目选取工作的落地，鼓励更多的好项目进入孵化池。"王晓初强调。

近年来，在微信等互联网企业业务的逼迫下，电信运营商的传统业务遭遇了前所未有的挑战，加之营改增、营销费用缩减、提速降费等一系列措施，电信运营整个行业的发展态势不容乐观。

此前，中国移动曾面向全国推出了九大业务基地，后整合了所有基地成立了咪咕文化公司，独立运作；中国电信则启动了全国首个外部创业基地，并免费为入驻的创业项目提供价值3万～5万元的电信孵化资源服务。

分析人士指出，"国企创新活力不够"一直是国内运营商饱受诟病的一个焦点，而如今这一现象正逐渐向好的方向发展，电信运营商将不再只是看着"碗里的"传统业务，而是通过内外部孵化模式，提升业绩应对冲击。

资料来源：联通启动内部创业计划保留职级公司化运作[EB/OL]．（2016-05-30）．https://tech.qq.com/a/20160530/052683.htm.

就像不是所有人都适合创业一样，并非所有的员工都适合内部创业，然而经常出现的情况是：企业只要发布关于内部创业的管理办法，很多员工冲动报名，经历了一番折腾后发现自己并不适合内部创业，只能灰溜溜回去。事实上，大部分创业者从一开始并不知道自己是否适合创业，同样大多数人以为自己能创业、能创新，但其实他们并不能。就像很多人本是螺丝钉，却以为自己是领导者一样。那么应该如何选择具有内部创业潜质的员工呢？

主要有两种办法：特征选择法和自然筛选法。

1. 特征选择法

一般来说适合内部创业的员工有四个特征。

（1）心智特征

有创业的野心和理想，不简单追求升迁和其他传统回报，而看中个体独立性、机会创造和长期财务回报。

（2）能力特征

有技术资源或独特创意，能独当一面。

（3）发展特征

有能力但缺乏平台，不因循守旧，愿意冒险并接受失败。

（4）母体依赖特征

更想借助母体创业，而不是出去独立创业。

其中第三条和第四条是内部创业所独有的。当企业要识别内部创业型员工时，应该以这四个特征为基础。

透视

何谓内部创业者？

在百度上搜索"Intrapreneur"（内部创业者），搜索引擎会提示输入内容中有错字，建议改为"Entrepreneur"（创业者）。所谓"内部创业者"，是大企业为推动创新、与初创企业对抗而设立的角色，这一角色正在日益普及。

内部创业者是大企业的员工，但其职责更接近初创企业的领袖，有独立的小团队，完全控制一项与企业核心业务不相干的产品或行动计划，而"创业者"则拥有独立的企业。两者都对自己的创意、自由和职责有绝对发言权。内部创业者承担的风险更低，但自治权也较低一些，产品或创意取得成功时自己获得的回报也较少。

许多人梦想成为内部创业者，无须承担破产和失败的风险，却享受着创业者的种种优势，例如金钱、权力、学习机会、人脉，以及用创新改变产业格局的机会。

成功的内部创业者是大企业中极为宝贵的财产，往往领取高薪，福利待遇超过其他员工，在企业内的发言权也更有分量。

你的目标是成为内部创业者？

请先问问自己：大企业的资源和支持与独立创业的潜在优势相比，哪个更重要？你能承担多少风险？稳定的工作有多重要？自己开办企业所需承担的责任是压力还是激励？你希望加入现有的企业文化，还是创造自己的企业文化？

资料来源：根据网络资料整理。

2. 自然筛选法

除了用量表进行测量外，也有企业直接通过实践识别出合适的内部创业员工，这是一种自然筛选机制，即先放手让所有人去尝试，再挑出那些经得起实践考验的人。

这种没有硬性规定、员工都能申请创业、放手让大家去"试错"的方法，最终结果是企业在人才这件事上"只赢不输"。内部创业成功了，固然皆大欢喜，企业也受益；内部创业成败了，员工回到企业内部工作，不仅自己的能力得到提升，还能带动其他员工的创新创业意识和"精气神"。

"放手—回归"方法适合通过内部创业调动企业人员活力的企业,但最怕的是这个过程的试错成本过高,所以企业领导者对此要做到心中有数。

3.2 内部创业团队

一个靠谱的创业团队对创业成功非常重要。内部创业是在别人的地盘上创业,创始人和早期员工往往具有双重身份,除他们之外,往往还有外部创客加入,这会让内部创业团队出现各种意想不到的情况。要让队友变得"靠谱",就必须按内部创业规律打造靠谱团队。

要打造靠谱的内部创业团队,首先要搞清楚内部创业团队究竟是什么。内部创业团队是一种特殊的团队,它既不同于企业内的其他团队,也有别于纯外部创业团队,而且还有自己独特的成长周期。

内部创业团队是企业内部创业的重要组织形式,是由企业内部一些有创业意向的员工自发组建而成的创业团队,在企业支持下承担某些工作项目或业务内容,开展创业活动并与企业分享成果。通过这种"大平台+小团队"的内部创业模式,海尔创造出了手持洗衣机、自清洁空调等一系列创新产品,大大提高了海尔的创新能力。企业内部创业团队往往由来自企业内不同部门、具有不同专业背景和职业经验的员工自发组成。然而,不同于一般工作团队,企业内部创业团队打破了传统的部门边界,没有正式结构和等级控制。

3.2.1 内部创业团队 VS 企业其他团队

首先,内部创业团队做的是"创业",由于外部环境在不断变化、创业方向在不断调整、人员在不断调整,因此工作的不确定性很高;企业其他团队完成的则是"任务",研发团队仅负责技术研究,市场团队仅负责开拓市场,工作确定性强。

其次,内部创业团队拥有很大的自由度,按照创业的模式进行,母体也不像对待传统团队一样严格管控;企业其他团队则完全根据企业设定的规章制度运行,自由度小。

最后,内部创业团队自身就具备一套类似于企业的完整职能,通过自组织的方式,获取各方资源进行快速的创新试错和迭代升级;企业其他团队则往往只具有单一职能,按照既定的规划和配置的资源进行按部就班的工作。内部创业团队与企业其他团队的区别如表 3-3 所示。

表 3-3 内部创业团队与企业其他团队的区别

类别	内部创业团队	企业其他团队
任务	完成不确定的事	完成相对确定的事
职能	具备类似企业的完整职能	只具备某一项职能
组织方式	自组织、自决策为主	非自组织，决策权有限
自由度	相对自由	受母体严格管控
人员构成	既有内部员工，也有外部创客	内部员工

3.2.2 内部创业团队 VS 外部创业团队

内部创业团队本质上依旧是创业团队，但相比于外部的独立创业团队，它依托母体运行，在一定程度上受企业管理，与母体有着千丝万缕的联系。首先，内部创业团队的成员既有原来的内部员工，也有外部创客，这就与外部创业团队的成员有所不同；其次，内部创业团队既要满足母体的要求，又要满足外部市场的需求，处在一个复杂的"双重利益圈"中，而外部创业团队面临的环境则相对单一。此外，母体和其他相关职能部门既是内部创业团队的股东、投资人，又是合伙人，这使得内部创业团队在治理结构上要平衡母体、创业团队和外部利益相关者之间的复杂关系。

一位曾经的外部创业者，在加入某个内部创业团队时就说，"虽然企业给了我们相对于外部创业较稳定的孵化环境，但其实一点也不比我当年在外部创业轻松，因为我们不仅要尽力争取企业内部的各种资源，在各个职能部门间周旋，还要定期向企业主管部门汇报，要看外部投资人的脸色和经受市场的检验。跟企业内部职能部门间的碰撞更是司空见惯"，所以内部创业其实对团队成员的要求更高。内部创业团队与外部创业团队的区别如表 3-4 所示。

表 3-4 内部创业团队与外部创业团队的区别

类别	内部创业团队	外部创业团队
载体	依托企业	独立成立
人员	既有企业内部员工，也有外部创客	外部创客
资源	内部资源+外部资源	外部资源，很难利用内部资源
满足要求	既要满足母体要求，又要满足外部市场需求	满足外部市场需求
管理	在一定程度上受企业管理	自主管理
股东	母体和职能部门也是股东之一	股东主要是团队成员和投资人

3.2.3 内部创业团队独特的成长周期

内部创业团队要快速地成长,在成长周期中要经历三个关键"蜕变点"。

第一个蜕变点是团队成员从企业员工蜕变成真正的内部创业者。这是团队"个人"的蜕变,关键从心态、思维和行为方式三个方面实现从员工向内部创业者的转变。

第二个蜕变点是从一个孵化团队蜕变为内部创业团队。这是团队"职能"的转变,关键在于从单一孵化职能的研发型团队,转变为"创意—孵化—生产—市场服务"全过程的完整职能团队。

第三个蜕变点是从内部创业团队到独立公司运营。这是团队"组织结构"的蜕变,关键在于成立独立的法人单位,从依附母体到实现单飞。

综上所述,内部创业团队是介于企业传统团队和外部创业团队之间的一种独特团队,其组建思路、价值观、人员能力、管理方式等各方面都有所不同,虽然有如此多的不同之处,许多企业却没有认清内部创业团队的独特之处,仍然用传统思路和方法加以组织和管理,导致创业过程中出现大量的问题,这其实是可以提前避免的。

3.2.4 内部创业团队组建

1. 内部创业团队人员组成

结构合理的理想内部创业团队应由以下几种角色组成,每个团队成员都了解其他人扮演的角色,擅长相互弥补不足、发挥优势,提升团队与个人的绩效。具体角色如下:

(1)企业 CEO

企业 CEO 是负责内部创业项目整体发展和推进的人。CEO 在企业中起着关键作用,因为他们有责任确保企业有效地制定和实施战略。CEO 的战略决策会影响内部创业团队的规划和目标。除此之外,CEO 还指导设计组织结构和报酬体系,并且影响内部创业团队的文化。同时,CEO 是一个企业团队建设中承上启下、承前启后、承点启面的中坚力量,是企业的栋梁。CEO 经营管理企业的最终目的就是提高团队绩效、促进团队发展、确保团队成功。

在内部创业过程中,每一项工作都富有挑战性,CEO 作为团队的"班长",要扮演好他的角色,不仅要为下属搭建一个施展才华的舞台,也要实时指导团队朝着正确的方向前进。企业 CEO 要促进内部创业团队的共识与认同感,协助内部创业团队成员识别什么事情重要,什么事情不重要。同时引导团队成员提出问题,把握好控制与主动性之间的平衡,在给予指导和放弃控制之间、做出决策和让他人做决定之间、自己挑重担和让他人学会挑重担之间找到正确的平衡点，帮助团队成员认清共同利益，指导他们追求富有挑战性的目标，通过各种方式和手段来强化内部创业团队的共识和认同感。

另外，CEO还要对他人的判断和作用做出评价，并能给予他人支持、帮助别人、鼓励个性发挥、提高团队成员的责任感和权利意识，进而有效地行使权力，形成团队合力。打破讨论中的沉默，采取行动解决内部创业团队中的分歧，促进内部创业团队合作。

（2）创新者

创新者比较有创造力，他们在内部创业团队中常常能够提出一些新想法，这对企业或者团队开拓思路很有帮助。通常在一个项目刚启动时，或团队陷入困境时，创新显得非常重要。创新者通常会成为一个公司的创始人，也容易成为一个新产品的发明者。

创新者的优点是知识渊博、智慧超群、富有想象力、不拘一格；缺点是不重细节、不拘礼仪、高高在上。创新者在团队中的作用是提供建议、提出批评并引起内部的讨论。但有的创新者往往好高骛远，他们有时会无视工作中的细节和计划，不太关心工作细节如何实施，常常点子多，成效少。但总的来说，创新者对于新团队的作用是利大于弊的。

（3）产品服务者

产品服务者是在项目的所有关键阶段，对项目落地、发展和进步起推动作用的人。产品服务者要更系统地关注企业内部创业产品和团队，主动运用自己的专业知识和能力，推动产品项目更快更好地发展，逐渐具备发现问题和机会的洞察力与敏感度。他们能够使团队内的任务和目标成形，在内部创业团队发生争论时，推动团队达成一致意见，并督促团队成员为实现目标而积极行动。

（4）资源分配者

资源分配者是帮助企业内部创业项目获得必要的人力资源和非人力资源的人。资源分配是内部创业组织战略制定的核心，因为战略是由重要的组织资源决定的。企业的生机活力来自战略目标，战略目标的实现又需要组织资源来保证。所以，资源分配者必须监督对组织资源进行分配的系统。

组织资源包括金钱、时间、材料和设备、人力以及信誉。资源分配者可以采用各种不同的方式来分配资源。他可以安排自己的时间，向下属布置任务，还可以实行涉及新设备的变革，或者批准一项预算。事实上，他可以通过任何一项决策来分配资源。

原则上，内部创业团队中最好拥有以上四种角色。由于在组建初期面临规模、时间和人才的制约，短期内部创业团队中不可能四种角色齐全，可能一人同时担任了几种角色。然而，内部创业团队最终必须向四种角色齐全的目标靠拢。缺少任何一个角色，内部创业团队都是蹩脚的。长期由一人担任多种角色，势必导致精力分散、顾此失彼。此外，在内部创业团队中承担某一种角色的人过多，内部创业团队成员之间的角色和优势存在重复，也会引发各种矛盾，甚至导致整个内部创业团队的解散。

透视

联想内部创业——鼎聚创新（北京）科技有限公司

什么时候能够看到中国的电竞选手能够使用国产的外设品牌参加大型比赛？怀揣着这样一个大学时期的梦想，这位联想游戏笔记本项目的高级经理毫不犹豫地放弃了自己的高薪工作，奋不顾身地走上了创业之路。在2016年7月12日的公司成立发布会上，鼎聚创新CEO郑岚峰流下了激动的泪水——大学时期的梦想终于实现了！

2016年7月12日，鼎聚创新（北京）科技有限公司成立发布会在联想北研大厦隆重召开。这家由联想、完美世界、火猫TV（Television）与爱旺四大知名企业共同投资，估值超千万美元的公司，将整合各方优势资源，致力于为广大电竞玩家提供专业设备与服务，开启电竞周边行业新时代。

联想集团高级副总裁、中国区总裁童夫尧在会上表示："联想希望通过开放有竞争力的资源，与产业链上的合作伙伴们共同开发更多的潜力市场。本次投资鼎聚创新，意在挖掘除整机以外的电竞软硬件市场。联想携手完美世界、火猫TV与爱旺，将会是实现优势互补、资源整合、共同发展的一个更深层次的新尝试。"

这家公司的创始人都曾经是联想的员工，他们也是联想小强创业加速器的首批毕业生。支持员工创业的小强创业项目是联想拥抱变革、鼓励创新的一次新尝试。鼎聚创新的团队是一群懂硬件、爱游戏的年轻人，他们对于游戏产业有着专业的理解和诠释，并且用热爱、坚持、敢拼的精神，打动了我们。创始人郑岚峰正是当时负责拯救者项目的Super PM（Project Management，项目管理），他说："我们相信，未来在联想的大力支持下，汇集多方优势资源的鼎聚创新必将为Gaming硬件市场带来新的变化，以更具创新性的产品和服务，服务于广大游戏玩家，走出一条属于自己的发展之路。"

Part1：有情怀，有技术的团队

郑岚峰是80后，是最早一批同中国游戏产业一起成长的人，接触计算机和游戏行业长达24年的时间，他见证了电竞从单机、局域网面基，到互联网约战等不同时代的变革历程。

团队成员均为真正热爱电竞，并在IT行业奋斗多年的80后、90后。正是出于这种对电竞着迷般的热爱和专业的技术背景，团队成员决定一起创业，进军专业的电竞设备和服务领域。

在创业的道路上，还有一个力量为团队披荆斩棘，推动项目不断前进，它就是联想的小强创业加速器。小强创业通过各类培训与项目辅导、天使用户资源对接、市场推广、内外部机构的投资对接等服务为鼎聚创新项目的顺利发展做了大量的工作。小强创业让内部员工自下而上的创新点子突破层级审批，迅速进入决策者的视野中，变为实实在在的产品并迅速接受市场的检验，鼎聚创新公司的成立就是联想这种灵活轻便的创新机制的硕果之一。

Part2：打破现有格局，开启电竞行业新秩序

郑岚峰认为，"尽管现有市场看似已经十分成熟，但在这份成熟的背后，潜藏着巨大的机会"。

首先，从产品本身而言，鼎聚创新强调三个关系——人和设备的关系、设备和设备的关系、设备和使用场景的关系。如今在电竞设备和服务市场里，大部分企业和产品都将自己的研发集中在第一个关系上，而对第二、第三个关系层面的关注较少，但在这两点上有很大潜力可挖。

其次，从游戏产业来看，在我国单机游戏的收入占比已经不足百分之一，游戏会越来越强调人与人的关系。而游戏设备如何更好地承载内容、提供功能支持，从而促进人与人的交流还有很大潜力可挖。

最后，物联网替代传统互联网，已经不是趋势，而是现实。作为互联网的延伸，物联网利用通信技术把传感器、控制器、机器、人员和物体等通过新的方式联在一起。前面讲的两点机会，必将在物联网中有所体现。因此，产品将不再仅仅是靠单打独斗所能完善的，产业端的联合将成为必然趋势。"在我们之前，还没有一家游戏设备或服务公司从资本层面打通了整个游戏产业链的端到端核心资源，这也将是我们公司最坚不可摧的基石。"郑岚峰这样说道。

资料来源：韩立人. 欲颠覆电竞生态 联想集团鼎聚创新成立[EB/OL]．（2016-07-14）．https://nb.zol.com.cn/593/5933872.html.

2. 内部创业团队的五大组建准则

寻找既有创业意愿又有创业能力的人，是组建内部创业团队的基本要求。除此之外，由于内部创业团队的特殊性，组建内部创业团队时还需要遵循以下五条准则：

准则一：初创团队成员，以3~8人为宜。

中国电信规定每个内部创业团队成员数3人起；赶集网在推动内部创新创业项目时，专门成立了每组5~7人的"敏捷孵化小组"；海尔的小微创业团队人数原则上不超过8人；韩都衣舍内部孵化互联网服装子品牌的团队就是"三人小组"，这个小组可以是3人，也可以是四或五个人；法海风控内部创业团队成员数原则上不超过5人，实际运行时为6人。每个内部创业项目的核心都是这种小组——因为这样最方便小组成员之间进行交流，成员积极性也最高。

准则二：核心成员最好来自母体。

在内部创业的初期孵化阶段，核心人员尤其是合伙人最好是企业内部成员。原因有两点：①企业内部人员和企业的协同性更好。外部人员对公司内部情况不了解，需要磨合一段时间，这会让创业本身受到较大的干扰和影响。中国联通规定，沃创客团队创始人必须是中国联通员工，但其他员工可以来自外部，由创始人自己招聘；新三板企业佳讯飞鸿也规定内部创业团队合伙人必须来自内部，到了内部创业后期，团队核心成员可以有所调整。②母体可以更好地控制内部创业的走向。进行内部创业的企业可以规定：核心技术人员必须由企业委派，其他人员可以来自外部。

准则三：跨部门跨企业的人员组合最佳。

内部创业团队是一个具有复合功能的团队，是由具备和创业发展相匹配的特长（技术、管理、业务模式）或者掌握核心资料的人员构成的。内部创业团队重在发挥团队成员各自的长板，因此在人员搭配上与外部创业团队有所不同。由跨部门、跨企业边界的人员自由组合成内部创业团队通常是最佳选择，仅由单个部门成员或企业内部成员组成团队，往往会出现功能单一、资源同质、碍于面子不好管理等问题。

按照人员来源，内部创业团队可分为三类：

（1）纯内部人员团队

指完全由内部员工组合成的内部创业团队，例如上汽集团的种子基金项目团队人员都来自企业内部。

（2）纯外部创客团队

指完全由外部创客构成的内部创业团队，例如大唐网络平台上的不少创业团队人员都来自外部创客。

（3）内外组合式团队

指既有内部人员又有外部创客的内部创业团队，例如海尔的小微团队成员就同时来自内外部创客。"外部创客"的范围比较广泛，既有可能是集团公司里跨部门、跨子公司的外部创客，也有可能是跨整个企业或集团的外部创客。

上述三类创业团队可能并存于某一家企业，企业也有可能只以某一类团队为主。

准则四：一定要找到可以全职创业的人。

不少内部创业者抱着一种"兼职"的态度在做内部创业：既想在企业内干原来的工作，又想要在创业团队中兼职。这种模式不可取，因为一个同时"脚踏两只船"的人很可能哪件事都做不好。因此，选择团队成员的一个重要准则是他可以在4~6年的时间内全职投入新业务，而且最好在初期就能够全职参与创业。

准则五："书呆子"不易当好创始人。

"书呆子"式创业者并不罕见，他们对创业有执着的信念，但往往比较教条，不太接地气；极客公司则坚持"技术决定论"，忽视对创业来说同等重要的其他非技术因素。这两类人更应该担任的角色是首席技术官（Chief Technology Officer，CTO）或专业顾问，而非创始人或一把手。虽然一开始谁都不是成功的内部创业者，但让这两类人当一把手的概率很低——这绝非歧视，而是为企业着想。

3. 内部创业团队的"三认同"选人原则

古语有云"道不同，不相为谋"，这不仅适合外部创业团队，更适合内部创业团队，因为内部创业团队至少要达到三类价值观的内外契合，才可能继续创业项目，而外部创业团队只需要团队成员的价值观一致即可。

（1）团队成员要认同内部创业这种创业形式

很多人，包括创业者、投资人和企业员工，并不认同这种新的创业形式，究其原因是对内部创业顾虑重重、缺乏信心，例如：企业对创业团队管得过死怎么办？内部创业出了成果被企业强行无偿占有怎么办？企业在提供资源上说一套做一套怎么办？此时，如果你的团队里有这样一个人，那么它就像一枚定时炸弹，一旦风向不对随时可能离开团队去另起炉灶。

因此，企业选择的团队成员要认同内部创业这种创业形式，对企业内部创业充满信心，能够接受母体的一些管理规定和约束，充分利用好企业的产业链资源和品牌背书提升内部创业成功率。只有真正认同内部创业这种创业形式的人，才有可能成为内部创业团队的一员。

（2）团队成员要认同母体价值观

很多想做内部创业的人都有自己的雄心大志，但实际操作起来经常与母体显得"格格不入"，究其原因是双方在价值观上有较大分歧。某家全球领先的机械装备制造商想让内部创业者围绕主业提供配套的新技术、新产品，结果很多创业团队是想利用这家企业多年积累的市场销售网络做电商，导致企业不得不强行把这类内部创业团队"清除"出去。

因此，企业选择的内部创业团队成员要和母体价值观基本一致，要明确内部创业需要对企业有价值。

（3）团队成员内部的价值观要相互认同

内部创业团队成员的价值观一致，最为关键的是合伙人的价值观要一致，合伙人之间既要能力互补、资源互补，又要能够彼此信任、长期绑定。不然，不仅可能会影响内部创业团队自身，还会影响到母体对团队的看法，最终可能导致内部创业活动的失败。

3.2.5 预防四类"团队病"

创业失败背后体现的是团队能力高低，因为内部创业是在企业内部创业，对团队能力的要求更高。在现实中，创业团队经常会出现四种能力不足的症状。

（1）心理依赖症：依赖母体，单飞能力弱

这是指许多创业团队创始人在创业后仍把自己当作企业内部员工，希望借母体获得各种庇护。当创业团队离开母体单飞时，就会发现整个团队的能力不足，无法独当一面，更难以完成内部创业本身的目标，这是一种典型的"心理依赖症"。

（2）能力依赖症：头重脚轻，能力无法互补

这是指团队核心成员之间的同质性过强，例如都是技术专家或都是市场营销高手，人员间的能力严重缺乏互补性，导致人员搭配出现不均匀、头重脚轻的情况。这种情况不难理解，一开始内部创业团队找的往往都是具有相同特质的人，很难在短时间里从企业内部或外部物色到各个方面的合适人才。

（3）情商缺乏症：缺乏沟通，情商低

这是指团队核心人员以业务型人才为主，缺乏公关型人才，与母体的有效沟通严重不足。传统企业内部沟通成本很高，内部创业团队要击穿厚重的"部门墙"，协调各方资源和利益相关者才能达成目标。如果缺乏在团队和企业间沟通游刃有余的"协调人"，等于团队自己放弃了内部创业的优势，甚至有可能和母体产生矛盾。这种症状的核心原因是团队缺乏沟通内外、协调各方的情商。

（4）关系至上症：裙带盛行，能力不达标

这是指团队中招录了一些能力不达标的裙带关系成员。既然是在企业内部创业，就有企业的各种"关系户"，甚至有以利益输送为目的的人混进来。诚然，关系型创业是一种独有的创业形式，但当今社会，只有关系而缺乏创业能力难以让创业真正成功。内部创业最忌讳不能把命运掌握在自己的手里：等到关系红利用尽的那一天，便是创业走向终点的那一刻，这是一种典型的"关系至上症"。

针对上述四个病症，可尝试以下四种处方来对症下药，预防此类问题。

处方一：跨部门、跨企业寻求能力互补型人才。

根据技术型/产品型/商业模式型等不同团队类型，寻找具备互补能力和互补知识结构的人才，通过补短板达到人员结构的相互均衡，解决头重脚轻的问题。这些能力互补型人才，既可以来自企业内部，也可以来自企业外部，跨部门、跨企业甚至跨行业的人才都应该在考虑范围之内，尤其是曾经有创业经历的人更是适合的人选。

处方二：突破原有的裙带关系或内外偏见。

在一个企业中做内部创业，最有可能出现裙带关系或内部人员对外部创客的偏见，此时就要突破偏见和裙带关系，只选择最适合的那个人，而且一定要通过建立成熟的制度来做好这件事情。

处方三：培养首席沟通官。

首席沟通官可以由创始人担任，也可以由核心团队的其他成员担任，不管由谁担任，不管是兼职或全职，不管是来自内部还是外部，都必须有这样一个高情商的角色，起到搭建内外桥梁的作用。

处方四：动态更新人员，提升整体能力。

内部创业团队的人员即便能力互补，整个团队的能力仍有可能无法匹配内部创业的目标，因此需要持续提升团队整体能力来弥补两者的差距。最有效的方法就是通过

猎头寻找、朋友推荐、培训学习等方式，从企业内外部持续寻找、更新团队的各类人员，并通过各种方式的培训学习快速提升团队人员的综合能力。这项工作并不容易做，因为在整个过程中要不断地辞去旧人、纳入新人。这项工作主要由创始人完成，也只能由创始人完成。

总之，内部创业团队要特别倡导"能力主义"，即不仅要具备一般创业团队的能力，更要跨部门、跨企业寻找能力互补型人才，培育首席沟通官，动态更新人员，提升整体能力，从而实现整个团队的能力与内部创业目标的高度匹配。

复习思考题

1. 什么是内部创业者？
2. 什么是内部创业团队？
3. 内部创业团队的组建准则是什么？
4. 内部创业团队可能会出现哪些问题？应该怎么预防？

案例分析

如何成为公司内部的创业者

> 要是不给内部创业者提供机会，勇于打破陈规进行创新，维珍绝不可能变成一家拥有两百多家分公司的大企业。
>
> ——理查德·布兰森（Richard Branson）

过去几年，我注意到商界出现了两个全新的趋势。

第一，很多大企业不再通过收购新兴公司去掌握技术，而是通过对新兴公司进行投资，换取部分股权。

第二，很多大公司意识到他们必须不断创新才能保持竞争力。这些公司正努力从员工身上寻找全新的想法，为员工提出的项目给予资金支持。

在本书里，我将向你们讲述，如何利用这两个趋势，努力成为公司的内部创业者。

成为一名内部创业者代表你可能化身真正的变革者。事实上，你会尽全力寻找更好的工作方法，提升自身品牌，而不是整天想着如何获得提拔。当别人将你视为一名具有前瞻性思想的人，知道你愿意为公司取得成功努力，并愿意以全新的方式去实现这些目标时，你就能更快地超越同事。你不需要等到某位经理退休或得到提拔，从而取代他的位置，而应该思考为什么不在公司内部创造一个符合自己需求的职位。当你成为企业内部的创业者时，就变成了公司最具价值的财富，每个人都想与你合作。此时，谁也无法限制你的事业到底会上升到什么程度。

Part1：内部创业适合你吗

内部创业并不适合每个人。但是，如果你认为下面有一半以上的内容都代表自己真实的想法，就要认真考虑一下：

1. 你对公司某些不够完善的工作或流程充满激情。
2. 你能看到别人看不到的机会。
3. 你具有创造性思维。
4. 你愿意承担风险。
5. 你擅长人际交往，能够与不同部门建立友好的关系。
6. 你是天生的销售员。
7. 你擅长团队协作。
8. 你具有政治敏感度，了解公司运转的流程。

我的一位朋友，安永会计师事务所资深咨询师肯·皮卡德（Ken Picard），对上面这些论述都持赞同态度。无论是过去还是现在，肯·皮卡德对社交媒体都有着独特的理解（1. 激情）。在肯·皮卡德进入公司的第二年，咨询部门的一位资深经理问他是否对参加其内部竞争团队感兴趣（4. 愿意承担风险）。这场竞赛的目标就是让员工为安永会计事务所的客户想出全新的服务方式。一场头脑风暴之后，肯·皮卡德向团队成员——其中大部分都是比他资深的员工——建议探索运用社交媒体的方式。他说："作为一家企业，我们如何才能解决运用全新科技带来的风险呢（2. 看到机会；3. 创造性思维）？"在第一次会议上，肯·皮卡德说服了他的团队成员，使他们相信："风险是真实存在的，公司必须要加大技术方面的投入，而安永事务所还没有公布这个解决问题的方案（6. 天生的销售员）。"肯·皮卡德的团队通过了几轮初试，最终进入了决赛。

为了保证他们团队产品的竞争力，肯·皮卡德联系了一个正在从事研发工作与提供类似服务的瑞士团队，寻求合作（7. 擅长团队协作）。与此同时，肯与进入决赛的另一位竞争对手达成合作，因为此人拥有肯·皮卡德所缺乏的社交媒体技能（5. 人际交往与建立关系）。肯·皮卡德还邀请我吃了一顿午餐，向我询问了很多如何利用社交媒体推广自品牌的问题。最后，肯·皮卡德的团队打赢了这次创新比赛。肯·皮卡德对我说："因为我的经验以及对社交媒体的了解，经常会有人向我请教，我被人视为自媒体意见领袖。"

Part2：学习成为一名内部创业者

成为一名内部创业者，这并不是很多员工一开始所想的。为了实现这个目标，你需要制订一个计划。

首先，你要成为目前这份工作的专家。其次，如果你想跳出这份工作去参与其他项目，就需要做出成绩给别人看。

你要有一定的工作年限，从而了解自己的工作职责，将掌握的技能传授给别人。你需要证明自己的价值，展示出能够承担的责任，以赢得老板的信任，让他支持你的想法。千万不要操之过急，在你尚未准备好之前，宁可多花一点时间也不能贸然行动。激情、坚持与承诺，这些都是将想法变成现实的关键。戴尔公司的英格丽德·范·德·维尔德（Ingrid Van der Wilder）对我说："每一位追求卓越的员工都应该认真对待工作，将工作做到更好，为公司做出更多的贡献。像创业者那样去思考，可以让你运用创造性思维，以最低成本去解决一些潜在问题。"

在这个过程中，或是你的整个职场生涯中，想着如何发挥自身的优势帮助公司取得成功，这是非常重要的。你的公司在哪些方面做得非常好呢？在哪些方面做得还不够呢？如何做才能有所提高？你的优势能够帮助公司实现目标吗？当你对这些问题有所考虑后，才能更好地向经理阐述你的理念。

此外，你的项目必须要符合公司的目标与价值观。

可口可乐公司全球广告策略与创意副总监乔纳森·米尔登霍尔（Jonathan Midenhall）跟我讲了一个年轻人的有趣故事。这个年轻人为可口可乐公司工作，他希望与妻子创建一家牛仔裤公司——这个想法当然与一家生产饮料类型产品的公司没什么关系。乔纳森·米尔登霍尔（Jonathan Midenhall）说："我们知道他拥有这方面的能力，他也想这样做。我们给他提供所需的资本支持，因为他是这个公司的一分子。与此同时我们也从中获益，因为他与很多我们可以进行合作的时尚界人士会过面。

梦工厂公司人力资源主管丹·萨特思韦特（Dan Satterthwaite）跟我讲了一个类似的故事，一位员工想到了一种将社交媒体网络整合起来的独特方法。他说："我们正投入数百万美元研发一些与电影实际制作没有关联的项目，以便开发一套全新的商业模式，将讲故事与高速画图等核心技术镶入其中。这对我们来说是一个巨大的进步，因为这么酷的一个想法并不是源于公司某位最具创意的高管，而是出自制作电影的技术人员。"

这两个项目看上去都非常不错，但如果背后没有得到老板的支持，它们都无法落地。你可以从赢得经理的支持开始。想办法坐下来与他面谈，聊一聊你所看到的潜在机会。他在公司工作的时间比你长，知道让项目取得成功的正确方法，这其中就包括如何组建团队以及让决策者给予支持。你需要向他描述这个机会给公司带来的好处，以及执行时所需的资源（人力资源、物质资源及财力支持）。一旦经理坚定地站在你这边，你可以让他帮你与高管或是主要决策者牵线，争取项目得到他们的支持。

记住，这是你的项目，你肯定希望得到最多的关注，但不要凡事亲力亲为，因为这会给人一种你难以合作、不懂放权、将所有功劳都揽在自己身上的印象。相反，你要将更多的人才聚拢在身边，利用他们身上的你所不具备的能力，帮助你实现愿景。

无论对内部创业者还是创业家来说，乐观主义与自信都是极为重要的品质。但是，如果你事先没有做好后备计划，乐观主义与自信就很容易变成天真幼稚。人生是很难预测的，过分自信往往会让你吃尽苦头。很多因素都超出了你的掌控范围，例如公司的经营状况、管理层的变化等。所以，你要有一个后备计划。

你同时还要制订一个应急计划，因为你明天可能莫名其妙就遭到解雇了，或被团队成员出卖了。因此，商业上没有任何事情是可以被保证绝对会成功的——绝大多数的好想法最后都以失败告终。敢于承担风险是取得事业成功的基础。不敢冒风险的人必定会停滞不前。事实上，在工作上不敢冒任何风险对你事业造成的负面影响，甚至要比失败本身更加严重。记住，即便你提出的计划没有得到公司的资金支持，你还是能因此获益。美国家庭人寿保险公司市场销售经理马特·麦克唐纳（Matt Macdonald）参与了一项公司赞助的手机软件（Application, App）竞赛。在五百多个参赛团队里，马特·麦克唐纳所在的团队杀入前八强。他对我说："我们有机会在位于乔治亚州哥伦布的公司总部向公司高层展示我们的创新理念。这真是一场非常有意义的经历——虽然我们最后没有赢得比赛。"

Part3：大力宣传才能赢得支持

为了让你的项目取得成功，你需要一个定位明确的计划，并寻求必要的资源。你的计划应该包括大致的想法，所需的资源以及项目成本、营销模式，并指出随着项目的推进能带来的收入增长，列举出具体的行动步骤。

不要提前泄露自己的计划。如果经验比你丰富的人知道了你的计划，那就非常危险。你同时还需要对推进项目给公司带来的收益与机会成本进行精确的评估，知道自己的团队还需要哪些人，每个人扮演什么角色。

一旦你定下计划，接下来就是努力争取他人的支持，选择启动计划的时机。你需要正式与经理谈论这个计划，然后根据项目的情况，与潜在的团队进行沟通。当同事得知经理是持支持态度时，他们会对你说的内容特别留心。

Part4：当事情不如计划那样发展

谁都不想失败，但每个人迟早都会遭遇失败（如果你还从没遭遇失败，说明你还没冒足够的风险）。当计划出现问题时，该如何做呢？首先，不要指责别人。在你指责他人之前，需要客观地看待事情。问题到底出在哪里？为了解决问题，你还需要去做什么事情？需要什么样的资源（人力资源、物质资源以及管理者支持）才能让这个项目取得成功？

其次，你要做的就是改变自己对失败的态度。不要感到沮丧，不要埋怨任何给予你反馈的人，因为我们都能成为更优秀的员工。为了更好地推广自己，你必须要有学生的心态，不断寻找提升的空间。没有人会说自己已经太完美了、无须从错误中吸取教训。

Part5：成为内部创业者会给你带来影响力

内部创业是未来的趋势，也是公司保持竞争力、创造性以及吸引年轻员工的重要途径。作为内部创业者，你同样需要创造出全新的东西——让你对公司的业绩产生一种可量化的影响（想象一下，你的简历上写着"在某公司创建了某部门，一年之内帮公司实现了20%的利润增长"与"被提拔为资深营销专家"之间的区别）。内部创业会让你显得与众不同。你的名声将迅速得到传播，大家都知道你是谁，你会被视为具有领导才能的人。

职场在不断变化，如果你不敢冒险，就永远都无法得到想要的奖赏（重要的提拔、加薪等）。内部创业是一次非常好的学习机会，可以帮你挖掘潜在的能量，得到贵人的赏识。成为内部创业者的机会到处都是，但你需要运用智慧，牢牢地将其抓住。

资料来源：丹·斯柯伯尔. 自品牌：社交媒体时代如何打造个人品牌. 湖南文艺出版社，2016.

思考题

1. 主人公是以什么样的形式加入内部创业团队的？公司内部创业有什么样的优势？
2. 结合本章学习内容，请论述应该如何成为一名内部创业者？

系列实训之三

➢ **实训目标**

1. 掌握内部创业者与内部创业团队的基本概念。
2. 掌握内部创业团队的组建原则。

➢ **实训内容与要求**

拟定内部创业项目,并开展项目双选会,发起人采用"一分钟电梯演讲"的方式来组建内部创业团队。

第4章 内部创业机会

内容提要

本章主要介绍了内部创业机会的定义、识别、评估、开发等内容。内部创业机会需要投入时间、金钱等一系列资源才能产生商业价值。机会本身的属性、内部创业者的个人特质、社会网络和环境因素等都会影响内部创业机会的识别。我们需要从效益、产品、技术、市场等方面对内部创业机会的价值进行综合评估。本章聚焦于内部创业的核心元素:识别、评估以及规划和开发机会,讨论了创业机会的各种来源、生成创业机会的方法、内部创业的主流趋势及评估机会的方法等。

学习目的与要求

了解内部创业机会的概念及其特征,掌握内部创业机会的识别过程,以及内部创业机会的评估方法。熟悉内部创业机会规划和开发的流程、方法和策略。了解公司开拓国外市场的选择评估方式,掌握公司内部指标的构成,及熟悉列举的公司创新战略。

开篇案例

3M 公司的创新管理

3M公司是世界知名的多元化科技企业,成立于1902年,3M公司以其为员工提供创新环境而著称,视革新为其成长的方式,视新产品为生命。尽管这家公司已经有近120年的历史,但还是像一个刚刚崛起的新公司一样,不断地开发出大量的尖端产品。这家公司的成功秘诀是什么呢?位于3M圣保罗总部的3M公司研究试验机构副总裁拉里·温德林(Larry Wendling)认为,3M的创新支柱可以概括为七点,也可称之为"高度创新公司的七大习惯"。

创新支柱一:持续不断的投入

从最高管理者到基层员工,整个公司都必须致力于创新。证明之一就是投入的资金。2005年,3M公司的研发投入为12.3亿美元,占公司年收益的6%。对于一个工业制造企业来说,这样的投入无疑是一个巨额数字。在研发资金的分配方面,其中五分之一都运用在了基础研究甚至是一些在近期并无直接应用性的研究上面。"如果你想成为一个创新的公司,就必须依赖自己的实力来成长,以不断推陈出新的产品作为发展引擎。"拉里·温德林如是说。

创新支柱二:传承创新企业文化

必须非常有意识地传承保留企业文化。虽然3M在过去的30年中平均每五年就要更换一次首席执行官,但是1929年—1966年在3M任职的灵感领袖威廉·麦克奈特(William L. McKnight)的精髓却仍然被完好无损地从老一辈的3M人传给了新的3M科学家和工程师。

创新支柱三：创新技术的广泛应用

创新离不开广泛的技术支撑。举一个简单的例子，3M宣称拥有32项不同的领先技术，这一资源优势可以让研究人员将想法从一个领域应用到另外一个领域。例如，3M技术人员将制作多层塑料镜头的技术应用于其他领域，从而开发出了耐受性更强的研磨材料，反光性能更强的公路标识，以及不需要拼命抓紧就能够有很好效果的高尔夫手套。拉里·温德林认为，单向型公司往往会在他们第一次成功之后即陷入发展的僵局。

创新支柱四：跨领域无限沟通

交流，交流，再交流。3M的管理长期以来强调在研究人员中间开展正式或非正式的广泛联络。拉里·温德林把它称为3M的秘密武器。3M公司的科学家们在1951年建立了一个名为"技术论坛"的组织，邀请3M公司所有研发人员参加年度的座谈会，让每一个研究人员都能了解其他人的研究项目。实验室同样也会举办内部的会议和网上论坛，并遴选委派代表参加技术论坛，管理委员会制定相关的策略和制度。合理的组织架构能够让3M的研究人员非常轻松随意地认识其他人，了解在他们需要建议或者寻求项目帮助时应该找到哪一个人。

创新支柱五：激励机制

设立个人期望值，奖励杰出员工。这群把自己称作"3M人"的员工，为他们那些最终可以研制成产品的发明而感到骄傲。3M独到的经营管理手段为这些经验丰富的员工提供了双重的职业发展之路，使他们不进入管理层也可以不断得到晋升。每年，数百名被同事提名选拔的员工会因为他们在科学上的成就获得嘉奖。前20名嘉奖员工还能携他们的配偶一起前往3M公司设在明尼苏达州北部的疗养院享受3天的假期。

创新支柱六：量化创新成就

3M通过计算过去4年中商业化的新产品收益在公司整体收益中的比例来衡量它投入的研发资金是否物尽其用。这种管理方法可以评定哪些研究室成果卓越而哪些又表现欠佳。通过分析回顾这些数据，公司总部开始集中管理全球13个研发中心的基础研究。

创新支柱七：一切以顾客需求为主

3M非常强调生产出与市场紧密接轨、以消费者为中心的产品。为了开发真正有价值的产品，在进入实验室埋头苦干之前，3M员工往往要花费大量的时间和消费者进行沟通。公司销售代表和服务代表随时随地倾听消费者的需要。公司定期组织调查，及时了解市场的发展趋势，找到为消费者服务的解决方案。

在创新理念的推动下，3M还创立了独特的"15%"原则。从公司办公室到实验室，3M鼓励它的员工分出工作时间的15%，投入到研发领域，这就给了员工很大的随意性和自由性，更多的人可以专注于创造出新的研究成果。"我们一直认为创新远不止是偶然的结果"，拉里·温德林说，"你可以通过关注以上七条法则，营造出一个创新的氛围"。

资料来源：贺宝成.3M公司创新管理及启示[J].郑州航空工业管理学院学报（社会科学版），2004，23（6）.

4.1 内部创业机会概述

研究内部创业时不仅需要关注创业者特质,也需要了解内部创业过程的具体行为。毋庸置疑,内部创业过程中,识别内部创业机会是非常重要的。究其根本,内部创业是通过创造性地整合内部资源(尤其是冗余资源),发现和利用新机会并实现多元化发展的过程。杰弗里·蒂蒙斯(Jeffety Timmons)认为创业机会是创业的核心,机会驱动创业过程的开展,技术进步、政策变化和国际化发展等都会带来机会,创业活动必须适当搭配机会、资源和创业团队三个要素,并随着企业发展及时调整达到动态平衡,创业才有可能取得成功(见图4-1)。对内部创业机会的识别会因创业者自身特质、知识、经历的不同而有所差异,因此把握内部创业机会的关键是要了解内部创业机会的本质,才能做到"慧眼识珠"。

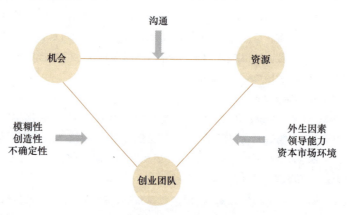

图 4-1 蒂蒙斯创业过程模型图

4.1.1 内部创业机会的定义

内部创业是已成立企业面对激烈竞争、保持创新性的有效措施,该类企业的内部创业者往往对机会十分敏感,善于寻找、追求、识别、把握和利用机会。相反,对机会无动于衷或者保持冷漠的企业,往往为生存而疲于奔命,只能是市场竞争的应付者或者参与者,而不是挑战者或者领先者。然而,内部创业机会的识别和利用是一把双刃剑,尤其需要理性决策。现实情况下会出现盲目地获取内部创业机会和一味地扩张企业的现象,尽管这是一种内部创业进取的表现,但却不利于创造卓越公司绩效这一最终目的的实现。因此,理性决策需要做好的第一步就是了解内部创业机会。

所谓内部创业机会是指形成新的手段、新的目标或者新的手段—目标关系，以获得引入新产品、新服务、新原材料、新的组织方式的可能性。客观存在论的观点认为内部创业机会先于内部创业者的意识存在于客观环境中，由慧眼独具的内部创业者发现。例如，微软就是在大型计算机统治的时代发现了小型计算机的市场机会。内部创业者发现内部创业机会就好像科学家通过科学实验得到新的发现一样。然而，新的内部创业机会研究认为内部创业机会很难独立于内部创业者而存在。尽管某些客观的环境条件（例如技术进步、政治或监管环境以及人口转变）影响内部创业机会，但是，内部创业机会最终取决于内部创业者的创造性想象以及社会化技能等内在因素，而不是仅仅依赖外在环境因素。当史蒂夫·乔布斯（Steve Jobs）推出苹果手机时，消费者并不知道自己需要这样一款手机，而乔布斯却能创造性地发明一款消费者尚未意识到其需求的产品。内部创业者不仅需要创造性想象，同时还需要社会化技能，从而促进市场与社会接受产品。当托马斯·阿尔瓦·爱迪生（Thomas Alva Edison）发明了白炽灯之后，他付出巨大努力使大众接受这一从未出现在市场中的产品。从这一角度而言，内部创业机会存在于更加广阔的社会或文化环境，受助于内部创业者想象与社会化技能的互动，通过内部创业者概念化、客观化以及实施三个过程来完成内部创业机会构建的过程。内部创业机会的构建是创造性想象与实践性"拼凑"的产物。

4.1.2 内部创业机会的特征

内部创业机会的出现往往是出于环境的变动，市场的不协调或混乱，信息的滞后、领先或缺口，以及各种各样其他因素的影响。内部创业机会是有吸引力的、较为持久的和适时的一种商务活动的空间，并最终表现在能够为消费者或客户创造价值或增加价值的产品或服务之中。

透 视

现在是360公司内部创业的大好机会，也许您能在360淘到第二桶金！！！

1. 360公司提供足够的发展平台和空间，在公司内部创业成就自己

周鸿祎做360公司的目的是希望能够做成像百度、腾讯、阿里这样规模和市值的公司，他希望所有来360公司的员工都不要抱着打工的目的，也不要在360公司混日子，要把360公司当成一个创业平台，不断地积累能力和试错，在公司内部创业。

2. 创业九死一生，不要为了创业而创业

在360公司，您可以积累实力和资金，获得人生的第一桶金，成功是需要时间积累的，以后360公司的成功也是各位员工的自我价值的体现，如收获经验、资金、股票期权等。360公

司希望和员工是一种合作关系而非雇佣关系。创业机会时刻都会有,创业必须具备能力、资金、人脉。与其多次创业多次失败,不如积累所有的能量在一次创业中爆发。

3. 创业的目的不仅是要赚钱,更多的是实现自我价值和成就

大家进入360公司后要放低自己,端正心态,不能天天发牢骚,怨天尤人,要想尽办法在360公司实现自己的价值,创业有很多种形式,不是只有自己办公司、自己当老板才叫作创业。当你的人生还处于起步阶段,你还不具备足够的经验和能力时,就需要给人当学徒,需要学习和积累,其实这个过程也是创业。

每一个大咖都是从就业到创业、从失败到成功,年轻人更多的是有理想、有激情,但是欠缺的是心态和思维,还有不够多的挫折。与其多次无为的忙碌,不如一次彻底的成功,这也许是需要我们铭记在心的信念。

资料来源:根据网络资料整理。

内部创业机会作为内部创业的起点,一般具有以下特征(见图4-2)。

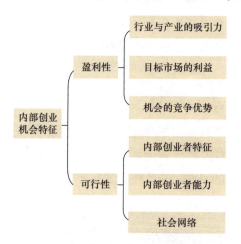

图4-2 内部创业机会特征维度划分

1. 盈利性

内部创业机会客观上存在潜在的盈利性,其盈利性分析可以从企业外部环境、竞争对手等多个角度进行。

(1)行业与产业的吸引力

对于任何内部创业者而言,他们往往喜欢在大部分参与者都能获得良好效益的行业中竞争,而不愿意在那些很多公司为了生存而拼命挣扎的行业里打拼。这种行业的选择是内部创业者选择机会时首要考虑的问题,正如迈克尔·波特认为,企业战略的核心是获取竞争优势,而获取竞争优势的因素之一是企业所处产业的整体盈利能力,

即产业的吸引力。波特认为，选择合适的机会应该在有潜在高利润的产业。同时，迈克尔·波特在《竞争战略》中提出了决定行业吸引力的力量。这些力量是影响任何行业利润的决定性因素，同样也是进行行业和产业吸引力分析的主要方面。波特提出产业五种竞争力模型，这一模型说明产业的盈利能力主要取决于潜在进入者、替代品、供应商、购买者及产业内现有竞争者五种因素。

（2）目标市场的利益

主要从财务指标考虑市场机会，这也是绝大部分内部创业者或者风险投资公司做投资决策时主要考虑的方面，经济回报将决定整体盈利水平。从其构成来看，税后利润、达到盈亏平衡点所需要的时间，投资回报率潜力、内部收益率潜力、自由现金流特征、毛利率、资本要求都是财务收益指标的主要内容。

（3）机会的竞争优势

主要是指机会本身的技术优势，包括技术是否存在进入壁垒、这种技术是否具有成本优势、技术优势能否持久等。有吸引力的机会往往是有潜力的机会，因而，机会的竞争优势将决定这个产品或服务能否使企业成为营销、分销成本最低的生产商。除此之外，拥有一个有利的机会之窗或壁垒保护同样重要，这使得新创产品或服务占据一定的市场份额，提高企业在市场中的主导地位，因而机会的竞争优势也将影响企业的盈利性。

通过以上分析，我们将机会的盈利性特征主要分为行业与产业吸引力、目标市场利益及机会的竞争优势。这三个维度的划分，可以从宏观到微观层面，全面地考虑机会的整体盈利性，既考虑到其财务指标，同时也充分考虑了企业未来的收益空间和机会的成长空间，因此可以比较全面地反映盈利性特征。

2. 可行性

任何内部创业机会都存在把握度和可能性的问题，一个内部创业者单单只靠盈利性较好的机会是不一定能够内部创业成功的，往往还需要其具备一定的开发机会的资源和能力，并在内部创业精神的驱动下，依靠内部或外部的网络获取必要的资源进行开发。因此，机会具有主观的一面，即机会的可行性。

机会的可行性是指内部创业实现盈利的可行性和把握度，即成功开发盈利机会的可能性。而对机会开发的把握完全取决于内部创业者或内部创业团队所具有的内在特征、所拥有或者控制的资源及一定的社会网络。

（1）内部创业者特征

对内部创业者特征的分析主要围绕内部创业者的心理特征及内部创业者的背景特征两个方面展开。关于内部创业者特征的分析最初集中在内部创业者特质上，后来源于复杂理论框架的研究显示内部创业者的自我效能感、创新性、风险承担性等特征，以及内部创业者的成就需要对机会开发均有影响。这些特征不仅使内部创业者能够敏锐地发现商机，同时使内部创业者在内部创业动机的驱动下努力开发机会，并具有一定的风险承担性，能够抵制存在的风险。因此可以从以下几个关键问题回答对机会可行性的评价：风险承受力、创新行为、对机会的敏感程度、对成就的追求程度。

（2）内部创业者能力

所谓内部创业者能力，是为了顺利完成内部创业活动且直接影响活动效率所必备的行为特征。内部创业者的能力强烈影响其获取竞争优势的过程。同时，内部创业者的能力是获取动态的、持续绩效的前提。内部创业者能力主要是围绕机会开发过程中资源的获取和整合而展开的。其主要包括战略谋划能力、合作能力、获取可控资源能力、适应性调整能力、创新能力、专业知识、领导能力、学习能力等。而且，在内部创业过程中，能力在不同阶段会有不同程度的体现。其中，学习能力和创新能力及调整能力是内部创业者最基本和最为核心的能力，主要体现在不断学习新的知识并不断调整自身胜任内部创业的使命，提高创新能力，并提高对内部创业项目动态发展的适应性。

（3）社会网络

社会网络也称社会资本，米切尔对社会网络的界定是："特定的个人之间的一组独特的联系"。社会网络是共享信息并获得资源的一个过程，个人网络是指与内部创业者有着直接或间接关系的人。因此，社会网络包含两个要素：一个是人，另一个是连接这些人的关系。

社会网络对内部创业者成功开发机会的重要性已经得到理论和经验的证实。社会网络的重要性体现在内部创业者资源的获得及信息的获得两个方面：首先，个人网络使内部创业者能够通过增加与外部环境的联系，从而更易获得更多的资源和信息。一方面，一个较好的个人网络能够给内部创业者提供商业情报和在不明确环境下交易的能力；另一方面，由关系形成的网络成为内部创业的一个社会资本的来源。内部创业者尽可能地建立更多的网络链条以获得多样化的信息优势和未来发展的机会。丰富的社会网络包含许多关系，特别是有丰富经验的内部创业者能减少获得信息所需的时间和投入。其次，社会网络在资源获得方面具有重要作用。社会网络理论指出，从个人的社会网络所获得的资源严重影响内部创业启动阶段的决策行为。因此，社会网络是内部创业者获取和配置资源的一种有效方式，同时也是信息和知识获取的主要来源。它为成功的开发机会提供了必要的渠道和手段，并影响机会的可行性。

4.2 内部创业机会识别

内部创业建立在内部创业机会的基础上，成功的内部创业者的重要能力之一就是为企业搜寻和识别出合适的机会。机会的实现活动就是内部创业过程，内部创业则是内部创业者发现、识别、评估和开发内部创业机会，进而创造新的产品或者服务的过程。内部创业机会识别是复杂的、多维度的过程，包括搜寻新机会和识别适宜的机会，而新机会的来源、产生新机会的方式、开拓新机会的趋势都是多样的。

> **透　视**
>
> ### 内部创新的难点和机遇
>
> 当创业公司或者一家企业逐步走上正轨，发展壮大起来以后，职员扩招，业务也随之增多。这时再去做一些变革性的内部创新，其实是非常困难的一件事情。换句话说，如果大企业内部做创新很容易，那现在的市场就是中国互联网公司三巨头（BAT）——百度（Baidu），阿里巴巴（Alibaba），腾讯（Tencent）的天下了，就跟我们创业者没有什么关系了。那么内部创新的具体难点体现在什么地方？目前我们有没有办法更好地做内部创新？
>
> 1. 为什么企业内部创新同样要精益
>
> 精益创新，简单来说就是用低成本快速试错的方法来完成项目验证。首先我们看一下，如果我们企业内部创业不够精益会怎么样。浪费！会导致资金、人力、时间成本的浪费。我用一支很大的团队做一个项目，做一年失败了，和我花三个月时间精益试错带来的成本消耗是完全不一样的。但是，这里要强调的是比资金消耗更恐怖的一件事情，即对团队信心的消耗。
>
> 2. 如何用精益的方式去管理企业内部创新
>
> 以下几点是我认为能够帮助企业提高内部创新成功率的一些方法：
>
> （1）组建精英小团队
>
> 首先要选取一个小的精英团队去做"敢死队"。
>
> 敢死队两个特点：
>
> 1）自己组织。我不会指定谁去做敢死队，而是说，你们谁想去做敢死队，自己站出来。这样选出来的人，会是对这个项目成功比较有信心的人。那为什么叫敢死队呢？实质上就是可能有去无回。所以风险一定要透明化，开始之前就讲清楚，这次创新很有可能不成功，大家尽管努力地去做就行。因为失败很正常，99%失败，1%成功。但是成功只要一次就够了。
>
> 2）敢死队中不能有菜鸟，一定要有经验的人来做。重要的考量就是，有经验的人经历过很多起落，抗压能力和对失败的承受能力会比较高。如果是毕业生入职后就尝试创新项目，做了两年没有成功，心里肯定会有很多挫败感。此外，有经验的人凭借过往工作和项目的积累，对创新项目面临的难点、问题会更为敏锐，更容易在项目早期就找到面临的核心症结，有更快速的纠错能力。
>
> （2）独立运作
>
> 1）上层只帮忙不添乱。内部创新最怕什么？最怕我们领导天天问最近怎么样了，有没有数据我帮你们诊断一下。所以上层一定不能有过多干预。干预越多，压力越大。好的情况应该是像风险投资投企业一样，我不会天天去问企业怎么样了，需不需要我帮忙。如果有需要，他会

主动找我。

2）去KPI（Key Performance Indicator，关键绩效指标）。领导一定不能规定，这个创业项目我给你三个月时间，三个月时间拉到了十万用户，你可以再做三个月。如果我这么要求你，你肯定能给我拉来十万用户。因为拉用户的方法太多了。但是拉来的用户是不是有效用户，这可就未必了。一定不能拿KPI去考核早期业务，一考核肯定出问题。

3）内部市场化非常重要。怎么做？一个简单的方法就是发虚拟币。例如我是A部门，你是B部门，你从我这儿买广告位。这个广告位对外卖10万，对你也卖10万，但是你没钱，就用虚拟币支付。这样从我的业绩考核角度来说，我卖给你广告位和卖给第三方是一样的，对于我来说也没有任何的损失。这样我作为资源提供方就不纠结了。从你的角度来看，你也不会抱怨公司不给资源了，或者花很大的精力去蹭资源。因为从机制上来看，所有的资源都是平等获取的。同时在公司内部，虚拟币或者资源当然是有限的，这也会让内部创业团队对产品的投放推广更为慎重，减少在还未准备成熟时就仓促推出糟糕产品的可能。

当然我们也必须要警惕，内部市场化并不是万能药，它也面临一个问题，就是可能会导致各部门各自为政。你要做一个事，我不反对，但我也没有动力帮你。大家更多地专注在自己部门的业绩。这时作为CEO，你要去推动一些整体战略性的项目就比较难。这要求你得有足够的权威去打破各个部门的边界，然后去推你的战略。

以微信和QQ为例，两个产品都是腾讯旗下的。微信的推出是不是很大程度上影响了QQ？但是腾讯在两个产品内部冲突如此之大的情况下，还能让QQ不计成本地去推广微信，这是非常厉害的。腾讯其实是一个内部市场化程度很高的公司。但是真正需要他们协同合作的时候，QQ对微信的市场协同与帮助是非常关键的，所以微信推出后才能够很快击退竞争对手。

（3）鼓励内部竞争

两个团队同时做一件事情可不可以？一般来说我们觉得不行——资源浪费！但是我们假设这个公司已经成长起来了，资源足够丰沛时，两个团队当然是可以做同一个业务的。

还是以微信为例。当时同时在做微信的大概有三四个团队，最后张小龙突出重围。大概一年前，腾讯也有两个部门同时做电影，一个是腾讯互娱；还有一个是腾讯视频。两个部门显然都有足够的理由要做电影，因为其他的游戏公司和视频公司都开始做电影了。那马化腾选哪个部门来做呢？结论很简单，两个一起做，一个叫企鹅影业，一个叫腾讯影业。实际上腾讯内部很多其他的服务，例如广点通，当时都有内部的竞争对手。能成功的一定是高手，所以一定要鼓励内部竞争。

（4）团队激励

不管是物质层面还是精神层面，要有效地进行激励。我记得几年前百度有一个内部创新奖，当时是李彦宏亲自颁奖，奖金一百万美元。对一个五六个人的团队进行了奖励，平均一个人一百万元人民币的年终奖。所以创新一定要重奖，而且重奖轻罚，甚至重奖不罚。

但是这样做呢，其实也有问题。例如你做创新业务，我做成熟业务。其实对于大公司来说，成熟业务压力也很大，KPI指标定得也很高，你天天晚上工作到九点，我也是天天晚上做到九点。那为什么我的年终奖由KPI决定，你就可以重奖轻罚，或者只奖不罚，我心里肯定不平衡。

所以还是没有一个万能的处方可以解决一切问题。

（5）体内循环还是体外循环

创新到底在体内做还是在体外做？首先我把创新类型进行分类来做解释。

第一类是提高竞争力型创新。以百度为例，百度有哪些产品？百度贴吧、百度MP3，我把这几个产品叫提高竞争力型创新产品。因为它的核心是提升用户的搜索质量，让用户能够更好地搜索到自己要的东西，这个应该是体内循环。

第二类是资源输出型创新。什么叫资源输出呢？就是输出流量。"百度有啊""爱奇艺"里面的内容都不是自己独有的，而且是从百度搜索往外输出流量的。例如视频搜索流量就输往"爱奇艺"，购物搜索流量就输往"百度有啊"。这些资源输出型的业务应该考虑体外循环，为什么呢？

第一，资源输出型创新不是公司的主赛道，有没有这个业务对于公司而言都无所谓。公司发展好的时候可能会对其给予支持，发展不好需要裁员的时候，首先从这些业务开刀，因为这不是主营业务。我们常常听到一句话叫"大树底下好乘凉"，其实这句话放在内部创业里面是不准确的。正确的说法是"大树底下你根本照不到阳光"，你感觉好像公司什么资源都有，但是这些资源能不能分配给你，这是一个问题。

第二，资源输出型创新和公司原有业务的文化基因不一样。以爱奇艺和百度为例，爱奇艺的核心竞争力是内容、媒体和销售。这个和百度技术导向的差别是很大的。

第三，资源输出型创新在体制内很难获得非常好的激励。

第四，内部创新一定要符合公司的战略，要和公司的核心业务相关联。只有相关联的时候，内部资源的支持力度才会比较大，并且，只有你和你的平台战略协同的时候，你才能够很容易地放大平台的优势。反过来说，如果你和平台不关联，肯定很难获得公司的核心资源，这和在外面独立创业拿维士十字（Victoria Cross）的钱没任何区别。从另外一个角度来看，现在腾讯的一半市值都是微信带来的，如果张小龙不依赖腾讯的平台也能把微信做起来，他现在会怎么想？

资料来源：迅雷创始人程浩的干货分享：内部创新的难点和机遇[EB/OL]. https://wenku.baidu.com/view/34ea7b7a30b765ce0508763231126edb6f1a76af.html.

4.2.1 内部创业机会来源

常见的产生内部创业机会的源泉包括：消费者、现有产品和服务、供应链系统、政府机构以及研发活动。

1. 消费者

我们需要密切关注消费者和他们的购买习惯。我们可以采用非正式方式，例如观察消费者的行为等来追踪潜在的内部创业机会。

2. 现有产品和服务

市场上的竞争产品和服务也应当被评估。这些分析经常能够帮助企业产生改进当前产品/服务的方法,通常能够带来较现有产品更有市场吸引力、更有销售盈利潜力的产品。这能够促进公司产品的更新换代。

3. 供应链系统

供应链上的企业成员是发现内部创业机会的极佳来源,因为它们对不同生产阶段的市场需求非常熟悉。公司供应链上的成员企业不仅能够经常对全新产品提出建议,也能够帮助公司开发的新产品进行市场推广。

4. 政府机构

政府能够在两个方面成为新产品内部创业机会的来源。首先,美国专利商标局(United States Patent and Trademark Office,USPTO)的档案中包含了无数的潜在新产品。虽然专利本身可能是不可行的,却能经常启发更有市场潜力的内部创业机会。若干个政府机构和出版社在监控专利的应用情况中能起到帮助作用。每周由 USPTO 发布的官方公告中会列举所有可供出售或授权的专利清单。USPTO 网站同时提供 1976 年以来获授权专利的全文。

其次,新产品开发内部创业机会可能来自政府规章制度的变化。例如,职业安全与健康标准(Occupational Safety and Health Standards,OSHS)强制要求雇佣超过三人的商业实体里必须配备急救箱,并要求根据不同行业和公司的实际需求在急救箱内配置不同的物品。

5. 研发活动

新内部创业机会的最大来源是公司自己的研发尝试,可以是正规的研发活动,也可以是非正式的研发形式。《财富》五百强企业希伦布兰德工业公司的一名研究科学家开发了一种新的塑料树脂,这种材料成为一种新产品——塑料成型组合杯托的基础。

4.2.2 内部创业机会的产生方法

就算有如此之多的方式能够用于挖掘内部创业机会,要找到能够支撑起一家企业的新内部创业机会仍然是一个难题。下面介绍一些有助于产生和测试新内部创业机会的方法:

1. 焦点小组

在焦点小组内，协调人带领一组人进行开放、深度的讨论而不是简单的问答。协调人通过直接或者间接的方式引导小组讨论聚焦到新产品领域。由 8~14 名参与者构成的小组通过组员间的相互评论，激发出创造性的概念构思和新产品开发内部创业机会以满足市场的需求。一家对女士拖鞋市场感兴趣的公司，通过来自纽约的由不同社会经济背景的女士构成的焦点小组，获得了关于其新产品的概念——像旧鞋一样合脚的温暖而舒适的拖鞋。之后这个新产品概念被开发成一款新的女士拖鞋产品，并取得成功。就连广告词的主题都来自焦点小组的评论。

除了产生新内部创业机会，焦点小组也是筛选内部创业机会的有效方式。随着焦点小组工作的逐步进行，可以对结果进行定量的分析，这让焦点小组在新产品内部创业机会的产生上发挥了良好的作用。

2. 头脑风暴

虽然绝大多数在头脑风暴中产生的内部创业机会都没有被进一步开发，但有时也会有好的内部创业机会出现。当头脑风暴聚焦于特定的产品或市场时，有更大的概率能出现好的内部创业机会。

一家大型商业银行通过头脑风暴成功地开发了一本杂志，这本杂志给它的产业客户提供了高质量的金融资讯。这家银行首先举行了一场由企业财务主管参加的头脑风暴，该头脑风暴的内容聚焦目标市场特征、资讯的内容、发行周期以及新杂志的推广价值。一旦基本格式和周期得到确认，接着召开多个焦点小组会议，小组成员由来自《财富》一千强公司分管财务的副总裁组成，会议地点分别设在波士顿、芝加哥和达拉斯三个城市，焦点小组的任务是讨论新杂志的开本、对企业财务主管的实际意义和价值。焦点小组讨论的结果奠定了成功的基础，这本新财经杂志后来受到市场的广泛欢迎。

3. 问题编目分析

问题编目分析运用于个体，采用类似焦点小组的方式产生新的内部创业机会。问题编目分析方法本身不产生内部创业机会，客户收到一个大类产品的问题清单，接下来他们被要求在类别中指出和讨论有特定问题的产品。鉴于将已知的产品同存在的指定问题关联起来比想出内部创业机会本身要容易得多，该方法通常非常有效。然而，列出穷尽的问题清单是运用该方法最大的难点所在。

从问题编目分析得出的结果需要做进一步的仔细评估，因为该方法的结果有可能没有准确反映出新商业机会的存在。例如通用食品公司依据问题编目分析法得出在售的谷物食品包装盒尺寸存在问题,但推出更加紧凑的谷物食品包装盒却没有取得成功,因为包装尺寸并不影响客户的实际购买行为。

4.2.3 内部创业机会的未来趋势

趋势经常为在既有组织中开拓新的创业领域提供良好机会。下面是未来十年内部创业机会的七大趋势:

1. 绿色趋势

全世界都充满着绿色趋势带来的机遇。水资源是绿色趋势中非常有前景的方向,特别是灌溉领域,例如高尔夫球场、公园的复垦、智能化浇灌系统等,在提高水资源的利用率上也存在机会。其他值得关注的领域包括生态友好打印、回收利用和清洁卫生服务。当企业将绿色行动与降低成本或为客户长期节省开销关联起来时效用最为显著。

2. 清洁能源

目前消费者最为关切的环境问题是清洁能源。许多人认为 21 世纪的能源应该来自太阳能、风能和地热能。该领域中小商户和业主市场尚待开发。例如,在工程建设市场,最近的趋势是绝热材料的广泛运用,以减少业主的制热和制冷费用。

3. 有机趋势

有机趋势快速扩张,随着有机食物和非有机食物之间价格差距越来越小,食品领域的有机趋势尤为明显。食品方面,包括肉、奶、水果、蔬菜、面包和零食在内各种食物的销量中有机食品的销售比例达到了 25%。但非食物有机类产品,特别是有机服饰的销售增长缓慢。

4. 节俭趋势

受次贷危机、银行破产和房地产市场衰落以及取消抵押品赎回权的影响,消费者在消费方面趋于保守。这给节俭消费,如园艺工具、商业培训、折扣零售、信用和负债管理、可视化会议、外包以及 DIY(Do It Yourself,自己动手)等带来了显著的机会。根据《商业时报》显示,在经济衰退时期,宜家推崇的 DIY 低价家具卖场,在 2008 年—2009 年度实现了创纪录的销售额增长(1.4%)。

5. 社交趋势

世界的社交化进程是显著的,包括脸书、Myspace、领英以及推特在内的一些商务社交网络，每周都带来了更多的连接和机会。作为保持现有关系的补充，在线关系的建立已形成趋势。另一个连接线上社交的渠道是游戏，陌生人通过自创的角色在线上碰面，融入不同的力量以击败对手。社交趋势同时在相关领域提供了机会，如财务规划和旅游行业。人们希望能够在财务上有能力以及在生活中有时间陪自己的孩子和孙辈去游览更多的地方。长寿联盟（Longevity Alliance）便致力于此目标，在长期关怀和财务规划上提供一站式的咨询。

6. 健康趋势

当今大趋势之一是健康和医疗保健日益受到关注，并将在下个十年随着世界人口老龄化和人类寿命的延长而得以持续。这为很多行业提供了机会，包括美容业、"大脑体操"等健脑俱乐部、个人健康门户网站、深入社区的护理测试设施、营养专家、健身中心、最新的Fit-Flops和Wii Fit外设等健身玩具、减肥食品、便利护理诊所和健身教练等。

7. 互联网趋势

世界互联的趋势创造了许多新形式的交流和购买潜力，开拓了巨大的新机遇。这些机会进入门槛不高，包括Web2.0咨询、博客、在线视频、移动App、无线上网App以及预装了众多应用的新iPhone。B2B（Business to Business，企业对企业）客户也能够从在线活动中获益，因为组织也需要经常更新关于迅速变化的消费群体的相关信息。

4.2.4 内部创业机会识别的影响因素

内部创业机会识别的影响因素包括内部创业者经验、内部创业者性格特质、社会网络、内部创业警觉性、内部创业者创新精神、感知风险、认知和环境。

1. 内部创业者经验

内部创业者经验也称为先前经验，有不同的划分方式。如可以将内部创业者经验划分为创业经验和工作经验，工作经验又包括职能经验和行业经验；也可以将内部创业者经验分为创业经验、行业经验和职能经验三类。虽然分类有所不同，但是普遍认为内部创业者经验对内部创业机会的识别有显著的正向影响。

2. 内部创业者性格特质

内部创业者特质论研究开始得较早，研究成果也比较丰富。模式识别理论认为模式识别可以培养个人特质，用最好的方式识别最好的机会，有广泛兴趣的内部创业者更容易识别内部创业机会。相关学者通过研究264份样本发现，中美两国创业者的个人特质对机会识别方式的影响存在异同，内部创业机会的识别会受到不同地区内部创业者自身特质的影响。内部创业者个人特质会受到环境、文化、习惯的影响，因此在机会识别时会存在差异。

3. 社会网络

社会网络的深度和广度影响着内部创业者机会识别的能力。社会网络通过信息获取和内部创业意愿等因素影响内部创业机会的识别。社会网络分为情感网络、政府支持性网络和商业网络，不同社会网络对内部创业者识别机会带来不同的影响。社会网络的规模、密度和强度与内部创业者进行机会识别的信息获取量和质量有密切关系，这会影响内部创业者的思维和判断。

4. 内部创业警觉性

警觉性是指内部创业者能够敏锐地识别出被其他人忽略的机会的能力。内部创业者警觉性的判断维度对内部创业者发现新颖、有价值的内部创业机会有重要意义，对内部创业机会识别起到重要作用。

5. 内部创业者创新精神

创新是内部创业的核心，机会识别取决于内部创业者的创新精神和意识。内部创业者的创新精神对内部创业项目生命周期各个阶段的内部创业机会识别有重要意义，能够帮助内部创业者识别有良好前景的经营领域、具有潜力的产品和技术。拥有创新精神的内部创业者有独特的眼光和认识，能够敏锐地识别出有价值的内部创业机会。

6. 感知风险

内部创业活动存在许多风险，不确定性的环境给内部创业带来极大的挑战。内部创业感知风险与内部创业机会识别存在正相关关系，具有高风险意识的内部创业者能够更好地认识到内部创业损失和内部创业收益，也更愿意承担风险，从而识别出更多的市场机会，有利于内部创业者创业。

7. 认知

认知是内部创业者进行内部创业机会识别时所必需的能力。认知需求与内部创业机会识别有密切的联系，需要具备警觉性来协调这种关系。具备认知能力的内部创业者比其他内部创业者有更加敏锐的观察力，从而识别出特殊的内部创业机会。

8. 环境

环境因素包括技术创新、市场变化、制度变革等内容。法律文化制度和市场变化会对内部创业者识别可能的内部创业机会带来巨大的困难。在不确定性环境下，政治关系有效地增强了内部创业者对新机会的识别能力，但是，在市场法规更为健全的制度情境下，政治关系与机会识别的关系显著减弱。

4.2.5 内部创业机会的识别过程

从内部创业机会识别过程的角度来看，根据市场需求和资源的关系，机会识别由察觉、发现和创造三个不同的阶段组成。首先，内部创业者必须意识到市场需求及未充分利用的资源。其次，为了找到资源和需求的匹配，内部创业者需要在这一领域不断探索。最后，重新定位和组合现有资源以满足市场需求，创造资源和需求之间的匹配，使资源在现有基础上发挥更大作用。内部创业过程开始于内部创业者对内部创业机会的把握，在此过程中，内部创业者将反复权衡机会与自身能力资源的匹配程度和潜在预期价值，内部创业机会的战略定位也会越来越清晰，这个过程就是内部创业机会的识别过程。在这一理论中，机会识别过程是一种广义上的概念，因为它实际上包括了机会搜寻、机会识别、机会评估等过程。在这一框架下，关于机会识别的过程并不是相互割裂的，这一过程分为三个阶段，如图4-3所示。

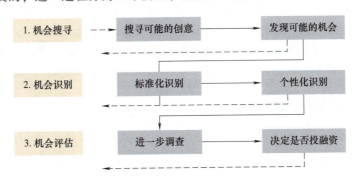

图4-3 内部创业机会识别过程的三阶段模型

第一阶段为机会搜寻，内部创业者在整个社会系统中搜索可能的内部创业机会，如果具有一定的开发价值，将进入下一个阶段。第二阶段是机会识别，即筛选上个阶段的内部创业机会识别出合适的机会，首先通过对整体市场环境和一般行业的分析，判断在宏观环境中是否属于有利的商业机会，这是机会的标准化识别；然后考察该机会对于特定的内部创业者来说是否有价值，这是机会的个性化识别。第三阶段是机会评估，评估是否值得为内部创业者正式组建企业吸引投资。

4.3 内部创业机会的评估

4.3.1 内部创业机会评估的界定和作用

内部创业机会评估是内部创业者对在市场上发现的尚未被开发的商业机会,结合自身的能力及所拥有的资源进行不断评估的过程,是决定最终是否开发的重要步骤。对内部创业者和投资人来说,每天都有许许多多较好的商业机会,由于精力和资本等资源有限,其中大概60%~70%的计划都无法通过相关的评估,只能有选择地进行开发。这里所指的机会评估主要还是从企业财务数据以及团队内部的凝聚力和稳定性等方面来进行判断,内部创业者通过对各项指标进行仔细分析后,最终会做出是否实施的决策以及如何吸引实施所需要的资金。

无论是在国内还是国际市场创业,评估内部创业机会成功的关键是发展出有价值的内部创业机会,这些内部创业机会通过解决一个重要的客户痛点满足一个大市场客户的需求,或者通过在一个细分市场给产品增加广泛的价值来增加盈利能力。内部创业机会的识别、评估、开发是一个不断动态调整的过程,从一个阶段过渡到下一个阶段需要不断地进行评估以便做出相关决策,投资者在投资前,一般会对商业机会进行全面的调查和评估,与此同时,内部创业者也会对预测的市场需求进行研究,一个内部创业机会只有经过这两方面不断的评估才能最终落地,推向市场。

内部创业机会评估旨在帮助内部创业者认清内部创业机会的实际商业价值,减少内部创业风险,吸引风险投资。

1. 认识内部创业机会的价值

无论是对内部创业者还是对风险投资商而言,内部创业机会的评估都是一个挖掘内部创业机会价值的过程。一个内部创业机会是否能够成为可以开发的机会,其根本标准是内部创业机会本身能否给消费者带来持续的价值。因此,内部创业机会评估的目的就是挖掘其潜在的价值。

> **透 视**
>
> **赢在依纯,37°Love 启动内部员工创业计划**
>
> "为在职员工提供内部创业机会,并提供资金、硬件、人力方面的扶持,我们为员工提供的不仅是一个职位,更是一个有美好未来的事业机会。"这样一个颇具诱惑力的创业蓝图率先在

广州市依纯服装有限公司得以实现，以市场反应迅速著称的中国快时尚品牌37°Love，在服装行业中再次充当"出头鸟"，依纯员工的激情在火热的九月又一次被点燃。

资金+保障+长期扶持

"如果你想创业，如果你想发展，请你大胆地提出来，我们将全力支持你开一家37°Love的专卖店，我们的目标是让每一位依纯人都能够事业有成，获得人生路上的丰收。"八月底，经过近半年的筹备，37°Love人事行政部向全体同事公布了内部创业计划的具体政策。

分析37°Love内部创业政策，对员工的事业主要从三个方面进行扶持：

一是财力方面的支持。包括为期6个月折后价为10万元整的首批铺货，无须进货即可满足店铺正常的销售需求；折后价为5万元的店铺物料，可以满足店铺装修在货柜、灯具、信息技术设备、销售辅料等方面的要求；公司还为创业同事免除加盟费、合同保证金等相关费用，总额约5万余元。

二是最大限度的创业保障。公司为内部创业的同事量身定做了事业保障计划，从店铺选址、店面装修、开业运营、日常管理等方面，安排专人及时跟进，发现问题立刻纠正弥补，减少单打独斗的创业风险，确保同事的事业不走弯路、步入正轨。

三是长期的事业扶持。品牌经营授权的合同期满，创业同事有优先续约权，从而获得事业的长期发展。

37°Love"成就文化"的体现

一家国内知名的管理咨询公司的高层到37°Love参观交流的时候，感慨地说："37°Love的企业文化，就是成就的文化，是利他的文化。"的确，37°Love企业文化的核心就是"成就"，而企业文化的精髓也是"你我成就，成就你我。"

人事行政部的叶经理与我们分享到："37°Love的核心价值观就是彼此的成就，这种成就的文化不仅仅停留于口号，在我看来，我们企业主要有三方面的措施实实在在支撑着这种企业文化：合伙人计划、内部创业计划、员工激励与晋升机制。合伙人计划主要针对表现特别优异的核心员工，每年推荐和考评一次，公司拿出5%的年利润与合伙人分享，但毕竟名额有限；内部创业计划则更为开放，只要是我们的同事，条件和机会成熟，均可以在公司扶持下实现创业，获得事业上的回报；而员工激励与晋升机制是我们日常人事管理的基础，我们希望能够做到，让所有同事都能在公平、公正、透明、富有激情的环境里奋斗，并因为奋斗获得相应的回报、鼓励和晋升，从而以更大的激情投入到未来的工作中，实现更大的成就和抱负。合伙人计划、内部创业计划、员工激励与晋升机制，在我们企业文化管理链上是紧密相连、缺一不可的，三者持续良性的循环推进，形成360°无死角的企业文化链，从而让我们的成就文化能真正得以实现。"

时机成熟，内部创业也是品牌自信心的集中反映

早在两年前，37°Love曾试图小范围推出内部创业计划，但经过公司管理层多次的讨论，还是暂缓了这一计划。本次内部创业计划也是经过了将近半年的反复验证才最终推出，为此叶经理解释说："内部创业实际上是一把双刃剑，我们支持员工创业开店，如果经营得好，自然能给同事带来积极正面的影响，但假如店铺经营不善，公司损失的就不仅仅是资金的投入，也许还将是一个优秀同事的离开。所以在这个事情上，公司非常慎重，现在推出这个计划是因为我们觉得时机成熟了，对我们的品牌、我们的产品、我们的市场有信心，有把握也有能力帮助同事实现事业梦想。"

是的，37°Love 创办 10 年，拥有了广泛的知名度和市场口碑，积累了多年的市场运营经验，让无数的加盟商实现了财富梦想、事业梦想。进入 2014 年，品牌推广力度更是逐步加大，公司的产品研发进一步加强，第五代的终端形象适时推出，进一步坚定了所有合作伙伴、所有 37°Love 同事将品牌做大做强的信心和底气。

37°Love 合伙人计划、内部创业计划、员工激励与晋升机制，将同事的心紧紧绑在一起，你我成就，赢在依纯，在彼此成就的道路上荣辱与共，我们彼此的事业都必将进入丰盛的收获期！

资料来源：赢在依纯，37°Love 启动内部员工创业计划 [EB/OL]．（2014-09-02）. http://mp.weixin.qq.com/s/AQypcfB60dVLsc4Blc_LTA.

2. 减少内部创业风险

风险与价值是同时存在的，内部创业可理解为突破当前资源条件限制对内部创业机会的捕捉和利用。对内部创业者来说，内部创业资源往往是紧缺的，内部创业环境也是不确定的。因此，如何规避内部创业风险是内部创业者所关注的首要问题。内部创业机会评估就是对内部创业的价值和风险进行全面评估，从而在最大程度上规避内部创业风险，创造价值，提升内部创业成功率。

3. 获取内部创业投资

对于内部创业者而言，在缺乏充足创业资金的情况下，获取企业投资能够促进内部创业机会的开发。而企业需要对内部创业者提供的内部创业机会及内部创业计划进行科学的评估，这种评估有时候是很苛刻的。所以，内部创业机会评估既可作为内部创业者评估内部创业机会的标准，又能为企业提供一定的借鉴，为内部创业者吸引投资基金打下基础。

4.3.2 内部创业机会评估的流程

一旦内部创业机会被识别，内部创业者要做出是否开发它的决定，就必须对其进行评估。而在内部创业中，从内部创业机会中提炼出商业价值的能力是最重要的。因此，商业价值在内部创业机会评估中占有重要位置。只有当察觉到这种机会并且认可其商业价值的时候，才会出现内部创业机会的开发和内部创业的发展。这一过程一般会包括确定评估目标、分析影响因素、构建评估指标体系、选择评估方法、实施评估和完善评估结果六个阶段，如图 4-4 所示。

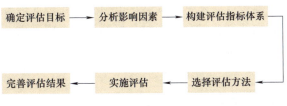

图 4-4 内部创业机会评估的一般流程

阶段一：确定评估目标。评估目标的确定是内部创业机会评估的第一步，评估目标直接影响评估指标体系、评估方法等后续阶段的内容。在开始内部创业机会评估时，要对评估目标的特性进行充分分析，以更好地确定内部创业机会的影响因素，从而确定内部创业机会评估的基本框架。

阶段二：分析影响因素。影响内部创业机会实现与否的因素有很多，既有内部的内部创业团队因素，也有外部的内部创业环境因素；既有社会因素，也有经济因素；既有市场因素，也有社会网络因素；等等。内部创业者需要从各种影响内部创业机会的因素中提炼出关键因素，为构建内部创业机会评估指标体系提供支撑。

阶段三：构建评估指标体系。内部创业机会评估指标体系是在对内部创业影响因素进行深入分析的基础上构建的。

阶段四：选择评估方法。内部创业机会评估会涉及很多指标，有些指标可以量化，如潜在的市场规模、市场增长率等；有些指标不易量化，如产品的结构等。单纯的定性方法难以对内部创业机会的优劣进行排序，单纯的定量方法也难以对决定内部创业机会的关键因素进行选择。因此，应该在借鉴相关模型的基础上，选择定量与定性相结合的方法进行评估。

阶段五：实施评估。内部创业机会评估的实施指对定量指标和定性指标进行处理，引入需要的数据和相关专家的评定，并结合相关模型，最终得到评估结果，是评估的实际操作阶段。实施评估也是对内部创业机会进行选择和淘汰的过程，其关键是相关数据的获取和模型的选择。

阶段六：完善评估结果。内部创业机会评估是一个动态过程，本质上是一个主观理论的分析过程。内部创业机会是否能真正成为一个成熟的机会，是否可以在现实中被开发，还需要进一步从实践中证明。此外，依据内部创业活动实践可以从风险规避和价值创造这两个方面对内部创业机会评估的结果做进一步修正。

4.3.3 内部创业机会评估方法

"有利可图"的含义因产品和服务而异，尤其需要关注内部创业机会的情境是

B2B（Business to Business，企业对企业）还是 B2C（Business to Customer，企业对消费者）。内部创业机会的独特性、竞争优势以及市场规模和特征都可以通过机会分析得到确认（评估）。进行内部创业机会分析时最好制订一个内部创业机会分析计划。内部创业机会分析计划不同于商业计划，同商业计划相比，有以下几点不同：

1）更短。
2）聚焦于机会而不是企业。
3）没有融资计划、营销计划或者组织计划。
4）基本的决策是采取行动还是等待下一个更好的机会。

内部创业机会分析计划由四个部分构成——两个主要部分和两个次要部分。

第一部分主要考虑开发产品或者服务的内部创业机会，分析竞争产品和竞争对手，根据独特销售主张确认内部创业机会的独特之处。该部分具体包括以下内容：

1）分析产品或者服务的市场需求。
2）描述产品或者服务。
3）阐述产品或者服务的差异性（尽可能详细）。
4）分析竞争产品已经满足的需求和特点。
5）分析与竞争对手相比新产品或服务的独特卖点。

第二部分聚焦于市场——市场的规模、趋势、特征以及增长率。主要包括以下内容：

1）当前的市场需求。
2）市场需求的社会环境。
3）是否有可用的市场研究数据来描述该市场需求。
4）国内/国际市场的规模和特征。
5）市场的增长率。

第三部分聚焦于内部创业者以及管理团队的技能和经验，应当能够回答如下问题：

1）为什么这个机会让你感到兴奋？当业务举步维艰时，有什么能够支持你继续进行创业？
2）这个产品和服务的内部创业机会与你的知识背景和经验吻合吗？
3）争取权益资本你必须具备什么商业技能？
4）还需要哪些商业技能？
5）怎样才能找到这些技能？

第四部分是制订一个时间规划，明确实施内部创业和成功将内部创业机会实施落地所需的步骤。本部分包括以下内容：

1）识别每一个步骤。
2）将这些关键步骤以既定的顺序进行排序。

3）确定每个步骤的耗时和资金需求。

4）确定总耗时和总费用。

5）确定当前所需资金的来源。

4.4 内部创业机会的规划与开发

一旦内部创业机会诞生并且通过了机会分析计划，它们需要得到进一步的发展和完善。这个完善过程包含内部创业机会规划和开发两个部分，它可以分为四个主要阶段：创意阶段、概念阶段、产品开发阶段、市场测试阶段。

透视

从人才到人财——维也纳酒店实施"内部创业计划"

近日，维也纳酒店集团启动实施了被誉为职业经理人成长摇篮的"内部创业计划"。这是与锦江国际达成深度战略合作关系后，维也纳酒店集团在人才工作上的首个大动作。

此前在接受媒体采访时，维也纳酒店集团董事长黄德满用"人才实现财富自由的职业平台"重新定义了人才战略和平台基因。而此次的"内部创业计划"也被看作是维也纳酒店实施"从人才选拔培养"到"人财共赢持续发展"的重要一步。

Part1：门店承包责任制：店总奖金无封顶

"内部创业计划的目的是为员工提供内部创业机会，通过共同经营、共同创业，共担风险，共负盈亏的合作方式，凝聚优秀人才，提升公司竞争力，实现公司的可持续发展。"维也纳酒店相关负责人表示。

据维也纳酒店官方介绍，此次内部创业计划的主体是三类店承包方案，方案的利益分配丰厚，充分调动了参与者的积极性。

方案一是全承包方式，承包人需承担运营成本、租金、折旧和企业所得税，营业收入完成保底要求后，利润100%归承包人所有；方案二是将高级人才引进内部的合伙承包方式，竞聘人需接受目标预算，保证月度收益同比提升，三年期间超额利润的20%归引进人才所有，达标奖设置为20万~36万元的一次性奖励；方案三是内部人才合伙承包方式，也是"内部创业计划"的重点。内部竞聘人除接受目标预算，保证月度收益同比提升的同时，将享受1万元底薪+2万元月度绩效达标奖的激励，三年期间完成保底之后的超额利润的30%归内部承包人员所有，并将会得到20万~36万元的一次性奖励。为了保障上述方案的执行，维也纳酒店还制定了严格的"业绩品质红线"与"退出机制"。

在清晰的职责和严格的考核之外，"内部创业计划"的奖金制度也成为该计划的一大亮点。特别是"店总奖金无封顶，店总自行决定员工奖金"的办法让店总角色颇具吸引力。

Part2：创业精神+人才商业价值的"化学效应"

针对维也纳酒店的"内部创业计划"，有业内人士分析，此举无疑是同频了国家大力推行的"大众创业、万众创新"的经济发展引擎战略，让更多酒店业优秀人才得到了极佳的能力展示和锻炼机会。然而内部创业并非是维也纳酒店的首创。

据媒体报道，走在内部创业转型前列的海尔集团，将其内部改革之后的6万名员工集体赋予了新的"创客"身份，"通过这种方式来加快组织沟通效率，让庞大的海尔具有灵活的部件构成，可以随时按需成立或解散团队，同时促使每个员工变得更加主动，以创业者而不是执行者的心态来工作。"

目前，海尔已形成大约20个平台，183个小微公司，创业项目涉及家电、智能可穿戴设备等产品类别，以及物流、商务、文化等服务领域。也有越来越多的外部人员选择海尔平台进行创业。

从维也纳酒店的三类店承包方案来看，其对内部人才的培养、发掘和对外部高级人才的引进都具有自我革新的胆识和魄力，这与海尔的步调有很强的相似性，为酒店业态的生存发展提出了一个耐人寻味的新命题。

与海尔内部创新自担风险不同，维也纳酒店的"内部创业计划"带有自主经营、共同创业属性，参与者零风险、零投入、高收益的模式为人才培养创造了巨大的弹性空间，精心设计的方案让人才有向前的冲劲，更有放开手脚做事的安全感。

维也纳酒店集团董事长黄德满在阐述维也纳的人才观时表示，一个优秀和成功的企业，必须能够不断吸引人才进来，而且能留住人才，还要将他们的经历、阅历、经验转变成一种商业价值，愿意真正像做自己的事情一样，像创业一样去奋斗，将自己的能量转变为商业价值，只有构建这个平台，企业才能进入到健康的发展轨道。

Part3：复制人才，护航"轻资产战略"

在《合伙人 如何发掘高潜力人才》一书的案例中，亚马逊和淡水河谷这两家大型企业对人才的地位有独特的认知，企业成功的关键不在于"怎么做""做什么"，而在于"谁来做"。

对人才异常重视的还有韩国三星集团前首席执行官尹钟龙。他将经营企业的资源分为五类：技术、资本、信息、速度和人才。他认为，除了资本，人才有助于开发改变和利用余下的三种资源，"在三星工作的45年，人才是我考虑的首要问题"。

如今，维也纳酒店要打造"人才通向财富自由的职业发展平台"，这与锦江集团的战略合作密不可分。维也纳酒店把与锦江集团的合作看作是"爬上巨人肩膀"，并发布了未来的两个战略：一个是借助锦江资本优势开直营店；另一个是轻资产战略，加大招商加盟的力度，实现双轮驱动。预计在今年年底将提前实现百城千店的战略目标。

据相关负责人介绍，维也纳酒店近年来在研发创新、品牌孵化、产学研结合、信息化建设方面持续进行大力投入，保障产品在设计、工艺、功能、用户体验等方面都给予消费者很好的用户价值。"只有自身的价值越高，客户黏度越高，大家认同你的产品，到你这里消费，你才有发展的前景，才能持续发展和盈利，加盟商才能大幅度提高投资回报率。"而这一切，人才是基础。

维也纳酒店将人才战略作为企业发展的最高战略，并认为通过培养优秀的团队，培养优秀人才,通过大规模复制人才,再复制店,酒店的品质和体验才能达到国际一流酒店的水准。为此,维也纳酒店甚至提出了未来 5~10 年打造 100 个亿万富翁的激励政策。

维也纳酒店对人才的渴望和实现"人财共赢"的愿景,将为国内的酒店业注入新的发展动力。

资料来源:从人才到人财:维也纳酒店实施"内部创业计划"[EB/OL].(2016-07-15). http://mp.weixin.qq.com/s/cbPSvPU_1HiWWd7Ru7Y8bA.

4.4.1 内部创业机会规划与开发流程

1. 创意阶段

在创意阶段,有前途的新产品和服务应当被识别和确认,没有实用价值的创意应该被排除,这样有助于最大限度地运用公司的资源。该阶段比较成功的方法是采用系统的市场评估核对表:每个创意都根据主要价值、优点以及优势进行分解。将这些新产品或服务关键要素构成的核对表提供给消费者,让他们来确定哪些价值特性应该保留,哪些应该放弃。在这个核对的过程中,应当谨慎地进行产品特性描述与展示,避免误导客户从而得到不准确的结果。

另一个很重要的方面是确定新创意的市场需求以及它对公司的价值。如果不存在对该创意的市场需求或者创意不会给公司带来利益,该新产品或服务的创意不应该进一步被开发。为了准确地确定市场对新创意的需求,明确地定义潜在市场需求,可以从时机、满意度、替代品、利益和风险、未来期望、产品性价比、市场结构和规模、经济条件等角度进行考虑(见表 4-1)。

表 4-1 新产品或服务创意的需求确认

创业要素	评 估	竞争能力	新产品能力
需求类型			
持续需求			
下降需求			
新兴需求			
未来需求			

(续)

创业要素	评估	竞争能力	新产品能力
需求时机			
需求期间			
需求频率			
需求周期			
生命周期的位置			
满足需求的竞争方式			
没有			
同样的方式			
不同的方式			
优势/风险			
实用			
有吸引力			
客户品味和偏好			
购买动机			
消费习惯			
性价比特征			
量价关系			
需求弹性			
价格稳定性			
市场稳定性			
市场规模和潜力			
市场成长			
市场趋势			
市场发展需求			
市场威胁			

(续)

创业要素	评估	竞争能力	新产品能力
客户购买力			
总体经济条件			
经济趋势			
客户收入			
融资机会			

在确定新产品或服务为公司创造价值的环节，可以将其他产品/服务创意或其他投资的财务数据作为比较基准，评估新产品的财务计划，例如现金流出、现金流入、利润贡献以及投资回报等（见表4-2）。但是对于新创意的关键财务要素的估算应当做到尽可能准确，当然这些都会随着创意的不断推进而逐步被修正。

表 4-2 确认新产品或服务创意的价值

价值考量	成本
现金流出	
研发费用	
营销费用	
固定设备投资	
其他费用	
现金流入	
新产品销售量	
现存产品销量的提升	
残存价值	
净现金流	
最大敞口	
至最大敞口的时间	
敞口持续时间	
总投资	
年度最大净现金流	

(续)

价值考量	成　本
利润	
来自新产品的利润	
对现有产品利润的影响	
产品	
占公司总利润的份额	
相关回报	
权益回报率	
投资回报率	
资本成本	
现值	
现金流折现	
资产回报率	
销售回报率	
与其他投资比较	
与其他机会的比较	
与其他投资机会的比较	

2. 概念阶段

产品或者服务创意通过了创意阶段的评估之后，需要通过与客户互动的方式进一步发展和完善。在概念阶段，要对经过完善的创意进行测试，以确定客户的接受程度。恰当的做法是从潜在客户以及分销商那里收集对概念的初步反馈。一种测量客户接受度的方法是访谈，在访谈中被试者对新产品或服务的创意特征和性质做出评估，并在特性、价格和促销等方面同竞争对手进行对比分析。通过客户回复，可分析出受欢迎的和不受欢迎的特性，受欢迎的特性将融入后续的新产品或服务中。

3. 产品开发阶段

在产品开发阶段，客户的反映效果将很大程度上取决于实物展示。这一阶段常用的工具是客户群评审，即将产品样品交给一群客户，参与者会记录他们使用产品的感受，对优点和不足进行评论。这种方法更多地用于产品创意测试，对某些服务创意也同样适用。也可以同时将新产品的样品和一个或多个竞争对手的产品发给潜在客户小组。在这种情况下,要用到多种方法来发现消费者偏好,例如多品牌对比、风险分析、重复购买的程度,或者偏好强度分析。

4. 市场测试阶段

尽管产品开发阶段的结果为最终的营销规划提供了基础,但进行市场测试能够增加商业化成功的概率。市场测试阶段是规划与开发流程的最后一步,实际销售数据能够揭示消费者的接受程度,正面的测试结果意味着产品成功上市的可行性和创办公司的可能性。

4.4.2 国外市场选择

内部创业有时会涉及拓展市场规模,当考虑进入国际市场时,一个关键问题是做出正确的市场选择。有若干的市场选择模型可用,一个有效的方法是五步法:①制定合适的指标;②收集数据并且转化成可比的指标;③为每个指标设置合适的权重;④分析数据;⑤通过市场排名选择合适的市场。

第一步是通过以往的销售和竞争研究、相关经验以及管理层的讨论来确定合适的指标。开发适合公司的特定指标应包括三个主要方面:整体市场规模指标、市场成长指标以及产品指标。市场规模指标通常考虑人口数量、人均收入、细分产品的市场企业对消费者类产品市场、公司市场及营业收入额、具体的消费者对消费者(Customer to Customer, C2C)产品的利润。对于市场成长指标,应确定国家总体增速(国内生产总值)以及特定的新创企业市场。产品指标通常考虑客单价、销售量、销售额、利润率、市场占有率以及销售增长率。

第二步包含为这些指标收集数据,并将数据进行处理以便于比较。在该阶段,组织既要收集原始数据(应特定需要收集的原始数据),也要收集二手数据(已公布数据)。二手数据更容易获取,所以通常先收集二手数据,然后确定哪些数据仍然需要通过直接调研来收集。在收集国际二手数据时可能存在一些困难,这些困难会随着各国经济发展状况的不同而异。这些困难包括:①可比性问题:一个国家收集的数据可能无法与另一国家进行比较;②可获得性:一些国家相较他国有着更多国家层面的数据,这通常反映了国家的经济发展状况;③准确性和可信性:在某些情况下,有些国家的数据不是在严格的标准下收集的,甚至可能由于国家政府的利益而存在较大误差,后者常出现在非市场经济国家;④成本:美国已经通过了《信息自由法案》,政府收集的数据中不会危害国家安全的部分数据免费开放,在其他大多数国家只有部分数据可获取,且常常需要付费。

当针对外国市场进行研究时，组织经常需要收集经济和地理数据，例如人口、国内生产总值（Gross Domestic Product，GDP）、人均国民收入、通胀率、文盲率、失业率以及教育水平。这些数据能够从政府机构、网站、大使馆，以及政府间组织等处获取，便于商业活动的进行和吸引投资者。

收集的数据需要经过数值转换，才能用于选定指标的比较，这样各个国家的指标值就可以按照数值进行排序，即通过数据标准化进行相互比较。为了实现这一目标，可使用多种方法，它们都会涉及利用全球创业者的主观判断。另一个方法是将每个国家的指标同全球标准水平进行比较。

第三步是为各个指标设定合适的权重。对于一个生产医院病床的公司来说，医院的数量和种类、医院的历史及其病床数、政府在医疗保障体系上的支出和社会福利体系便是该外国市场中最好的国家层面指标。在这个方法中，各个指标会被赋予代表其重要性的权重。

第四步是分析结果。当调查组织考虑是否采纳该数据时，应当对结果进行细致的审查，并对结果提出合理质询，因为数据结果非常容易存在错误并且易被忽视。同样地，应该进行假设分析，即改变指标的权重分配，然后测量结果的变化。

第五步是外国市场的选取。对于组织来说，这对为进入目标市场选择合适的战略以及后续其他国外市场的选择都很重要。

4.4.3　公司内部指标

一些公司内部指标可以被进一步开发成外国市场的评估指标，这些指标通常包括竞争对手的信息，全球公司内部创业者的信息、运作历史、营收数据以及展会信息。竞争者的进入通常是某外国市场存在良好潜力的强烈信号。

另一个有效的创建外国市场指标的内部方法是与当地非竞争企业就不同市场进行讨论。这些非竞争公司在当地的发展历程和经验，能够提供优质的内部信息，甚至可能与公司形成进一步的指导关系。为了构建进一步的关系并有利于双方发展，我们应当毫不犹豫地为现在的或未来的风险活动贡献自己的专长。

开发市场指标的第三个来源是公司现有的领导地位和销售业绩。领导地位、实际营收、在本土经营获得的成功是在外国市场能够获得成功的最好保障。在外国市场的实际销量是另一个重要指标，它能证明你的产品在当地市场的竞争力。

最后一个开发外国市场指标的来源是来自本土和外国市场贸易展上的线索。各个产业的贸易展遍布全球。计算机行业有计算机辅助影像和外科手术展、越南国际计算机博览会等。工艺品、游戏、个人爱好等领域的贸易展包括英格兰南方明信片展、D&K 手工艺品展、马来西亚国际礼品展等。超过 50 个国家的贸易展览和展会，覆盖从农业、园艺和种植业到工业和制造业,再到旅游产业,以及酒店和度假业,其信息都能在贸易展网站(www.TSNN.com)上找到。这些贸易展通常为公司和买家提供特定产品领域的重要信息,为确定各个国家的市场潜力和竞争环境提供了绝好的信息收集机会。

4.4.4 公司创新战略

下面介绍一些被若干公司采用的创新战略:

1. 西南航空

意识到创新的想法经常从内部产生后,西南航空公司挑选了一组员工,安排他们每周进行10个小时的头脑风暴。该项目意图确定哪些改变能够对西南航空公司的运营产生重大影响。第一季头脑风暴持续6个月,由于成员来自包括运维、外派运营、地勤和执飞等各部门,职能的多元化使得他们创建了一个包括109个创意的清单,提交给管理高层。自创意提交以来,其中三个已带来了显著的运营变革,其中一个帮助理清了"交互"流程(当一架飞机出现机械故障时用另一架替换)。

2. 诺基亚

许多高科技公司实施依靠专利来提升创新的战略。为了提升员工的专利持有数,诺基亚创立"Club 10"——一个只有获得了十个专利后才能加入的俱乐部——来激励工程师。公司通过一年一度的官方授奖仪式,向进入俱乐部的人员授予荣誉,俱乐部的声誉也随之提升。

3. 3M

为了进一步促进创业氛围,3M向有意愿在外部项目中工作的研究员颁发天才奖,这是名额有限的项目,每年大概有60名科学家和工程师会申请此奖项,他们要接受20名资深科学家的审核。获奖人会获得5万~10万美元的奖励,这些奖励可以用来雇用额外的人员或购买设备。

4. 星巴克

一般来说公司高层不会同终端客户有直接和日常的接触,星巴克关注到这个现象,它们依靠咖啡馆服务员将客户的见解和趋势转达给高层管理者,甚至要求一些高管以店员的身份工作数天来领会工作中的流程、店员的视角以及客户的需求。另外,星巴克还资助了如产品开发部等部门进行实地考察。该项创意旨在使雇员加深对顾客需求和趋势的理解,反过来激发他们的案头工作。例如一个小组去巴黎、杜塞尔多夫和伦敦以了解当地的文化和生活习惯。通过出访，他们获得了通过讲座和阅读无法获取的对当地文化的深刻理解。该项举动也证明星巴克愿意投资于员工，并且珍惜他们贡献的价值。

5. 印孚瑟斯

与年轻一代保持联系能够产生一些天才的创意，并且同广泛的市场保持紧密的联系。为了充分利用人力资源，印孚瑟斯的主席纳拉亚纳·默西（Narayana Murthy）创立了高管参与的"青年之声"项目，以推动创新。印孚瑟斯挑选了最优秀的9名年轻人（年龄都在30岁以下），让他们参与全年8次的高管咨询会议。这些年轻员工获得发言的机会，该项目鼓励他们在高管面前展示自己的创意，并同管理层进行探讨。

6. 宝马

当物理距离、时间跨度得以克服，电话的发展使沟通变得便利，创新就会得到提升。基于这个理念，宝马从整个公司中挑选出200~300名员工，以3~5年为周期，加入到研究和创新中心。这个改变发生在宝马开始一个新项目时，这一做法有效减少了围绕变革的矛盾，避免了潜在的模型缺陷，加速了高效的沟通。

7. 丰田

日本汽车制造商丰田致力于创新和改进制造流程。随着全新的创新性车型普锐斯的发布，丰田进一步为公司赢得了产品创新者的声誉，而不仅仅是流程创新者。与此同时，丰田开始召集其供应商，不仅就降低费用，也就提升整个设计流程进行研究，丰田将它的新战略命名为"价值创新"。

复习思考题

1. 什么是内部创业机会？内部创业机会的特征是什么？
2. 简述内部创业机会识别过程。
3. 简述内部创业机会评估方法。
4. 内部创业机会评估流程包括哪些内容？
5. 内部创业机会规划和开发阶段包括哪些内容？

案例分析

内部创业，激活企业原始动力

内部创业作为加强创新竞争力，改善内部官僚机械组织结构，重塑核心竞争力的一种方式，逐渐被企业采纳。以下几个案例，分别展示了不同企业内部创业的方式。

1. 企业内部创业

企业内部创业在管理学界有不同的界定。或倾向于将企业内部创业看作是产生新产品、新服务、新事业部的活动；或倾向于认为企业内部创业是重新整合企业内部资源的创新性活动，并将创新作为创业的核心；或倾向于从战略变革的视角来审视企业内部创业，如企业以提高竞争力为目的的改革组织结构、优化业务流程、重新定义事业领域、重新定义企业文化等。

华为集团以企业内部创业作为其实现后向一体化战略，集中精力于核心业务能力，优化管理结构的一种手段。所谓后向一体化战略是指企业因为自身强大的产品优势，将原来外购的原材料或零件纳入自己的生产过程中，通过获得供应商所有权或增强对供应商的控制权来保证物资供应。华为通过将分销、培训、内容开发、终端设备等业务交由创业元老组建公司，向华为提供上游产品和服务，来构建内部创业体系。通过内部创业，华为还可以将主要精力集中于核心业务能力。将业务外包于自己的内部创业公司，在工作连续性、成本控制、管理沟通等各个方面优于将业务外包于其他企业。所以，将企业的某些业务交予内部创业公司，可以精简优化管理结构。

中国电信于2012年2月启动内部员工创业计划，在创新业务事业部中设立创新项目孵化处，向内部员工征集移动互联网、云计算、电子商务相关领域的创业项目和团队。每个创业团队3人起，内部创业期间保留每个人的职位，创业期为2年，该计划首期每个团队可获得5万～10万元资金。该计划初期投资金额为2亿元，以后会逐渐加大。具体流程是：创业团队将创新项目方案递交给新项目孵化中心，经过该中心管理人员和各级领导的审批，最终评定该项目的价值等级，并以此等级来划定不同的支持资金金额。如果是普通类的，就进行采纳和归档；如果是特别有价值的，就会转而进行孵化，项目提交人将成为项目牵头人之一。中国电信内部有大量人才，很多与通信行业有关的创新想法，未必能够在体系内直接转化为生产力，需要跳出来先转化为生产力，再跳回来纳入到体系内，以实现事半功倍的效果。但中国电信此项内部员工创业计划也可能遇到项目审核周期长、资金批放慢、项目有效孵化率不明确等问题。

2. 内部创业必要性

大企业病是指当企业成长到一定阶段、一定规模时，因为传统的科层制管理方式，造成对环境的调适力、企业竞争力和创新能力下降，引起优秀人才流失。在大企业的科层制管理方式中，纵向的信息沟通方式和决策控制方式制约了业务部门之间的横向联系，造成信息传递缓慢，规章制度烦冗复杂，人浮于事，效率低下。

对于民营企业而言，企业渡过了创业的原始资本积累阶段，进入生命周期的稳定期，此时企业无论从企业经营决策，还是内部管理都要寻求一种突破来获得新的增长，以及对环境变化的适应力，企业需要开展内部创业。

对于跨国公司而言，随着经济全球化的发展，跨国公司发展迅速，许多大型跨国公司内部出现了复杂的层级结构，组织变得冗繁、僵硬、机械化，这导致信息传递冗长，对顾客需求反应迟缓。如何让组织恢复小公司的活力和创新力，使组织保持柔性和有机性，成为大型跨国公司不可回避的问题。

对于国有企业而言，内部创业的难点是一方面要实现产权制度的创新，另一方面要实现持续增长。面对变化的环境，国有企业在创新、承担风险、迅速行动方面的要求大大提高。国有企业也需要开展内部创业。

3. 企业内部创业可能存在的问题

（1）内部研发风险

内部研发风险主要有技术研发风险和市场风险。技术研发风险是指技术研发的高度不确定性，前期研发很难预测后期结果的成功与否。而市场风险一方面是指所研发的技术不为市场所接受，不能转化为收益；另一方面是指前期研发的项目在市场中已被竞争对手早一步研发成功。解决这一问题，可以采用多个研发项目同时开展，凭借大企业积累的技术、管理、行业关系等对多个项目进行监控、筛选，及时关停前景不好的研发项目，以此降低内部研发风险。

（2）预算软约束

大企业内部研发项目的融资过程往往是在企业内部。当项目启动后，企业会遇到预算软约束的问题。所谓预算软约束是指内部研发项目在进行过程中突破了项目的人员、资金等配置要求。解决这一问题的可行方法是研发投资的缓冲机制，如以风险投资的方式支持内部创业，以子公司的形式成立风险投资机构，对企业内部创业进行投资，若孵化成功则与内部创业者按事前约定分享收益，内部创业企业如果符合公司战略则并入公司体系，如果不符合公司战略则通过股权赎回等方式收回投资，内部创业企业作为独立企业继续运营下去。

（3）激励不足

激励不足是指内部创业者在内部创业过程中所得到的激励低于在市场上的价值，这是因为企业内部要保持报酬上的平衡性。激励不足一方面会加剧企业优秀人才的流失，另一方面会抑制企业内部创业等员工创新和创业精神的培育。解决这一问题可以考虑引入股权和期权激励机制来激励内部创业者及技术骨干的创新创业活动，逐步缩小创业成果与市场商业化价值的差距。

资料来源：王若群，吴德超．内部创业案例分析：激活企业原始动力［J］．管理观察，2012（12）：74-75.

> **思考题**
> 1. 通过这个案例，你认为企业内部创业的必要性是什么？
> 2. 企业内部创业可能存在的问题是什么？
> 3. 你认为企业内部创业应该怎样进行？

系列实训之四

> **实训目标**

1. 对内部创业机会有整体认识。
2. 把握内部创业机会的识别、评估、规划和开发过程。

> **实训内容与要求**

1. 分组：假设各组是企业的内部创业团队，具体探讨如何识别、评估、规划和开发内部创业机会。每组6~8人，选出组长，讨论调研提纲和行动计划。

2. 利用课余时间实施，写出实施报告。

3. 课堂报告：各组陈述，交流体会。

第5章 内部创业资源

内容提要

本章主要介绍了内部创业资源的定义、作用、获取、整合、利用等内容。内部创业过程中需要投入不同的创业资源,这就要求内部创业者具有筹集、整合和使用创业资源的能力。本章以内部创业资源的内容为主线,对人力资源、财务资源两大主要内部创业资源进行系统论述。

学习目的与要求

了解内部创业资源的概念、分类及其特征,掌握内部创业资源的作用,以及内部创业资源的获取、整合和利用。熟悉内部创业者、内部创业团队的特征和特质。了解内部创业人力资源的管理技能,掌握内部创业财务资源融资的概念、渠道及风险。

开篇案例

蒋炜航的内部创业:利用资源并避免惰性

有道云笔记2.0版本发布前的某天凌晨,正在加班的蒋炜航收到老板丁磊发来的微博私信。"丁磊又在潜水",蒋炜航对此一点也不觉得稀奇,在他加入网易有道的两年时间内,"丁老板"半夜通过微博和短信发来产品意见,已是家常便饭。

对蒋炜航来说,丁磊承担的角色不能用"大老板"来概括,他更愿意把这位交往多年的"网友"看作"资深的指导者"。

作为有道云笔记的初创者和负责人,蒋炜航从事的工作可以被纳入"企业内部创业"的范畴。8月1日,有道云笔记推出新平台版本的第二天,蒋炜航向本报记者谈及内部创业过程中的经验。

如蒋炜航所说,他并未创立任何一家独立的企业,但在归国前,他加入了博士生导师周圆圆女士建于硅谷的创业公司 Pattern Insight。这是一家利用系统和数据挖掘的方式做大规模代码分析的公司,蒋炜航是早期工程师之一,拥有一定比例的期权。

2008 年,蒋炜航随 Pattern Insight 一道,在硅谷经历了十年内最低谷的时光。尽管周女士及其导师、美国工程院院士李凯教授在业界拥有较为丰富的资源,创业仍旧举步维艰,所幸 2009 年时状态有所回暖。两年中,工程师出身的蒋炜航需要走出编写代码的小隔间,以创业者的姿态,去承担从销售到客户服务的一连串烦琐任务。

这段经历让蒋炜航亲身体会到,运作一家公司绝不仅是想象中的"令人兴奋"。而在硅谷的其他经验对蒋炜航日后选择内部创业的影响更加深远。

1. 选平台:找到能汇聚"最聪明的大脑"的地方

在他看来,硅谷首先意味着最聪明大脑的汇聚。"一流员工只愿意同一流员工一道共事。"就像脸书 CEO 马克·艾略特·扎克伯格（Mark Elliot Zuckerberg）所说，一名优秀的工程师能够抵得上一百个普通工程师。脸书完成的多次收购，常常是为了挖掘这些公司的技术天才。

但一流人才既难以挖掘，也远非朝夕可以练就。"硅谷讲究积累，需要资深的经验"，在蒋炜航的"邻居"中，不乏先后在六七家创业公司中独当一面的首席工程师，"哪怕是创业者，也有不少50岁左右、经历多次创业的资深人士。"

相比硅谷，国内互联网行业的积累显得短促而单薄。"仅有10年发展，一些三十多岁的人已经能算上业内的'老鸟'。"同时，招不到一流人才是很多公司初创期面临的一大困境。

蒋炜航选择有道，很大程度上正是因为网易拥有较大的平台，相比国内其他创业公司，能够吸引到更多一流人才，提供培训和足够的试错空间，弥补经验上的短板。

而实际上，成为丁磊的麾下干将之前，蒋炜航已经与之有八九年的交情。2000年左右，国内互联网界早期"三剑客"之一的丁磊，在某次极客圈的交流中发现了蒋炜航。当年，蒋从浙江大学本科毕业，到美国俄亥俄州立大学攻读计算机硕士。

网路另一端的丁磊充当了"资深指导人"的角色，这一角色在硅谷备受推崇。蒋炜航向记者举了一个例子：进阶博士时，他面临分岔路口，在储存和高性能计算两个方向中，最终选择了前者。这与他和丁磊的长期交流和影响不无关系：众所周知，丁磊出道时的"成名作"正是网易邮箱——中国第一个双语电子邮件系统。

2. 内部创业：利用资源并避免惰性

在有关独立创业还是内部创业的论辩当中，一个流行的观点是，内部创业会背靠资源，因此缺乏"置之死地而后生"的魄力。蒋炜航对此提出了异议。

"很多时候，反而是创业公司没钱发工资，而使得军心动摇"，蒋炜航相信资源本身带来的安全感和重要性。"很多创业公司都经历过没有资源的时候，例如我们在2008年—2009年的经济低谷期，很多好的想法，只要多些资源，再坚持一下就能做出来。"

对云计算行业来说，资源不仅仅是资本。"有道云笔记的开发需要大数据的积累为基础"，蒋炜航说，由于国内缺乏成熟的"公有云"，无法像美国公司那样充分享受资源。但在网易内部，网易邮箱、有道词典和搜索的运营，让有道云笔记这个内部创业项目具备先发优势，"赢在起跑线上"。

至于来自平台的资源可能产生的惰性，蒋炜航的治理招数是，采用更为合理的管理机制，让评价指标与产品本身直接关联，而与资源的多少脱钩。其中一招是将净推荐值等项目列入关键的绩效指标。"从客户需求和体验出发，他们有多喜欢你的产品，我们在每个客户端上都会跟踪这个数字。你有再多的渠道也没法把数字推高。"

另一个重要招数则是"迭代式开发"，蒋炜航将其形容为"小步快跑"：把大的愿景分解成可控的目标，随时看到市场的反馈，调整步伐。对于每个工程师来说，"你会明确每个人在某段时间里的责任是什么，去量化他的贡献"，蒋炜航说，即便没有"置之死地"，他们也会按照创业公司的精神，对工作到半夜乐此不疲。

3. "团队的协调比写代码更令人着急"

写代码对从7岁就开始接触计算机编程的蒋炜航而言，已经不是眼前带来最大压力的工作。

"我把自己放在一个创业公司团队总管的角色上,这时候最让我着急的是如何组织团队",蒋炜航对记者说道,把握团队建设的风格,降低团队成员之间的沟通成本,需要耗费他很大的心力。当有道云笔记团队人数从最初的个位数发展到现在的数十人后,"连安排座位都需要花很多时间,以便让需要相互交流的人坐得更近",蒋炜航认为,团队之间的交流非常重要,"而不只是跟我的交流"。

而对与同企业首席执行官丁磊之间的沟通效果,蒋炜航说,"除了优先级的考虑外,还没有遇到过任何实质冲突。"在网易有道扁平化的管理体系中,运营仅两年的有道云笔记暂时没有显现出太多因组织机构庞大而带来的病症。

"不管是丁磊还是有道的负责人周峰,都将绝大部分执行的权力下放给了我们的团队,而我们会很透明地通报进度"。同时,管理和技术职业路径的双轨制,让资深的工程师们可以继续在技术岗位上实现具体的想法,而免受管理人员的限制。

"人尽其能",蒋炜航说,"不是每个人都能在自主创业的过程中发挥最大的价值,有的人就是能在大公司里为人们创造出更有益处的东西,关键在于是否身处合适的位置。"

资料来源:蒋炜航的内部创业:利用资源并避免惰性[EB/OL]. https://wenku.baidu.com/view/e2952fb12cc58bd63086bd75.html.

5.1 内部创业资源概述

内部创业就是把内部创业机会的识别与内部创业资源的获取和整合相结合的活动,内部创业资源的获取和整合伴随整个创业过程。了解内部创业过程中所需资源的种类,知晓内部创业资源的获取途径和方法,熟悉内部创业资源获取的技巧和策略,可以降低内部创业者整合资源的难度。

透 视

内部创业如何做好?富士通来告诉你!

为推行内部创业,富士通公司成立了专门的基金,只要在富士通公司工作三年以上的员工,公司都鼓励他们申请创业基金。他们采取的是递交创业计划书的形式,公司每半年组织一次"大赛","大赛"中主要考核两项内容:一是员工个人是否具有创业素质;二是创业领域、计划书的可行性以及是否风险较小,收益稳定。

公司为此成立了专门的创业评定机构,公司会给那些被选上的员工投入创业基金。这笔钱作为公司的资金入股，与员工的智力和技术共同新创公司，通常富士通在新公司所持的股份不会超过50%。

1995年9月，梁钢等三名员工获得富士通公司100万美元的内部创业基金，与公司合资创立通力（日本）公司，研制数码相机软件产品。由于富士通公司的大力支持，加上产品研制方向对路，通力公司的软件产品很快打入市场，至今已连续八年赢利。

2001年，梁钢再次获得富士通公司100万美元的创业投资，创建通力（亚洲）公司。目前，梁钢已成为通力（亚洲）公司旗下子公司——通力（上海）公司最大的股东。

（1）内部创业：员工、企业的"双赢"

继自主创业之后，内部创业这种新的创业方式开始脱颖而出。所谓内部创业，是指一些有创业意向的企业员工在企业的支持下，承担企业内部某些业务或工作项目，并与企业分享成果的创业模式。在企业内部创业，创业者无须投资却可获得丰富的创业资源，因此，被形象地称为"大树底下好乘凉"。

（2）创业者感受

梁钢创业时未投资分文，但如今却成为通力（上海）公司最大的股东，身价超过500万美元，这就是内部创业的魅力。

梁钢说："富士通公司的内部创业机制非常灵活，任何员工（不限国籍）只要工作满三年且表现出色，都可申请公司的创业基金。员工的创业计划书一旦通过公司的审核，即可获得100万美元的创业基金，并给予资源、技术上的各项支持。对我们这些有创业意向的人来说，这些支持无疑是雪中送炭。企业员工都是拿薪水的，即便是高薪，与创业所需的资金要求仍相差甚远。而通过银行贷款或其他融资渠道筹资，不仅申请难度大，而且会有诸多的限制。可以说，如果当初没有富士通公司100万美元的启动资金以及丰富的内部资源，我的创业之路要艰辛许多，甚至有可能迈不出第一步。"

梁钢认为，与传统的自力更生型创业方式相比，内部创业由于背靠企业这棵大树，在融资、研发、销售等方面有着近水楼台先得月的优势。创业者可从企业那里获得诸多支持，包括资金支持、管理方面的指导、综合资源的共享、业务资源的利用、品牌形象的借助等。而且，创业者只需用智力和技术入股，就可以与企业共享收益，同时也共同承担风险，因此创业风险相对减少，从而更有助于创业者轻装上阵。

（3）企业观点

从表面上看，内部创业是企业拿出资源来成全员工的美事，对企业来说，像是"替他人作嫁衣"，而实际上，企业也是内部创业的受益者。

当时支持梁刚创业的富士通公司前任总裁关口先生有一种观点，内部创业可以把企业中的消极因素转变为积极因素。根据心理学家马斯洛的需求层次理论，员工的需求一旦上升，高薪、高职及高福利就不再具有诱惑力，他们更需要发展空间和成就感，因此有不少优秀员工会为实现自我价值而走上自主创业之路。

在这种情况下，企业如果给予员工内部创业的机会，得到的往往会比付出的要多得多。富士通公司每年都会举行员工创业计划征集活动，选拔内部创业家，并在资金、资源上给予扶持。这项制度出台后，员工无不加倍努力工作以报答公司的"知遇之恩"，使公司业绩出现跳跃式增长，而且还诞生了一批"员工内部创业企业"，与富士通公司形成相互补充、共同发展的良性局面。

因此，内部创业可创造员工和企业"双赢"的局面。

资料来源：内部创业如何做好？富士通来告诉你！［EB/OL］.（2019-07-22）. https://mp.weixin.qq.com/s/aR3g4L_L3an3rGNFKe-RUw.

5.1.1　内部创业资源的界定

企业的资源组成包括其控制或拥有的物质资产、人力资源、知识与能力及可以利用的其他无形和有形资源等，这就构成了企业的综合竞争优势。以资源作为企业战略决策的出发点是资源基础理论的逻辑，此理论认为资源是企业的成长和竞争优势的来源，正是由于企业具有独特、稀有、很难模仿的资源与能力，进而可能使得各企业存在长期性差异，长期占据独特资源的企业获得持久性超额利润与综合竞争优势就更加容易。可见，企业拥有持续性发展与演化的本质就是资源的获得。

1. 内部创业资源的含义

资源是内部创业活动开展的基础，甚至是决定内部创业成败的关键。内部创业活动过程就是资源重新组合的过程，创业资源是创业活动过程中企业投入的各类要素或其组合形式。因此，资源是企业创立和运营的必要条件，企业内部创业作为创业活动中的一种，也需要获取和整合资源来进行。

《辞海》中对资源的解释是："资财的来源，一般指天然的财源。"联合国环境规划署对资源的定义是："所谓资源，特别是自然资源是指在一定时期、地点条件下能够产生经济价值，以提高人类当前和将来福利的自然因素和条件。"上述两种定义只限于对自然资源的解释。然而资源的来源及组成，不仅指自然资源，还包括人类劳动的社会、经济、技术等因素，包括人力、财力、智力（信息、知识）等资源。据此，所谓资源是指一切可被人类开发和利用的物质、能量和信息的总称，它广泛地存在于自然界和人类社会中，是一种自然存在物或能够给人类带来财富的财富。或者说，资源就是指自然界和人类社会中一种可以用于创造物质财富和精神财富的具有一定量的积累的客观存在形态，如土地资源、矿产资源、森林资源、海洋资源、石油资源、人力资源、信息资源等。

资源一般可分为经济资源与非经济资源两大类。《经济学解说》中将"资源"定义为生产过程中所使用的"投入"，这一定义很好地反映了"资源"一词的经济学内涵，资源从本质上讲就是生产要素的代名词。按照《经济学解说》中的划分方法，资源被划分为自然资源、人力资源、资本资源和信息资源四大类。

通过以上论述可以发现，随着对资源一词理解的扩展，其内涵也由单一明确的定义走向了多样化的混合体，由于对资源内涵的理解是正确把握"内部创业资源"的基石，笔者认为："资源是指在一定的社会历史条件下现存的或潜在的能够在人类活动中经由人类的直接劳动或间接劳动，以满足人类需求的各种自然、非自然要素。"这个定义可以从以下几个方面阐述：

1) 资源的本质属性在于其本身和通过加工完善后可以满足人类的需求。这是资源的根本价值所在。

2) 对资源的利用既包括经由人类直接劳动利用的资源，也包括经由人类间接劳动利用的资源。因为在现代科技水平下，诸多的生产过程完全可以变成全自动控制的活动，而且以这种形式对资源进行开发利用所占的比例越来越大，越来越重要，所以对资源的认识绝不能仅局限于人类直接开发利用的概念上。

3) 资源的定义既包括已经发现的资源，也包括未发现的资源。资源不仅仅包括已经发现的各种资源，实际上，对于内部创业组织来说最重要的资源莫过于发掘和利用那些隐含的尚未被开发利用的资源，因为这些资源可以给企业带来丰厚的利润。所以，未被开发利用的资源同样也是资源的重要组成部分。

4) 对资源的概念不能只从经济角度理解，由于在现代社会中，经济和政治文化的交融趋势十分明显，所以不能只把资源的定义局限在可计量的经济层面上。也就是说，由于资源的泛化，那些不可计量的政治、文化等要素也应该包括在资源范畴之内。

企业战略范畴中的资源，既包括固定的有形资源，也包括其他所有为实现企业组织目标而运用的组织内部的无形资源；管理学意义上的"资源"则逐渐倾向于知识和信息密集型的生产要素的基本含义。因而，资源是组织中的各种投入，包括人、财和物。在具体形态上不仅包括如机器、设备和厂房等有形资源，也包括如品牌、专利和声誉等无形资源。资源本身并不具有生产性，其生产性来自其被投入生产使用所能提供的生产性服务。一个企业能够获取经济租金并不是因为它拥有好的资源，而是因为该企业拥有能够更好地利用其资源的独特能力，在企业内部一定还存在着某种附属于企业的独一无二的东西，能够让企业的资源组合发挥不同效力，这种"东西"就是能力，即配置和使用资源来创造经济租金的能力，是人力资本所有者专有的资源，企业则是"被一个行政管理框架协调并限定边界的资源集合"。

狭义而言，资源可以被看成是相对静止的资产、项目、属性和存在。能力可以被理解为应用资源的技巧和手段。例如，先进的厂房和设备是企业的资源，而企业员工有效率地应用设备从而提高生产力的技能便是企业的能力。广义而言，任何可以作为企业选择和实施其战略的基础的东西都可以被看成是企业资源，例如企业的资产组合、属性特点、对外关系、品牌形象、知识产权等。这时，能力被看成是某种企业资源，一种高层次的资源。因而在管理学研究中，资源就是企业作为一个经济实体，在向社会提供产品或服务的过程中，所拥有或者所能够支配的能够实现公司战略目标的各种要素以及要素组合，这些要素或要素组合包括企业所有的资产、能力、组织结构、企业属性、信息和知识等，企业资源与能力经常通用。

因此，企业不是一个简单的物质资产集，而是这样一个集合——不仅包括那些共同所有的关键要素、天才和创意，还包括那些获得这些关键要素使用权，并且为之进行了相应的专用性人力资本投资的人们。所以，企业可以被看作一个专用性投资的联结，或者是相互专用化的资产和人员的一个集合。企业的经济本质是一个难以被市场复制的、围绕关键性资源的专用性投资网络。内部创业资源是指企业在内部创业的全过程中先后投入和利用的企业内外部各种有形的和无形的资源总和，是企业内部创业所依赖的资本。

2. 内部创业资源的分类

基于过程的观点，蒂蒙斯认为在一个合适的时机，创业带头人及创业团队的任务就是反复探求更大的商机和资源的合理运用，实现创业三要素的适度平衡，充分强调适合和平衡。实际上，内部创业就是不断地投入资源以连续提供产品与服务的过程。

按照不同标准，资源可以有以下不同的分类：

按照资源在企业中所发挥的作用和内容，资源主要分为人力、物质、财务、社会、技术和组织六大类，其物化在内部创业组织的载体上，成为企业设立和运营所需的资本。

其他的分类还有：按照表现形态划分，资源分为有形资源与无形资源；按照控制主体，资源有内部和外部之分，其中的外部资源就是内部创业者可以支配但是并不拥有所有权的资源，利用外部资源可以降低内部创业失败的风险；按利用方式，资源分为直接资源和间接资源，直接资源一般就是内部创业者可以利用的内部资源。

3. 内部创业资源的特征

资源具有异质性和同质性，但是对企业来说，重要的只是其中的异质性资源。

从边际租金的概念出发，企业的资源包括异质性资源和同质性资源。异质性资源就是指边际组织租金大于零的资源，而同质性资源则是指边际组织租金等于零的资源。发展中的企业一定至少拥有一种异质性资源，它是产生组织租金的根本来源，特别是其中的重要性资源（不同的资源可以创造不同程度的组织租金，为企业创造出较大组织租金的资源是重要性资源，而为企业创造较少组织租金的资源则是次重要性资源，不能为企业创造组织租金的资源则是同质性资源）。异质性资源往往是稀缺的，难以替代的，企业要想不断地发展壮大，就必须持续地获得异质性资源，否则企业就会因失去新陈代谢的自组织机制而被市场所淘汰。在这一点上，资源也可以定义为一般资源和特殊资源、战略资源和普通资源。构成企业竞争优势的战略资源是有价值的、难以复制的、稀缺的和不可替代的。

5.1.2 内部创业资源的作用

尽管内部创业资源可以从不同角度进行分类，但内部创业资源按性质进行的分类是最基本的分类。因此，接下来按性质分类论述内部创业资源的作用。按性质分类，内部创业资源分为人力资源、声誉资源、财务资源、物质资源、技术资源和组织资源等。以下分类介绍各种内部创业资源的作用：

1. 人力资源

人是内部创业的主体，在创业活动中起着根本性的决定作用。内部创业者及创业团队的知识、训练和经验等是成功进行内部创业最核心的资源，"一流团队比一流项目更重要"已经成为一个不争的事实。因此，高素质人才的获取和开发，是现代企业可持续发展的关键，特别是高科技企业内部创业项目，人才资源更为重要。而基于内部创业者及其团队的人际和社会关系网络的重要性更是众所周知。美国钢铁大王安德鲁·卡耐基（Andrew Carnegie）说："专业知识在一个人成功中的作用只占15%，其余的85%则取决于人际关系。"

2. 声誉资源

声誉资源通常具有战略性资源的特征，可以为内部创业项目带来竞争优势，而且可以维持相对较长时间，竞争对手难以通过交易、模仿等方式快速获得。产品层面的声誉资源可以使内部创业项目保留大部分老顾客、获得更多新顾客，进一步提升内部创业项目的知名度；公司层面的声誉资源则有助于内部创业项目在同等情况下比他人更方便地获得其他资源，以形成内部创业项目持久的竞争力。

3. 财务资源

财务资源对于任何一个内部创业项目都非常重要。对于内部创业项目来说，无论是进行产品研发还是生产销售，都需要大量资金，而创办初期由于市场和销售的不确定性，会使生产经营中产生的资金数量较少。因此，如何有效吸收财务资源是每个内部创业者都极为关注的问题，财务资源短缺也是很多内部创业者遇到的普遍问题。及时筹集到所需要的财务资源，是很多内部创业者需要迈出的非常重要的一步。

4. 物质资源

物质资源是内部创业项目创建和赖以存在的根本保障，任何内部创业项目的诞生和存续都要以物质资源为基础。物质资源对于内部创业项目的起步阶段尤为重要，但通常不是战略性资源，竞争对手可以通过交易的方式获取它们。但是，某些稀缺的地理位置，如对石油等不可再生资源的控制也会成为内部创业项目的竞争优势。

5. 技术资源

从内部创业组织的角度讲，技术是内部创业存在和发展的基石，是生产活动和生产秩序稳定的根本。内部创业项目只有不断开发新技术、新产品，建立充裕的技术储备和产品储备，才能在市场竞争中立于不败之地。在内部创业初期，创业资金需求基本满足的情况下，创业技术是最关键的资源。因此，积极寻找、引进有商业价值的科技成果，加强和高校科研院所的产、学、研合作，有助于加快产品的研发速度，提高内部创业的核心竞争力。

6. 组织资源

人力资源需要在组织资源的支持下才能更好地发挥作用，项目文化需要在良好的组织环境中培养，组织资源对其他资源的利用效率和内部创业创新也起着决定性的作用。各种不同类型的资源组合与内部创业组织年龄和所处的生命周期阶段相关，某种资源是否比其他资源更重要取决于企业所处的生命周期阶段。如在内部创业组织的初始阶段，人力资本和经验比较重要，但随后组织资源会处于主导地位。

组织可利用的资源包括人力资源、物质资源、财务资源、时间资源、技术资源、声誉资源、渠道资源以及信息资源等。当组织愿意为成员提供足够的资源用于创新时，组织成员才会有足够的资源保障、足够的试错成本，才会有更多的创新思想变成现实，组织内才能生成更多的内部创业者。下面就重要的几种资源进行详细阐述。

5.2 内部创业资源——人力资源

彼得·德鲁克（Peter Drucker）说，"企业只有一项真正的资源，那就是人"，人力资源是创业中最为重要的资源。松下幸之助有句名言："企业最好的资产是人"，没有优秀的人才，就不会有优秀的企业。美国最早的风险投资公司——美国研究开发公司的创始人之一乔治·多利奥特（Georges Dolittle）曾说："宁要一流的人才和二流的创意，也不要一流的创意和二流的人才。"可见人力资源在内部创业组织中的重要性。内部创业者和内部创业团队是内部创业组织最初的资源，也是最重要的人力资源。内部创业者通过努力创造凝聚人才的条件，可以为内部创业项目吸引和留住人才，以利用"外脑"整合人力资源使内部创业项目获得长期持续发展，取得内部创业成功。

> **透 视**

广电媒体，你拿什么来内部创业？

当母体成熟之后，人们总希望看到新生命的孕育和诞生，希望看到破茧成蝶，涅槃重生。如今，内部创业已经成为许多大公司应对外部市场急遽变化、转型突围、自我革新的一种选择，尤其是当主要业务模式进入下行的至暗时刻，例如现在的传统媒体。

传统媒体内部的创业孵化一直未曾停止，有的更是豪掷数千万创业基金，广撒内部创业创新英雄帖。因为对他们来说，鼓励内部创业至少能够借年轻人的脑洞杀出一条血路，至少可以照进些许让媒体转型的微光。但放眼望去，正如创业成功本身就是小概率事件一样，传统媒体内部创业成功更是小概率中的小概率，因为它还需要跨越这样艰难的"三重门"。

第一重：你有"试错"的文化吗？

"创业是带着一群未知的人去一个未知的地方干一件未知的事，再有能力的创业者也无法在出发之前就想清楚所有的事情。"这便是对创业的诠释。

而在很多媒体人眼里，创业更多和创意画上了等号。例如有好的内容创意，就幻想受众（用户）闻香而至，并进而认为创业是项非常酷的事业，而非非人的生活。

但现实的骨感足以把人触痛得嗷嗷直叫。写过《大败局》这本畅销书的知名财经作家吴晓波，尽管对企业失败案例多有观察和剖析，但在最近《避免败局》的线下大课上，他也忍不住吐槽过往创业的失败经历。可见，创业并没有像创意那样美妙，就像来自硅谷的创业家本·霍洛维茨在《创业维艰》中说的，八年多的创业经历，除了三天是顺境，其余八年都是"创业维艰"。只要团队选择、资源控制、市场和技术洞察，或者时运把握等稍有闪失，创业便会半途夭折。可以说，创业的本质就是99%的失败，试错才是硬道理。但问题来了：第一，在靠内部创业再造传统媒体几乎不太可能的预判下，"不容出错"的媒体文化里能包容99%的失败风险吗？抑或真的准备豪掷一把，梦想"芝麻"一定"开门"？第二，媒体机构会和创业团队做体系的切割吗？最简单的一个问题就是创业团队能一边领工资，一边无偿使用媒体资源和办公场地创业吗？如果媒体机构将此作为投入，万一创业失败，又如何面对"体制人"对创业团队吃空饷的抱怨？还有，创业团队真会把自己逼上绝路吗？第三，团队一旦开始创业，媒体机构会充分授权给他们吗？又该如何考核他们呢？是按照体系内的业绩考核，还是完全由创业团队自我驱动？

第二重：你习惯"偏执"吗？

有这样一位从电视台离职的创业者。

这是一位80后主持人，在台里主持的是一档非主流且自己也不太喜欢的节目。但她并不安分，觉得这样下去简直就是浪费生命。于是，在一番焦虑和挣扎之后，就向台里提出了内部创业的诉求——做一档自己擅长又喜欢的垂直类视频栏目，然后通过新媒体运营用户，争取相关企业的广告赞助，以及线上线下的知识付费。她和我聊这个项目的时候，两眼放光。我觉得这个垂直领域的市场已经成为刚需，而且规模还在扩张，如果运营得好，这个项目应该前景可期。

当她把这个设想报告台领导后，领导说：你有创业的想法，台里应该支持（也许创业已经是一个政治正确的话语）。不过，现在广告不好，如果要开栏目，必须先有广告赞助，也就是需要先向台里支付100万元的时段占用费。结果,这位主持人离开了电视台。

没想到,她这个视频项目运营的用户正好和一家企业产品所要触达的用户不谋而合。于是这家企业就让她组建公司,同时出资200万元给予扶持,其中100万元交给台里,100万元用于视频制作和分发。现在,这家以视频为流量入口的公司已经运营一年,小有成绩。

这个案例说明:①这位不安分的主持人在原来电视台的评价体系中,并非出类拔萃者,也不太可能成为身兼主持的管理者;②一旦创业者的才华和抱负跳出传统电视台的节目体系和商业逻辑,就需要放大光圈才能被识别,可惜很多电视台不太具备这样的基因和能力。

我们再来看看创业者的特质。在《创业维艰》一书中,本·霍洛维茨提出了身处逆境时的特质,例如跳出常规争取突围,通过逆境本身来重塑文化,常常孤注一掷,置之死地而后生,甚至竭力让矛盾升级,以及独断专行等。

在《从0到1》这本创业宝典中,PayPal创始人彼得·蒂尔更是直截了当地说:特立独行的个性是驱动创业创新的引擎。他甚至现身说法,说PayPal的六个创始人都是"怪胎",其中四个高中时期造过炸弹,还有一个放弃了大银行三倍的收入。传统媒体机构尽管人才济济,但像这样非主流的人似乎很难露头。

在一个成熟的体制里,专业的执行型人才更容易左右逢源;而对创业来说,只有偏执狂才能生存。当然,这里的"偏执"并非器质性的乖张,更多是对自己价值观和梦想的执拗和坚持。据我观察,那些在传统媒体里梦想创业或者选择创业的人,最后往往是选择离开的人。正如央视前主播赵普所说:再大的裤衩,也有装不下的梦想。

第三重:你愿意示"弱"吗?

在媒体机构里创业,总比在外面放养更有优势。这几乎是很多传统媒体人的共识,因此也有很多人以为那些内部创业者占了机构天大的便宜。在他们看来,媒体内部创业,就会有享用不尽的机构媒体阳光雨露的赋能。例如:

1)媒体组织的赋能。在《从0到1》一书中,彼得·蒂尔说:"苹果的价值主要依赖某个人的个人愿景。这表明公司创造新技术所运用的这种奇怪方式通常与封建君主制很像,而不是我们想象中的更'现代'的组织",他甚至指出,这些机构"虽能够长久持续下去,却鼠目寸光"。同时,机构的能力还决定了它的局限性。例如,同样的规则和价值观,在某种环境下构成某个机构的能力,但在另一种环境下则决定了这个机构的局限性。作为现代工业制度的产物,传统媒体遭遇移动互联网的冲击,是否也变得生涩不适?

2)媒体资源的赋能。诚然,在资源获取上,传统媒体比体制外的内部创业团队更有优势。传统媒体的新闻服务许可证和互联网视听许可证,就把许多外部的内部创业团队拒在了铜墙铁壁之外。但问题的关键在于,市场化的创业项目和垄断性的传统媒体资源之间匹配性究竟如何?和传统媒体内部生态又是否能够相生相长?

3)存量受众的赋能。也就是内部创业的项目可以在自己的媒体上反复轰炸,被受众广泛认知。但事实上,在移动互联网环境下,传统媒体的推广作用已经微乎其微。新媒体产品和用户是一种新的关系连接,而不是传统媒体存量受众的迁移,这也就是市场化内容产品的用户量往往要比传统媒体的用户量高出许多的主要原因。

事实上,对很多创业项目而言,技术和流量的赋能远比机构的赋能重要。可以说,真正颠覆性的带有媒体（内容）属性的创业创新，大多都是基于技术和流量的想象，而不是传统媒体机构的赋能，一旦风口乍现，创业者就可能绝尘而去。

不仅如此，互联网时代还是一个去中心化的时代，是一个人格体传播的时代。就很多内容产品来说，人格体传播比传统媒体的机构传播更有效率。

广电媒体里一些主持人自己做的微信、抖音等自媒体，其粉丝量、活跃度，乃至商业价值也大于很多传统媒体的新媒体产品同类指标。例如，杭州交通918的主持人于虎，其"虎哥说车"抖音号运营不到半年，粉丝量就超过1700万，是机构媒体交通918的10倍多，甚至把一些头部卫视的抖音号也甩在了后面。

如果一位内部创业者的项目晨光微露，传统媒体机构就急于收编，纳入体制内管理，其结果往往就是：要么创始人带着项目出走，要么这个项目从此寿终正寝。而像papi酱，当其身价达到一亿估值的时候，团队可以持股88%，而真格基金、罗辑思维等投资1200万，也仅占股12%。这样的例子会在传统媒体内发生吗？尽管传统媒体中不乏papi酱这样"集美貌与才华于一身的女子"。

加拿大嘻哈说唱艺人奥布瑞·德里克·格瑞汉（Aubrey Derrick Grehan）曾经这样唱到：我们走在同一条路上，穿的却是各自的鞋。我们住在同一栋楼里，看到的却是不同的风景。

而对传统媒体及其内部创业来说，最后很可能是：各走各的路，各住各的楼，各唱各的调。

资料来源：朱永祥. 广电媒体，你拿什么来内部创业？[EB/OL].（2019-07-13）. http://www.chinacmnc.com/detail-2083.html.

5.2.1 内部创业者人力资源

对内部创业者的研究经历了以下四个阶段：

1）内部创业者个性。内部创业者一般都有强烈的事业心和进取心，有创新意识，有远见，喜欢变化，坚定自信等。

2）内部创业者能力。一般包括三个方面的能力：①基础能力，即掌握一定的知识，拥有丰富的经验和良好的心理素质等；②经营企业的能力，包括创新能力、市场营销能力、整合资源的能力等，③作为领导者的能力，包括领导能力、组织协调能力等。

3）内部创业者如何整合资源。早期的观点认为内部创业者的创业能力是创业者个性特征、人生经历、各种经验的组合物，每一个内部创业者都有共性的能力，又有自身特有的能力，这些独特的能力是内部创业者不可被轻易模仿的资源。社会资本观认为，内部创业者可以根据自己的社会网络或关系网络精准地辨识各种机会和信息，判断资源的可获得性、可利用性和可获利性。而创业资源理论则从资源依存和资源基础理论的角度，辨别资源的重要性和价值：基于资源依存理论，内部创业所需要的各种资源需与创业活动和过程存在联系；资源基础理论则通过构筑"资源—战略—绩效"的基本框架，说明了拥有关键的资源对企业战略基础和内部创业绩效的重要影响。

4）内部创业者认知。作为重要的心理学变量，创业感知与创业态度直接影响了个体的创业倾向，进而影响了个体实质性的创业活动。从社会心理学角度，个体的微观创业行为会受到创业意愿、创业动机，对规范、规则、制度等的创业感知、创业反馈等的影响，同时群体中共同的信念、文化和价值观、信息的共享、知识流动、网络关系都有助于创业行为的产生，这种影响可能使得个体更加坚定创业活动和行为，但反过来，制度的缺陷、创业情境的不确定性也可能降低个体效能感和团队的效能感，使得个体难以在群体和组织中发挥作用。

5.2.2 内部创业团队人力资源

面对全球创新型经济的蓬勃发展，我国将建设创新型国家作为一项重要的战略决策。在这一背景下，许多大型企业纷纷开展企业内部创业活动。然而，创业环境具有很大的不确定性，如何管理好内部创业员工，提高员工的内部创业热情和工作积极性，是内部创业组织面临的重要挑战。同时，如何组建内部创业团队，使内部创业人员的责、权、利相统一，进而实现持续发展和获得竞争优势，是大型企业在内部创业过程中面临的主要问题。

只有了解内部创业团队的特点，并建立相应的内部绩效评价体系，才能管理好内部创业团队。内部创业团队的具体特征有以下几点：

1. 环境支持力

在国家政策大背景的支持下，内部创业团队能够获得企业资源的支持，企业所有的资源可以为之服务，并且能够获得高层领导的支持。因此，在原企业体制下进行内部创业，环境支持力很强。

2. 创新创业能力

内部创业团队是由有创新创业意识的企业内部员工组成的，有着较强的创新能力和创业意识。他们往往在日常工作和生活中善于发现，敢于冒险，经常对周围的事情有着不同的见解，有自己独立的想法，适合完成一些挑战性较强的创新性工作。

3. 责任意识

由内部创业者组成的内部创业团队拥有较强的责任意识，敢于对自己所从事的工作承担责任。他们往往是企业内部的一些优秀员工，在干好自己本职工作的同时，热心从事其他一些创新性项目。

4. 风险意识

内部创业团队在从事某一项创新项目时，注重对风险进行评估，能够清楚地认识到其中存在的风险，积极寻找应对措施，将风险降到最低，从而提高内部创业成功的概率。

5.2.3 内部创业人力资源管理

内部创业人力资源管理机制是国内学者近年的研究热点之一，研究重点集中在：对内部创业者的研究；员工的开发、培养、管理；柔性灵活的组织结构；适合企业再创业的战略支撑。

1. 人力资源管理机制

（1）内部创业者的识别与培养

以往的研究表明，内部创业者在企业内部创业过程中起着关键作用，但研究重点多是围绕两者的相关性，对可以实际指导企业内部创业的内部创业者管理机制研究较少，目前的研究成果有内部创业者成长和识别机制。内部创业者自身个性、决断能力是关键。这种能力包括创业者从事创业活动所必需的基本知识、能力及社会资本。这种能力符合"人力资本"的基本内涵，可通过后天努力学习和培养获得。内部创业者仍可能是雇员担当，委托-代理问题仍然存在，应适度放权给推动内部创业活动的管理者和员工，促进内部创业企业家队伍的形成，同时培养适合内部创业的企业文化。

（2）员工激励

员工管理主要包括招聘、薪酬考核、培训晋升、人才去留等内容。由于企业内部创业活动对员工权、责、利的巨大改变，对员工的管理方法也要相应地改变。企业需要根据员工的个性、才能特点进行鼓励创业式的培养，鼓励员工为了创新敢于犯错。"薪酬激励是鼓励创业最有效的方式"，应根据企业内部创业业务，设计薪酬激励体系，通过个人投资分担和股票所有权、生命周期奖励、宽带薪酬、内部资本奖励，以及内部创业者职业生涯情感奖励等薪酬激励机制，根据具体组织环境调整内部创业员工管理机制。

（3）内部创业组织激活

在企业内部创业的过程中普遍存在组织内部僵化、官僚化现象，应通过设立开发新业务部门、设立内部创业基金等机制，将内部创业者的个人能力、企业组织特征和外部突发事件三方面力量有机结合，建立内部创业运行动力、运行模式、运行结构、运行反馈系统式的架构，创造内部创业知识管理的环境，用良好的企业文化等保障企业内部创业的成功。

（4）人力资源管理体系搭建

应提倡内部创业者和员工共建企业的经营理念和发展远景模式。赋予员工与企业利益均沾的权利，争取人才认同企业发展远景，实现员工企业共同发展。人力资源管理工作是基于企业战略的人力资源规划，人力资源规划应根据企业内外环境综合考虑，因人而异、因才管理。内部创业作为一种特殊的创业形式，在建起支持企业内部创业的人力资源管理体系方面仍有章可循，具体来说，要有鼓励创新的文化氛围、高层领导的支持、政策鼓励、柔性的组织架构、充分的授权、完善的沟通机制、健全的培训制度以及匹配的绩效考核和薪酬福利体系，同时这些因素应该互相联系、呼应、结合，形成完整的内部创业人力资源管理体系。

2. 内部创业人力资源管理障碍因素

企业内部创业是在原有企业内部的一种创新，它包括开拓新的冒险业务、改革现有的组织构造、战略目标的更新，这些活动的开展势必改变原有的企业员工权、责、利体系，带来管理上的障碍。但是采取相应的措施解决这些障碍，可以为开展内部创业创造条件，内部创业人力资源管理障碍因素有以下几点：

（1）保守文化因素的干扰

企业革新给员工带来更多的不确定性，这种不确定性可能让员工丧失已获得的利益和环境，这种不愿改变固有现状的心理状态将影响企业内部创业的推行。

（2）传统组织架构造成创新惰性

僵化的组织架构对已经发展成型的大规模企业是种障碍。在这种组织架构下，企业的内部系统中没有足够相应的放权去支持内部创业，而且在传统组织架构下的企业通常具有短期的利益导向，对于需要关注长期效益的内部创业而言是种巨大干扰。

（3）员工创新能力和意识的匮乏

颠覆式的产品需要创新才能实现。企业内部创业的参与者需要具备一定的创新意识和能力，而我国企业员工大部分都缺乏这种能力和意识。

（4）绩效评价模式及薪酬体系不匹配

恰当的绩效考核模式和薪酬体系才能鼓励员工内部创业实践。如果公司不能帮助员工承担内部创业的风险，并适当奖励员工的风险尝试行为，那么员工的创业精神很难被激发出来。因此，需要鼓励对内部创业者推行有效的绩效考核和薪酬激励模式。

5.3 内部创业资源——财务资源

钱是有的，关键是到哪里去找。

——《小企业的有效管理》

财务资源一般指资金资源，是公司正常经营所必需的资源。内部创业需要获得设立一个内部创业项目必需的初始资本，开展经营活动需要运营资本，因而资本是内部创业生存发展的一个必要条件，从最初创业到生存发展的整个过程都需要财务资源的支持。

透视

你应该用"内部创业"来激活员工！

"企业内部创业"的概念始于1978年，由美国创新管理专家吉福特·平肖（Gifford Pinchot）和他的妻子伊丽莎白·平肖（Elizabeth Pinchot）率先提出。我国的当代企业发展史恰好也始于1978年，经过初期的积累和探索，到2000年，华为公司首次进行了"内部创业"的实践，发布了《关于内部创业的管理规定》，由此揭开了我国企业内部创业的帷幕。时至今日，我国企业在多个方向进行了探索，与世界各地的企业一起开创了多种类型的内部创业模式。

由于企业内部创业的目标、资源、外部环境等等各不相同，从而诞生了众多模式。但无论哪种模式，其方向都是扶持有潜力的创业项目和创业者，让他们成为脱颖而出的"黑马"，并早日成长为财务状况优良的"白马"。具体来说，有以下几种模式：

1. 赛道赛马模式

对于企业来说，赛道赛马模式就是由企业选定业务领域、业务目标，授权多名具有相关能力和意愿的创业型员工（率领其各自的团队）在该业务领域投入人力、财力、物力，最终率先达成业务目标或获得企业肯定的创业者（团队）即成为获胜者，可统领该业务领域的后续推进，并分享相应的创业成果。

这种模式的典型案例是腾讯公司的微信，其背后正是多支团队在同一赛道进行赛马的结果。在腾讯内部，先后有几个团队都在同时研发基于手机端的通信软件，每个团队的设计理念和实现方式都不一样，最后微信受到了更多用户的青睐。不只是微信，腾讯曾经有多款重磅产品都是在"赛道赛马模式"下跑出来的胜利者。例如"全民K歌"，其2017年平均每月活跃用户已经达到一亿人次左右，而在其诞生之初即有两款其他事业部的同类产品在与之竞争。

在赛道赛马模式下，必然会有些团队的前期努力和投入没有获得市场回报，似乎有浪费之嫌，但是回过头再看时，这个模式能够保证优秀的团队、能持续打胜仗的团队总有机会脱颖而出。微信创始人张小龙曾说："从公司角度来看，毕竟我们能够抓住一个机遇更重要，而不应该是如何花费资源更重要,腾讯一直有内部赛马的机制。"而马化腾更是在给合作伙伴的信中明确写道:"允许适度浪费,鼓励内部竞争"。

在腾讯转向开放战略之后,这种"赛道赛马模式"仍然保留了下来,只是增添了新的表现形式,例如在直播领域同时投资斗鱼和虎牙;在电商领域同时投资京东和拼多多;在二手车领域同时投资优信和瓜子;等等。

用一句话来概括"赛道赛马模式":赛道指定,黑马齐奔,胜者为王。

2. 自由赛马模式

"自由赛马模式"与"赛道赛马模式"的区别在于没有指定的赛道,即没有指定的业务领域或业务目标,众多的内部创业者可以自行选择创业创新的方向,交给公司进行评审,获得各种形式的支持。典型代表是 Google 公司的 "20%时间" 政策。

Google 公司允许员工利用 20% 的工作时间或者五天工作日中的一天来研究自己感兴趣的项目,同时,员工把自己感兴趣的项目写成方案,让其他同事投票,争取进入当期的 Google 内部 Top100 项目列表,然后 Google 会给员工提供技术、资金、时间等支持。

这种"自由赛马"的内部创新创业模式,因为没有方向的限制,所以诞生了很多富有想象力、前瞻性的项目,从早期的语音服务 Google Now,到当下的无人驾驶汽车、热气球网络、监测血糖的隐形眼镜等等,让 Google 及重组后的 Alphabet 保持了创业公司般的活力,不断进入有着巨大增长潜力的前沿领域。

用一句话来概括"自由赛马模式":黑马自创赛道,企业评审支持,最终成果分享。

3. 平台模式

平台模式是指企业将内部的资金、设备、技术、渠道等各类资源以平台的形式提供给创业者使用。平台模式又分为内部平台模式和开放平台模式两种。

如果资源仅供内部创业者使用就是"内部平台模式",例如韩都衣舍。韩都衣舍创立了"以产品小组为核心的单品全程运营体系",每一款产品从设计、生产、销售都以三到五人的"产品小组"为核心,企划、摄影、生产、营销、客服、物流等相关业务环节相互配合,将运营组织最小化,实现"权、责、利"的相对统一,实现产品"多款少量,以销定产",最大程度发挥互联网的优势,建立"款式多、更新快、性价比高"的竞争优势,有效解决了服装行业库存周转问题。

如果平台的资源同时提供给内部和外部的创业者使用,则为"开放平台模式",例如中国科学院西安光学精密机械研究所(简称中科院西安光机所)。中科院西安光机所设立了一个专业化的"中科创星平台",围绕光电子领域推动创业,平台上有三类创客:第一类是光机所内部的研究员或副研究员;第二类是与光机所有着千丝万缕联系、在海外工作多年又回国创业的"海归";第三类是"老外"。

这个平台能为内外部创客匹配行业人才、市场和产业链上下游资源,能直接讨论和解决技术难题,能以极低成本提供专业级的超净车间和检验检测设备、专业化技术服务、资金支持等。

从企业的角度看,平台模式是企业充分发挥现有资源、实现资源变现的一种手段;从社会的角度看,平台模式促进了全社会资源的优化配置;从创业者的角度看,平台模式让创业者能以较低的成本进行创业尝试,是创业创新的孵化器和助推器。

用一句话来概括"平台模式":企业开放资源,黑马驰骋平台,实现优化配置,达到共生共享。

4. 上下游模式

上下游模式是指企业鼓励员工围绕企业的上游(研发、设计、供应等)或下游(渠道、终端、产品转化利用等)进行创业,典型代表是华为公司。

2000年华为公司发布《关于内部创业的管理规定》,凡是工作满两年的员工都可以申请离职创业成为华为的代理商,除了给予员工所持股票价值70%的华为设备或持股价值50%的现金,还有半年的保护期,如果员工在半年之内创业失败,可以回公司重新安排工作。华为内部众多员工因此纷纷离职创业,其中包括两位副总裁黄耀旭、刘平,他们分别创办了钧天科技、格林耐特,二号人物李一男则在北京创办港湾网络,成为华为的高级分销商。

用一句话来概括"上下游模式":黑马围绕企业做配套、分销,企业扶持黑马发展壮大,共建生态、合作共赢。

5. 内部创投模式、进阶模式

这两种模式与前述四种模式存在一定程度的交叉。

内部创投模式是指企业把内部创业项目视为风险投资项目,进行早期股权投入,支持项目发展。

进阶模式是指内部创业项目在不同的发展阶段获得企业的不同支持,例如在创意阶段,企业的支持可能是给予员工自由创意的时间,并可以成立项目小组;项目通过评审进入企业重点支持范围时,企业的支持可能是给予员工奖励,以及技术、设备、时间、资金等支持,并可以成立事业部,甚至与创业者成立合资公司,进行股权投资;进入成品阶段后,企业的支持可能是产能提供、销售渠道提供、品牌宣传辅助等。

用一句话来概括"内部创投模式":企业风险投资给予内部黑马,希望能够早日成为白马。

用一句话来概括"进阶模式":持续扶持,让你从一匹微不足道的黑马,逐步成为令人瞩目的白马。

企业内部创业之所以具有丰富的模式,是因为每家企业、每个创业者的目标、资源、内外部环境都不相同。模式无优劣,合适最重要。

硬币两面——企业内部创业的优势与风险

企业内部创业之所以可以盛行于全球,是因为这种创业形式具有多方面的优势和必要性。

资源利用方面:无论哪种内部创业都是在企业的资金、设备、技术、渠道等现成资源的基础上进行的,跟社会创业者要去寻找资源相比,利用这些现成资源的门槛很低、速度很快、效率很高;对企业而言,这些资源得到了比原来更充分的利用,让企业获得了更大的经济效益。

人才留用方面:具有创新创业能力和意愿的员工,其自我期望会比较高,"自我实现"的需求往往要通过创业才能满足,如果企业不为其提供内部创业的机会,这类员工往往就会进行社会创业,甚至成为企业的竞争对手。合适的内部创业制度,能让这些员工的潜力得到充分发挥,多层次的需求(创业安全感、社会尊重感、自我实现感)得到充分满足,从而既为企业留住了人才,又避免了人才成为竞争对手。

成功概率方面：因为内部创业往往是在企业和创业者都熟悉的业务领域进行，而且能够充分利用企业的各类资源和创业者的业务经验，所以其成功率通常比社会创业的成功率要高。

企业文化方面：企业营造了创新创业的文化，能够激发全体员工的创新意识，尤其是大型企业的创新活力能够得以保持，能够避免企业的僵化落伍。

战略更新方面：企业要想不断获得新的业务增长点，持续更新发展方向，摆脱"创新者的窘境"，做到"破坏性创新"和战略新生，内部创业是非常重要的机制之一。

企业内部创业固然具有方方面面的优势和必要性，但无论是对企业还是创业者，都同时具有极高的风险。

同业竞争的风险：因为内部创业往往是在企业和创业者都熟悉的业务领域进行，所以，其创业项目往往与企业原有主营业务有着千丝万缕的关系，如果不能成为协同关系，很有可能就会成为竞争关系。

这方面的典型案例是华为内部创业模式下，原副总裁李一男创办的港湾网络，初期在华为的支持下建立了自己的销售渠道，但因为华为对港湾网络没有任何股权或其他制约手段，导致其逐步演变成了华为的直接竞争对手，在多个领域抢占华为的市场份额，并最终迫使华为以17亿元的高昂代价收购了港湾网络。

内部关系复杂、资源难以整合的风险：内部创业和社会创业都需要面对外部市场需求和外部市场环境，而内部创业者则更重视企业内部环境，包括内部人际关系、跨部门的关系、上下级关系，以便利用原部门及跨部门的各种资源。此时，如果没有合适的管理机制，各部门的资源未必能够被创业者利用，相反还可能阻挠创业计划的实施。

非创业员工人心波动的风险：内部创业者必然对企业内部的非创业员工造成心理冲击，结果既可能是正面的"我也要创新创业"，也可能是负面的"羡慕嫉妒恨"。如果没有适合的引导，这种心理冲击、波动很可能影响企业原有业务的正常开展，甚至造成员工流失。

创业者人才流失的风险：随着内部创业的进展，创业者的视野和需求会持续提升，如果企业没有相应的机制去满足或制约，创业者极可能会彻底离开企业母体，或被其他企业挖墙脚，或自己去进行社会创业。而创业失败也可能导致创业者的流失。

创业失败、财务损失的风险：内部创业一旦失败，企业和创业者所投入的资金、时间等各类资源都会成为"沉没成本"，从而影响企业的整体盈利。所以，内部创业的投入一定要在企业可承受的范围之内。

正因为企业内部创业具有各种风险，所以，企业应该建立起相关的激励与约束机制，以提高内部创业的成功率，提升内部创业的效率和效益。

管理出效益——企业内部创业的激励与约束

激励与约束是管理的正反两面，最佳的管理制度往往同时具有激励和约束的功效。

企业内部创业的激励与约束主要包括以下几个方面：

1. 文化激励与约束

企业内部要倡导创新文化、创业文化，形成"崇尚创业者、宽容创业失败者"的氛围，可设立相关的荣誉奖项颁发给内部创业者，实实在在地让全体员工看到企业的导向。

2. 绩效激励与约束

对内部创业者设立有针对性的绩效指标，例如在"自由赛马模式"下，内部创业者可以有一定比例的自由工作时间不纳入考核，而且每次经公司评审进入排行榜前五位的创业项目均可获得一定数额的奖金；在"赛道赛马模式"下，内部创业团队的工作时间和地点可以不纳入考核，唯一的获胜团队有权获得该项目的管理权及利润分成，失败的团队则只有基本工资。

企业还可以针对非创业员工设立相关的"配合内部创业"绩效指标，例如内部创业者对各部门的投诉率等，以避免内部创业者得不到各部门的配合。

3. 股权激励与约束

股权是极其重要的激励约束手段，需要从以下四个方面进行细化和安排：

1）股权的进入机制：根据具体情况，企业和内部创业者可以采用资金入股、技术入股、创意入股、管理入股、物资入股等方式；并可以采用虚拟股权（有分红权、投票权，无所有权）、期权（达到一定业绩才能解锁）等方式。

2）企业是否控股：根据创业项目与企业战略的紧密程度，可以选择不同的股权比例，对于攸关企业战略成败的重要项目要绝对控股（占股50%以上），对于有一定重要性但又需要给创业者较高自主权的项目可以相对控股（在所有股东中股份最高），对于外围项目则可以参股不控股。

3）股权的调整机制：在创业项目的不同发展阶段，可以采用不同的股权比例，例如在初始阶段企业拥有比较高的股权比例，设定相关的业绩条件，达到条件即转让一定比例的股权给内部创业者团队，从而实现约束和激励的双重功效。

4）股权的退出机制：无论是企业持有的股权，还是内部创业者持有的股权，都应约定退出的条件、时间、数量等，例如在持股满若干年并达到某一业绩指标时，内部创业团队的成员可以转让多少股权给第三者。

4. 项目治理结构的优化

为了避免内部创业项目的失控，企业必须持续优化该项目的治理结构，例如当内部创业项目发展成为企业控股、创业团队参股的股份公司后，企业应选派人员进入该公司的董事会、监事会、管理层，避免创业团队完全控制该公司而导致失控。

5. 退路与托底机制

要允许创业团队失败，给予宽容的对待，例如内部创业者有权在创业失败后重回某种层级的岗位；又如创业团队第一年的薪资由企业提供一个保底数额等。

6. 企业领导的大力支持

之所以特别把企业领导的大力支持单列出来，是因为企业内部创业作为一种开拓性的行为，往往没有完善的企业制度和机制保护，容易面对非创业员工的非议和阻挠，难以跨部门整合利用企业内部资源，在这种情况下，只有企业领导才能迅速地跨部门调动资源、排除异议，支持内部创业者走向成功。

如今，企业内部创业正变得越来越开放：一方面，越来越多的企业开放资源，不但供给内部创业者使用，也鼓励外部创业者使用；另一方面，越来越多的内部创业项目开始引入外部资源，包括外部人才、外部资金、外部技术等，形成了内外资源兼容的局面。而且，越来越多的企业通过收购的方式将社会创业项目纳入旗下，成为另一种意义上的"内部创业项目"。

资料来源：陈诗江. 你应该用"内部创业"来激活员工！[J]. 企业管理，2018.

5.3.1 内部创业融资概念

1. 内部创业融资的界定

内部创业融资是指内部创业者为了生存和发展的需要，筹集资金和运用资金的活动。

内部创业融资的研究对象是内部创业者的融资行为。具体行为包括在一定的融资风险下如何取得资金，同时使融资成本最小、内部创业项目的价值最大化。不同的内部创业融资行为形成不同的内部创业融资结构，内部创业融资行为是否合理可以通过内部创业的融资结构反映出来。

2. 内部创业融资的需求特征

（1）融资市场化

内部创业在创业初期，自我积累的资金有限，不可能满足技术创新的高投入需求，从外部市场取得外源融资是必不可少的手段。

（2）融资多元化

为了满足内部创业多方面的融资需求，内部创业者需要从多种渠道，以不同融资方式筹集资金。

（3）融资组合化

首先，不同融资方式的融资风险的大小不同。其次，在不同的发展阶段，面临的技术创新的风险不同，投资者的投资风险也有所区别。技术风险和投资风险的最大值分别出现在创新过程的初期和中前期，中后期的风险逐步减小。根据技术创新风险收益的阶段性特征，内部创业者在融资过程中应当实施融资组合化，合理、有效的融资组合不但能够分散、转移风险，而且能够降低内部创业的融资成本和债务负担。

（4）融资社会化

融资社会化是指内部创业的融资需要社会各方面力量的参与，特别是需要政府的引导和扶持。内部创业项目的发展不仅具有极高的成长性和效益性，而且对国家经济发展具有极为重要的战略意义，内部创业融资离不开国家、不同机构甚至个人的参与。

5.3.2 内部创业融资渠道

内部创业融资渠道是指内部创业者筹集资本的来源与通道，体现为资本的源泉和流量。融资渠道主要由社会资本的提供者及数量分布决定。目前，我国社会资本的提供者众多，数量分布广泛，为创业融资提供了广泛的资本来源。了解融资渠道的种类、特点和适用性，有利于内部创业者充分利用和开拓融资渠道，实现各融资渠道的合理组合，有效筹集所需资金。

1. 母体资金支持

母体可以通过五种方式向内部创业提供资金。

（1）自有资金

某电信运营商北京研究院以科研项目立项的方式向内部创业者提供经费支持。

（2）创投基金投入

中国科学院西安光学精密机械研究所专门成立了"西科天使"基金，向创业项目投入500万~1000万元，创业者自己也要投入一两百万元，以检验其创业决心；上汽集团"种子基金"第一期投入1亿元资金，并根据创业项目进度不断给予5万~50万元不等的金额支持；中国钢研设立了5000万元的创新创业基金，建成由股权型创新基金、成果份额型创新基金、青年创新基金、产业并购基金构成的基金体系，2016年集团公司成果份额持有型创新基金向6个项目提供949万元基金支持，第一次启动面向青年科技工作者的青年创新基金，向25个项目提供490万元基金支持。

（3）对接外部资金

大多数企业会对接外部投资人和投资机构，针对不同项目提供一定比例的股份供其进入。海创汇平台上汇聚了1330家风险投资机构，需要时会为小微团队对接外部风投，一般内部创业团队都会为外部投资机构预留10%~20%股份，并随创业进程决定是否进一步向外部投资机构出让股份。

（4）高管和员工内部跟投

某知名机械制造企业允许高管跟投内部创业项目，占比不超过1%~5%，但只有分红权没有运营权。在芬尼克兹的内部创业团队中，由5~6人组成的创业团队的高管必须投资占股，以一个注册资本为1000万元的创业团队为例，总经理和高管总共大约要出资250万元现金，占25%的股份。此外，还有25%的股份由芬尼克兹其他裂变出的公司高管和员工来投资。

(5) 混合方式

多数企业综合应用上述手段为内部创业提供资金。例如，当代置业下的第一资产，就让内部创业的主要团队出资 50 万元，公司再出资 50 万元，剩余股权中的一部分来做内部跟投。事实上，"自有资金+外部基金"的混合方式已成为当前企业内部创业投融资的标配。

2. 私人资本融资

私人资本包括内部创业者的个人积蓄、亲友资金、天使投资等。

(1) 个人积蓄

因为从资金成本或项目控制权的角度来说，个人资金成本最低，而且还因为内部创业者在试图引入外部资金时，外部投资者一般都要求内部创业项目必须有内部创业者的个人资金投入其中，所以，个人积蓄是创业融资最根本的渠道，几乎所有的内部创业者都向他们的新创项目投入了个人积蓄。

个人积蓄的投入对于内部创业项目来说具有非常重要的意义：首先，内部创业者个人积蓄的投入，表明了内部创业者对于项目前景的看法，只有当内部创业者对未来的项目充满信心时，他才会毫无保留地向项目中投入自己的积蓄；其次，个人积蓄投入项目是内部创业者日后继续向项目投入时间和精力的保证，投入项目的积蓄越多，内部创业者在日后的生产经营过程中对项目会更加关注；最后，个人积蓄的投入有利于内部创业者分享投资成功的喜悦。因此，准备内部创业的人，应从自我做起，较早地将自己收入的一部分储蓄起来，作为内部创业储备资金。

就我国现状而言，家庭作为市场经济的三大主体之一，在内部创业中起到重要的支持作用。以家庭为中心形成的亲缘、地缘、商缘等为经纬的社会网络关系，对包括内部创业融资在内的许多内部创业活动产生重要影响，因此，内部创业者及其团队成员的家庭储蓄一般归入个人积蓄的范畴。

(2) 亲友资金

对内部创业者来说，除了个人积蓄以外，身边亲朋好友的资金是最常见的资金来源。亲朋好友由于与内部创业者个人的关系而愿意向创业项目投入资金，因此，借用亲友资金是内部创业者经常采用的融资方式之一。在向亲友融资时，内部创业者必须要用现代市场经济的游戏规则、契约原则和法律形式来规范融资行为，保障各方利益，减少不必要的纠纷。

(3) 天使投资

天使投资是指个人出资协助具有专门技术或独特概念而缺少自有资金的创业家进行创业，并承担创业中的高风险和享受创业成功后的高收益。或者说是自由投资者或非正式风险投资机构对原创项目构思或小型初创企业进行的前期投资，是一种非组织化的创业投资形式。天使资本主要有三个来源：曾经的创业者、传统意义上的富翁、大型高科技公司或跨国公司的高级管理者。

3. 机构融资

和私人资金相比，机构拥有的资金数额较大，挑选投资对象的程序比较正规，获得机构融资一般会提升内部创业组织的社会地位。机构融资的途径有银行贷款、非银行金融机构贷款、交易信贷和租赁、其他企业融资等。

4. 风险投资

风险投资是专业机构投资于极具增长潜力的创业项目，并参与其管理的投资方式，其内涵主要体现在：以股权方式投资、积极参与所投资项目的创业过程、以整个创业项目作为经营对象、看中"人"的因素、高风险高收益、是一种组合投资。

5. 政府扶持基金

内部创业者可以利用政府扶持政策，从政府方面获得融资支持。政府的资金支持是内部创业项目资金来源的一个重要组成部分。政府资金的支持方式主要包括税收优惠、财政补贴、贷款援助和开辟直接融资渠道等。

6. 知识产权融资

知识产权融资也是内部创业中值得关注的融资方式，知识产权融资可以采用知识产权作价入股、知识产权抵押贷款、知识产权信托、知识产权证券化等方式。

5.3.3 内部创业融资风险

内部创业组织在融资时，首先要把握好融资的时机，认真对未来市场进行预测和分析，以战略的眼光进行融资决策；其次要重视资金成本，进行有效的财务分析评价，对融资项目的可行性、收益情况和融资规模要进行深入的分析和研究；最后要重视分析融资的风险、成本和效益，加强融资风险管理，采用多种融资方式，分散风险。

1. 内部创业融资风险的类型

（1）根据不同的主体，融资风险分为资金融入者的融资风险与融出者的融资风险。资金融入者的风险即内部创业组织面临的财务风险。

（2）根据有无金融媒介，融资风险可以分为直接融资风险和间接融资风险。

（3）从融资风险的具体成因考虑，出资者面临的风险主要包括信用风险、利率风险、流动性风险、购买力风险、汇率风险以及政策风险等。

（4）根据资金融通的主体和具体的融通渠道，融资风险主要表现为债务性融资风险和权益性融资风险。

（5）在债务融资中，根据融资期限的长短，可以分为长期债务风险和短期债务风险。

2. 内部创业融资风险的表现形式

（1）支付风险

支付风险指内部创业组织在融资活动过程中因支付能力不足而带来不利影响的可能性。内部创业组织因支付能力不足而不能按时、足额地向债权人还本付息，会给内部创业组织带来不利影响。内部创业组织因经营不善而收益不佳，利息支出要在营业利润中扣除，若营业利润不足以抵扣利息支出，将使内部创业组织处于极大的困境。

（2）财务杠杆风险

内部创业组织负债成本作为一项固定的财务费用在税前列支的，在内部创业组织资产收益率高于负债利率时，债务融资会给企业带来额外的负债净收益，增加股东每股收益；而当内部创业组织资产收益率下降到低于负债利率时，债务融资则会给企业带来负债净损失，减少股东每股收益。这种由于负债融资而给股东每股收益带来不利影响的可能性就是财务杠杆风险。

3. 内部创业融资风险的影响因素

（1）外部环境因素

1）利率风险。利率的变动可能对内部创业组织融资造成不利影响，主要表现为借贷利率的调高会增加内部创业组织的融资成本。内部创业主要以贷款方式融资，利率风险比较突出。

2）汇率风险，又叫外汇风险。汇率变化可能对内部创业组织融资带来不利影响。当内部创业组织筹集的是外汇资金，汇率的变化可能会加重其债务负担。

3）经济风险。内部创业组织面临的经济形势和融资环境不同，融资风险对内部创业组织的作用也不一样，如果行业竞争弱、经济运行态势好，那么风险也会降低。

4）政策风险。政策变化可能给企业融资造成不利的影响。税收政策、金融政策、产业政策、环保政策以及其他政策，对企业的融资成本也有重大影响。

5）法律风险。指内部创业组织在融资过程中，由于法律变动而带来的风险。体现在当出现融资纠纷时，是否有完善的法律体系提供仲裁，解决纠纷以及是否有严格的司法制度和法律执行体系执行法院仲裁结果。

6）政治风险。指由于战争、国际形势变幻、政权更迭，而导致内部创业组织在融资中资产和利益受损的风险。

（2）内部因素

影响融资风险的内部因素有内部创业组织经营风险、资金使用效率以及内部创业组织的融资结构、融资成本等因素。

1) 经营风险。在市场经济条件下，融资风险来源于企业经营风险。内部创业组织在经营活动过程中，由于经济、技术等方面因素造成在竞争中处于劣势，在一定条件下会发生亏损、破产、倒闭等经济现象，不能正常维持内部创业组织经营活动。

2) 融资效率。融资包括借入资金和使用资金。内部创业组织融资的目的在于运用，融资风险与资金使用效率具有直接联系。在一般情况下，内部创业组织资金使用效率高，就会减少或避免融资风险。资金使用效率高，内部创业组织的效益高，内部创业组织融入的资金得以顺利归还给贷款者。反之，资金使用效率低，导致企业的效益差，资金便会在社会再生产的某个环节沉淀下来，由于资金沉淀，流动资金周转便会受到阻碍，资金便不能及时回流，难以偿还所借款项，资金沉淀增加了融资风险。

3) 融资成本。融资成本是制约融资效益的一个重要因素，融资成本越低，融资效益则高。在融资总量确定的情况下，融资成本取决于贷款利率和融资费用。一般来说，银行借款的利率较低，信托机构借款利率比银行高，在金融市场进行企业拆借的利率也较高，通过发行股票或债券融资的成本则更高。

4) 债务偿还期限。一方面，长期负债比短期负债有更大的信用或违约的风险，长期负债的收益因使用期限长而具有不可预期性和不稳定性，从长期看，企业所面临的市场风险也不确定，可能导致企业不能按期偿还债务。另一方面，长期负债通常用于购置固定资产，而固定资产能否如期转移、实现其价值并创造新价值，受到市场的极大影响，使企业及时收回投资偿还欠款面临较大风险。

5) 负债利率。从贷款企业的角度看，负债利率是其负债融资所付出的代价；从债权人的角度看，负债利率是债权人所要求的报酬率。债权人所要求的报酬率的高低取决于内部创业组织经营风险的高低。

5.4 内部创业资源管理

5.4.1 内部创业资源的获取

内部创业资源获取是在确认并识别资源的基础上，利用其他资源或途径得到所需资源，并称之为内部创业服务的过程。内部创业者应充分认识影响内部创业资源获取的因素，了解内部创业资源的获取途径，以在适当时候获得必需的内部创业资源。

1. 内部创业资源的获取途径

获取内部创业资源的途径分为市场途径和非市场途径两大类。当内部创业所需要的资源有活跃的市场，或者有类似的可比资源进行交易时，可以采用市场交易的途径；其他情况下则可以采用非市场交易的途径。

（1）通过市场交易途径获取资源

通过市场途径获取资源的方式包括购买、联盟等。

1）购买是指利用财务资源通过市场购入的方式获取外部资源，主要包括购买厂房、装置、设备等物质资源，购买专利和技术，聘请有经验的员工等。需要注意的是，诸如知识尤其是隐性知识等资源虽然可能会附着在非知识资源之上，可以通过购买物质资源（如机器设备等）得到，但很难通过市场直接购买，因此，需要内部创业组织通过非市场途径去开发或积累。对内部创业者来说，购买资源可能是其最常用的资源获取方式，大部分资源，尤其是物质资源、技术资源、人力资源等都可以通过从市场上购买的方式得到。

2）联盟是指通过联合其他组织，对一些难以或无法自己开发的资源实行共同开发。这种方式不仅可汲取显性知识资源，还可汲取隐性知识资源。但联盟的前提是联盟双方的资源和能力互补且有共同的利益，而且能够对资源的价值及其使用达成共识。通过联盟的方式共同研究、开发、获取技术资源也是内部创业者经常采用的方式，尤其是对于高科技企业来说，通过和高等院校及研究机构的联盟，可以在增加设备投入的同时，及时得到企业发展所需要的技术资源，使企业保持可持续发展的后劲。

（2）通过非市场途径获取资源

非市场途径获取资源的方式主要有资源吸引和资源积累等。

1）资源吸引是指发挥无形资源的杠杆作用，利用内部创业的商业计划，通过对创业前景的描述，利用创业团队的声誉来获得或吸引物质资源（厂房、设备）、技术资源（专利、技术）、资金和人力资源（有经验的员工）。内部创业者在接触风险投资或者技术拥有者的过程中，可通过对创业前景的描述或团队良好声誉的展示，获得资源拥有者的信任和青睐，从而吸引其主动将拥有的资源投入到内部创业项目之中。

2）资源积累是指利用现有资源在企业内部通过培育形成所需的资源。主要包括自建企业厂房、装置、设备；在企业内部开发新技术；通过培训来增加员工的技能和知识；通过企业自我积累获取资金等。内部创业者通常会采用资源积累的方式来筹集创业所需的人力资源或技术资源。通过资源积累的方式获取人力资源可以作为一种激励方式，激发创业团队的工作积极性，提高工作效率；通过资源积累的方式获取技术资源，则可以在获得核心技术优势的同时，保守商业机密。

不论是通过市场途径还是非市场途径取得资源，主要取决于资源在市场的可用性和成本等因素。若快速进入市场能够带来成本优势，则外部购买可能是获取资源的最佳方式。

2. 内部创业资源获取模式

内部创业者创业的初始条件不同，其获取资源的模式也会有所不同。典型的内部创业资源获取模式有技术驱动型的资源获取模式、人力资本驱动型的资源获取模式、资金驱动型的资源获取模式。

（1）技术驱动型的资源获取模式

技术驱动型的资源获取模式是指内部创业者最先拥有技术资源，或者创业初始技术资源较为充裕并带动其他资源向项目聚集的资源获取模式。在该模式下，内部创业者以拥有的核心技术为基础，根据技术开发的需要获取、整合和利用资源。

（2）人力资本驱动型的资源获取模式

人力资本驱动型的资源获取模式是指内部创业者以拥有的团队为基础，通过发挥团队特长或根据机会开发的需要来获取、整合和利用资源的模式。内部创业者采用这一模式具有独特优势：工作一段时间后再在公司内部创业能够以原工作单位的工作伙伴以及积累的工作技能为基础，组建一个相互配合默契的工作团队，再寻找一个适合的创业项目，促成内部创业成功。

（3）资金驱动型的资源获取模式

资金驱动型的资源获取模式是指内部创业者最先拥有资金，或者内部创业初始资金较为充裕并带动其他资源向项目聚集的资源获取模式。在该模式下，内部创业者以其拥有的资金为基础，通过寻找和资金相匹配的项目，进而对其进行开发来获取、整合和利用资源。很多大型企业的内部创业多采用资金驱动型的资源获取模式，它们有着充裕的资金，有发现新商机的独到眼光，于是通过新产品研发或新技术购买开始新一轮的创业活动。

5.4.2 内部创业资源的整合

内部创业资源整合是指对资源给予配置、形成能力的过程，有助于企业创造新知识，提高企业绩效，并且这种影响效果随内部创业者特性、企业特征的不同而存在差异，并受创业网络和战略行为或导向的影响。另外，资源整合活动影响资源获取与绩效之间的关系。

内部创业之初，内部创业者可以直接控制的资源一般较少，而且新创项目具有较高的成长性，所以，依靠自有资源、分阶段投入资源、用拼凑的策略用好资源、以最经济的方式开展工作都非常有必要而且有效。但优秀的内部创业者绝不会仅仅停留在这样的水平上,而是会关注企业内外部资源,通过整合企业内外部资源实现自己的创业理想。资源整合就是内部创业者通过协调各种资源之间的关系,匹配有用资源,剥离无用资源,充分发挥各种资源的效用。通过协调,能够把互补性的资源搭配在一起,弥补各自的缺憾,充分发挥资源的作用,使资源间形成一种独特的联系,创造竞争对手无法模仿的价值,同时为资源开发奠定基础。

整合理念是现代营销学中的新理念,整合就是要优化资源配置,即有进有退,有取有舍,获得整体的最优。任何一个内部创业者都不可能把内部创业中所涉及的问题都解决好,把一切资源都备足,内部创业关键的一点在于资源整合。

5.4.3　内部创业资源的利用

资源利用是对资源整合形成的能力予以调动、协调和配置的过程,有助于提升企业的绩效。企业特征以及不同内部创业战略行为或导向都将影响资源利用,鉴于内部创业是在资源约束条件下开展的活动,因此对于资源的充分利用很多时候比单纯追求资源增加更为有效。

按照《现代汉语词典》的解释,利用是指"使事物或人发挥效能""用手段使人或事物为自己服务"。内部创业者在创业过程中,不必追求拥有更多资源,而是要把握创业资源的利用原则,使尽可能多的资源为自己所用。内部创业资源的利用要强调"以用为先",坚持"能用""够用"和"善用"的原则。

1. 资源能够使用

能用是筹集资源的第一原则。内部创业者筹集的资源应该能够与创业目标相联系,而且可以使用。"垃圾是放错了地方的宝贝",世上本没有绝对无用的东西或失败的事物,只是利用的方式不同罢了。同一种事物,在不同人的眼里,或者在不同的机遇里,往往会有不同的价值,关键取决于如何去运作和经营。内部创业者在筹集资源时最需要做的事情便是判断哪些资源能够为我所用,为内部创业组织带来价值。

2. 资源应该够用

鉴于资源的有限性,短时间内筹集内部创业所需的全部资源不现实,也没有必要,内部创业者只要根据创业项目的发展阶段及其对资源的要求,筹集到足够当前使用的创业资源即可。这里所说的"够用",是指能够使创业项目生存下来的最低的资源。如果内部创业者无法或者由于某种原因而没有筹集到维持企业生存的最低资源,创业项目就会面临很严重的危机,甚至会威胁到企业的生存。

3. 要善于利用资源

善于利用是指在资源的使用过程中，充分注重提高资源使用的效果，关注资源使用的频率、幅度和阶段性。内部创业者可以通过资源的合理配置、有效整合，提高资源的使用效率，使筹集到的资源得到充分利用。

复习思考题

1. 什么是内部创业资源？内部创业资源的类别有哪些？
2. 简述内部创业资源的作用。
3. 简述内部创业资源的获取、整合和利用过程。
4. 如何进行内部创业的人力资源管理？
5. 内部创业财务资源的融资渠道有哪些？

案例分析

顺丰探寻内部员工创业之路

顺丰鼓励内部员工回家"创业"。相比其他快递服务商，顺丰总能做出超乎想象之举。顺丰曾低调启动内部创业项目：鼓励员工以类似加盟的形式，回到家乡开设独立网点，从而完成顺丰向三四线城市，乃至更深更细的区域渗透的网络布局。

一位顺丰快递员说，在接到内部通知后，已有部分同事开始蠢蠢欲动，计划远离喧嚣的北上广，回到家乡创业。虽然顺丰快递员月薪过万早已不是传说，但对于那些每天在大城市中奔波劳苦的"快递小哥"来说，这种回归似乎有着更大的魅力。特别是附加上"创业"两个字，可以让他们找到更合适的存在感。

从商业逻辑上来看，顺丰此举实际上是一种以"加盟"为名义的直营式扩张。据物流界资深人士透露，顺丰内部创业或许是一种迅速见效的扩展方式，通过内部员工返乡，向更纵深地域渗透，不仅配送覆盖范围更加接近三四线城市、乡村、社区等原本顺丰无法触及之地，也让组织的毛细血管孵化出更强的创业基因。

"之所以说是'加盟式'的直营，是因为虽然在网点建设过程中，员工脱离顺丰，但从管理层面、运营体系、价格体系来说，顺丰输出统一的标准。"上述人士指出，目前顺丰对此政策相对宽松，创业员工除了缴纳一定的保证金外无须再支付更多费用。此外，由于网点设置在乡村地区，主要负责最后一公里的配送，因此并不需开设实体门店，可以节省不少开支。而来自顺丰公关部的消息则称内部创业并没有加盟费，相反还会提供资金补贴和政策扶持，同时鼓励所有员工推荐家乡人员参与合作。在运输上，顺丰将快件中转到县区，合作人员可到自营网点进行交接，然后实行派送。此外，在人员配置和培训方面，顺丰采取老带新、集中培训的方式，沿用公司统一标准。

"创业员工出任店长一职，负责网点的管理和统筹。同时，为了保障价格、服务的统一性，公司还会派人来协助日常事务。"顺丰快递员工告知亿邦动力网，内部创业的乡镇网点主要负责常规件收派，大货重货、高价值件的揽收还是交由全网统一作业。不过这种规范性的尝试并非毫无风险可言，虽然在大多数行业人士眼中看来，顺丰高瞻远瞩且做事"靠谱"，但扩张就要付出成本，而自负盈亏的前提也给不少有意返乡创业的快递青年敲响了警钟。"承担成本就要慎重，北京此前有一家店尝试失败，开了不久就关张。显然创业并不适合每一个有雄心壮志的人。"快递员坦言，创业之后薪资水平不高，且风险并存。如果生意经营不善，当地快件需求不旺盛，还不如回去做快递员。

实际上，为了规避扩张中有可能面临的风险，顺丰方面已经对创业员工的资质和能力进行了考核。譬如在配送过程中有过重大失误的快递员，基本与此次创业"绝缘"。另外，非顺丰体系内的其他快递员或快递组织，也被排斥在创业大门之外。"顺丰内部创业更大程度上是在'挖坑''占坑'，属于战略投入，短期内可能效果不显著，但并不意味着没有将来。"与顺丰达成合作的某物流公司电商业务负责人指出，从顺丰的布局来看，与未来三五年内电商下乡的进程几乎吻合，提前抢占市场势在必行。

此前，在电商配送市场上，四通一达虽然问题频频，但仍然占领市场制高点，相比之下，强调服务质量的顺丰则棋差一招。但是，从今年上半年开始，电商下乡猛烈推进，无论是阿里巴巴还是京东，都开始新一轮的跑马圈地，"刷墙运动"如火如荼。而在物流快递方面，京东自有物流和集结了国内主流快递服务的阿里"菜鸟"，同样虎视眈眈。显然，顺丰不愿再输一城。顺丰官方的数据显示，内部创业业务从2013年年底着手，2014年春节后启动，目前已经覆盖13000多个乡镇，主要区域是华中、华西、华北。目前，乡镇快件量已经占到顺丰总件量的10%左右。

另有知情人士透露，开发乡镇网点还有一盘更好的棋，那就是顺丰"嘿客"。虽然目前各种"嘿客"门店还围绕着一线城市展开，但随着移动互联网逐步向三四线城市普及，未来，社区电商在乡镇地区将更有市场。因此返乡创业则极有可能在为顺丰"嘿客"下乡铺路。"顺丰已经成为一个品牌，但渗透力还不足以穿越千家万户。一旦快递的触角可以最先抵达更广区域，'嘿客'作为新的产品形态则顺理成章地介入和推广开来。"该人士指出。

资料来源：顺丰探寻内部员工创业之路［EB/OL］.（2019-06-07）. http://mp.weixin.qq.com/s/EPMTA3n3Z4LTE3AjJA97dg.

思考题
1. 顺丰启动内部创业战略有哪些好处？
2. 对顺丰员工而言，该如何理智判断是否选择内部创业？
3. 你认为在顺丰内部创业成功需要具备哪些资源？

系列实训之五

> **实训目标**

1. 对内部创业资源的含义以及利用有整体的认识和了解。
2. 学会运用内部创业资源。

> **实训内容与要求**

1. 分组:假设各组是企业内部创业团队,具体探讨如何获取和利用内部创业资源。每组6~8人,选出组长,讨论调研提纲和行动计划。

2. 利用课余时间实施,写出调研报告。

3. 课堂报告:各组陈述,交流体会。

第6章 内部创业计划书

内容提要

内部创业计划书是企业内部创业的计划方案，可用于短期决策和长期决策，这些决策通常是关于内部创业企业运营前三年的决策，其中最需要关注的是盈亏平衡点和开始盈利所需的时间。内部创业计划书的制定一般涉及两类人员，一类是企业内部人员，一类是企业外部的利益相关者。一份完整的内部创业计划书主要包括以下内容：封面及目录、执行摘要和计划的细节，具体细节包括产品或服务分析、市场分析、营销计划、盈利能力和未来行动计划等方面。内部创业计划书的展示包括书面展示和口头展示两类。内部创业计划书的质量将对内部创业活动的审查和实施起着关键作用，内部创业计划书的审查在内部创业活动的发布会上进行，内部创业活动的抉择与实施则由母体审查员进一步判断。

学习目的与要求

理解内部创业计划书的重要性，掌握撰写内部创业计划书的基本方法及步骤，了解内部创业计划书的审查方式，掌握内部创业计划书的展示方式。

开篇案例

华为失败的内部创业计划

华为是国内较早推出内部创业计划的企业。早在 20 世纪末，任正非就敏锐地把握了未来市场竞争的趋势：相比传统的"单打独斗"，新世纪的市场竞争更看重团队之间的比拼。因此，华为需要团结一批合作者，形成强大而广泛的"统一战线"，以帮助企业应对日益复杂的商业环境和愈发激烈的市场竞争。为了使华为在未来的商业竞争中赶超朗讯、阿尔卡特等老牌对手，并有能力与思科等 IT 行业新宠进行争锋，任正非以其巨大的个人魄力和决断力，构建了一个"大华为"的战略蓝图：推行"收紧核心，开放周边"的策略，通过业务"分化"和"角色化"的模式，积极鼓励和支持员工的内部创业活动，以便围绕华为的核心业务，形成一个庞大的合作群体，从而共同做大华为的业务版图，增强公司的市场应对和竞争能力。

2000 年 8 月 15 日，为推动"大华为"的战略布局，华为公司正式出台了《关于鼓励员工内部创业的管理办法》（以下简称《管理办法》）：在公司工作满两年及以上的员工，均可申请成为"大华为"的内部创业者。

为了鼓励员工的内部创业活动，华为还为创业员工提供了一系列的政策扶持：赠予创业者所持股票价值 70%的华为设备，或者所持股份价值 50%的现金；离职创业的员工，若在半年之内创业失败，仍然可以回到企业重新安排工作。

同时，为了做好内部创业工作，华为甚至专门成立了"员工内部创业办公室"，负责协调内部员工的创业活动，提供相关的咨询服务，还在网站上组建了"创业者俱乐部"。

企业的高层管理者原本就对内部创业有着极大的兴趣，而《管理办法》的出台，又为内部创业活动提供了极为宽松的环境。

因此，以李一男为代表的一批华为高管，纷纷响应内部创业的计划：同为副总裁的黄耀旭和刘平，分别创办了钧天科技与格林耐特；而华为二号人物李一男，则带着股权结算和分红的一千多万元，以及换取的一批数据通信产品，赴北京创办了港湾网络，成为华为企业网络产品的高级分销商。

任正非在李一男的欢送会上，指出了华为鼓励内部创业的目的：一是给一部分老员工自由选择创业的机会；二是贯彻"收紧核心、开放周边"的策略，让创业员工成为华为产品的分销渠道，实现以华为公司为"轴心"的"大华为"战略布局。

然而，由于后续手段的缺位，华为没能将"放出去的风筝重新收回来"。任正非所期望的内部创业战略目标不仅没有实现，还为自己培育出了一个竞争对手。华为的"港湾劫"也标志着其内部创业计划的彻底失败。

李一男创立的港湾网络主要从事宽带网络通信技术和产品的研究开发、生产销售和服务，提供万兆网络互连协议（Internet Protocol，IP）电信网、综合接入网（Next-Generation Network，NGN）、高效多业务（Multi-Service Transport Platform，MSTP）、大客户接入网、行业纵向网等一系列技术领先的特色产品和方案。在最初发展阶段，港湾网络紧密围绕在华为身边，通过自己的网络销售渠道，有力地支持了华为的发展。

在创立之初，港湾公司保持了强劲的发展势头，销售增长率连续几年超过了100%。例如，2001年—2003年，其销售额分别为2亿元、4.5亿元和10亿元。由此，港湾网络也受到了华平创投、龙科创投等风投者的青睐，先后从这些机构中融资超过1.16亿美元。

已经成长起来的港湾网络也开始重新定位与华为的关系：首先，创始人李一男从华为离职之后，其实已与华为没有了利害关系；其次，在引入风投等外部资本后，李一男对港湾的控制权被削弱。因此，风投机构为了自身的利益，也推动着港湾完全挣脱华为的束缚。

为了自身生存和进一步发展，港湾网络逐渐背离了任正非对它的角色期待，转而抢占华为的业务，与其展开正面竞争。面对这个自己亲手扶植起来的竞争对手，任正非果断决定成立"打港办"，全力打击港湾网络：凡是港湾拿下的订单，华为都要不惜任何代价地抢过来。

到2004年，港湾网络在华为的打压下，销售增长率快速下滑到了20%，2005年更是下滑到了7%。而在成功打压了港湾后，华为也逐渐从困境中走出，业绩不断提升。

2006年6月，华为以17亿元的代价收购了自己亲自培养起来的对手——港湾网络。其他那些进行内部创业的华为高管，也大多无功而返。这标志着任正非通过内部创业计划布局"大华为"的战略，以失败告终。

其实，在"大华为"的战略蓝图中，任正非也是将内部创业定位于华为的非核心业务，期望这些企业成为"大华为"战略布局的协作者。然而，遗憾的是，华为并没有构建出应对策略来控制这些内部创业企业的发展方向，从而最终导致了同质化的业务竞争。

例如，在港湾网络的股权结构中，作为母体的华为竟然没有任何股份，而内部创业者李一男也只是持股24%。正是这种对创业企业的失控状态，最终导致港湾网络为了自身的利益和发展，与华为产生冲突和竞争，也背离了内部创业计划的预期。

资料来源：根据网络资料整理。

6.1 内部创业计划书概论

6.1.1 内部创业计划书的内涵

内部创业计划书是企业内部创业的计划方案。内部创业计划书在大部分情况下是各种职能计划的集合体，可用于短期决策和长期决策，而这些决策通常是关于内部创业企业运营前三年的决策，其中最需要关注的是盈亏平衡点和开始盈利所需的时间。本章所指的内部创业计划书本质上是企业内部利益相关者的行动指南。内部创业计划书本质上和一般创业计划书是一致的。

一个组织的运转需要制订各种各样的计划，例如销售计划、营销计划和财务计划。这些计划可分为战略性和运营性，或分为短期和长期。但无论其范围或分类如何，其目的都是在竞争激烈的全球市场中成功搭建框架以取得成功。内部创业计划书也旨在如此，其可类比于游戏计划或旅行计划。例如从起点到终点的旅行计划，由于存在多种旅行路线和方式，旅行者需要充分收集内外部信息，在了解每种旅行计划所对应的时间和金钱成本之后，做出由时间和金钱共同决定的最恰当的决策。

公司内部创业者需要做的与之类似，即充分使用组织内部存在的可用资源来制定组织内部创业活动的商业计划书。更详细地说，内部创业计划书作为一份全方面描述与创建新业务有关的所有内外因素的书面文件，其目的在于阐述新业务的意义、风险、需求、要求和潜在收益，以及如何抓住商机获得预期收益，其内容涉及新业务实施过程中的各方面细节，包括市场分析、市场营销、产品与服务、运营管理、风险管理等。

6.1.2 内部创业计划书的涉及人员

内部创业计划书的制定一般涉及两类人员，一类是企业内部人员，一类是企业外部的利益相关者。

1. 企业内部人员

企业内部人员可以包括企业普通员工，以及企业或内部创业项目评估团队人员。企业内部人员是制定内部创业计划书的主要人员。企业内部员工对内部创业计划书的内容进行制定后，由企业或内部创业项目评估团队人员针对内部创业计划书的内容给出相关建议，再由企业内部员工对内容进行相应的修改。

2. 企业外部的利益相关者

企业外部的利益相关者可以是顾问、供应商和外部资助者等。企业外部的利益相关者可以对内部创业计划书的内容造成影响，例如在企业内部员工制订内部创业计划书的过程中提出的相关需求、想到的相关问题以及针对该内部创业活动的担忧，都能使其做好内部创业的充分准备。

6.1.3 内部创业计划书的作用

内部创业计划书在整个企业内部创业活动中起着指导性的作用，它对于企业内部创业者的价值是不可或缺的。具体来说，内部创业计划书的作用主要体现在以下五个方面：

1. 内部创业计划书能够帮助内部创业者精确新业务

内部创业计划书能够帮助内部创业者检验新业务点子的合理性、逻辑性和一致性，并通过长达数日或数个星期的市场调查研究更加全面、清醒地检查新业务的期望成就与实际情况之间的差距，以判断内部创业活动与内部创业者个人目标期望的一致性。除此之外，在撰写内部创业计划书的过程中，内部创业者可以通过获得外部投资者或其他人员的建议和指导的方式，提升内部创业计划书的切实可行性。

2. 内部创业计划书能够确定企业内部创业活动的目标

一份完整全面的内部创业计划书能够全面介绍和描述企业内部创业活动的发展前景以及创意服务或产品、市场、风险、竞争及投资收益等内容，其作用类似于一份详尽的业务指示图，能够指示企业内部创业者将来的发展方向，并在帮助其确定企业内部创业活动目标的同时，指导其实施。

3. 内部创业计划书能够提供进行企业内部创业所需的规划性指导

内部创业计划书指明了企业内部创业活动的现状和未来发展方向，同时也向企业提供良好的效益评价体系和管理监控指标。通过描述企业内部创业活动的发展前景和成长潜力，内部创业计划书使得内部创业者明确自己需要在企业内从事的项目和活动，清晰地了解自己的角色和工作内容，从而获得在此方面的规划性指导。

4. 内部创业计划书有助于确定企业内部创业活动的可行性

对于一个新的内部创业活动，内部创业计划书的作用十分重要，内部创业计划书能够有助于将一个模糊的新的内部创业项目清晰化。通过对其进行一个全面的可行性分析，包括对所有企业已有的或已知的市场情况以及初步的竞争战略做详尽的分析，以及对提出的初步行动计划进行可行性分析和风险分析等，从而全方位地确定企业内部创业活动的可行性。

5. 内部创业计划书能够提供为了获得管理层批准和资金资助所需的信息

内部创业计划书是一份全方位的内部项目计划书，它在对即将展开的企业内部创业活动进行全方位的可行性分析的同时，也收集了各项拟建的内部创业活动的相关信息，包括内部创意服务或产品、营销、市场、人员、制度、盈利和管理等各方面，从而为企业管理层批准内部创业活动并对其进行资金资助提供所需的相关信息。

总的来说，撰写内部创业计划书是内部创业过程中必不可少的步骤，因其不仅可以提升内部创业者的思维能力和精确新业务的各方面内容，还能够给企业内外部人员的沟通提供桥梁，从而齐心协力完成新业务。

6.2 内部创业计划书的撰写

6.2.1 内部创业计划书撰写的前提条件

内部创业计划书在企业内部创业过程中起着不可或缺的作用，而在撰写内部创业计划书之前，必须具备一些特定的前提条件，具体包括以下几个方面：

1. 好的新业务点子

一个成功的内部创业计划离不开一个好的新业务点子，一个好的新业务点子可以让企业内部创业活动成功一半。好的新业务点子的特质在于，它不仅关乎自身的好坏，更在于能够获得社会的认可，即它自身既有新意，其形式又符合社会需求。内部创业者在选择新业务点子时，大致可从以下几个方面入手：

(1) 社会痛点

在这方面，内部创业者应该注意的是社会所提供的现有产品或服务中存在的令人们不甚满意的地方，通过聚焦其不满意之处来抓住新业务发展的机会。内部创业者可通过随时发现并总结社会现有服务或产品来帮助自己寻找并发展适当的机会。当代人们的需求在时刻变化，而人们对社会现状的不满意之处恰恰可以成为未来产品或服务的发展方向，内部创业者需要做的是，密切了解和关注消费者的需求，并充分利用他们的需求来创造服务或产品的生存机会。

一个社会不可能令人处处满意，现代社会存在许多让人们不满意之处，例如垃圾污染、女性歧视、贫富差距、教育水平差距、战争等。如上海实行的垃圾分类政策，让上海人民在复杂的垃圾分类规则中痛苦不堪的同时，也带给了内部创业者相应的商机。当代媒体和企业凭借其出色的触感，在垃圾分类政策出台后不久，就出现了一系列相关的衍生品，其中包括垃圾分类微信小程序、垃圾分类讲解视频等。垃圾分类微信小程序在诞生不久后就获得网民的密切关注，其话题度更列于微博热搜榜前排，获得大量话题流量。所以，社会问题不可避免，内部创业者需要注重的是如何充分利用社会问题，来达到既帮助人们解决社会问题又获得相关收益的目的，从而达成个人和社会的共同利益，这也正是内部创业者可以从社会"痛点"切入的原因。

(2) 外部环境

新业务点子需要满足社会的需求，企业内部创业者需要密切关注企业外部环境，从而使自己的新业务点子符合环境趋势变化。环境趋势的变化可以来源于多个方面，包括社会环境、经济环境、政治环境、技术环境等，每个环境的趋势变化都可以给内部创业者带来商机，为其创造无限的可能，从而帮助其赢得最终的成功。

1) 社会环境。社会环境包含的内容涉及许多方面，其多样的变化在一定程度上可以对消费者的消费行为及需求等造成较大的影响。现代社会环境多样化的状况，如人口老龄化严重、雾霾问题、平均婚育年龄增加、性别比例不协调等，可以让人们在各个方面产生相应的新需求，从而为内部创业者提供商机。

如我国人口老龄化严重的社会问题，让房地产企业推出了"以房养老"的服务，没有后代的老人不用为自己的养老而担心忧虑，只要将房子抵押给房地产企业，就能获得一个条件良好且活动丰富的老年生活，这不仅解决了大量无子嗣老人的养老问题，也为房地产企业创造了一个良好的盈利机会。通过聚焦社会环境变化，内部创业者不但可以让诞生的新业务在适应社会环境变化的同时获得快速发展的机会，也能在一定程度上解决社会问题，从而为社会获取相关利益。

2) 经济环境。内部创业者可通过了解企业外部经济环境的变化来了解社会需求的变化，并及时抓住人们关注点的变化之处。例如，在经济状况良好的时候，人们的收入水平上升的同时，需求适当提升，消费结构便产生变化，从而对娱乐、教育、艺术培养、旅游等方面的需求上升，对柴米油盐等生活必需品的需求下降；而在经济状况较差的时候，人们的收入水平降低，相应的消费结构降级，人们的整体消费需求会大大下降。所以内部创业者在开发新业务的时候，应该密切关注企业外部环境的变化，从而抓住消费者需求的相应变化，提供符合人们要求和满足人们需求的产品或服务。

以现代经济环境为例，现代网络经济的崛起严重影响了实体经济的发展，使一大部分实体经济举步维艰，内部创业者在开发新业务的时候，应当多考虑以网络经济作为新业务的呈现方式，才能获得更大的成功可能。除此之外，中国与美国的"贸易战"也对中国经济环境现状造成一定的影响，内部创业者应当将该类因素纳入新业务开发的考虑当中，从而开发出更能适应经济环境变化的新业务。

3）政治环境。每个企业都需要密切关注国家政治环境。企业不仅要遵守国家的法律法规，更需要了解国家的政策和法律法规。通过对国家政治环境的密切关注，实时了解相关变化，从而发掘相应的新业务。以共享经济为例，共享经济的兴起促使许多企业开发相关新业务，其中包括共享单车、共享汽车、共享充电宝等。虽然这些新业务在一定程度上能够解决交通拥堵问题，方便人们生活，但其运营都需要遵守国家的相关法律，如共享单车的随意摆放影响街道秩序造成违规的情况，应该接受相应的处罚。

除此之外，国家政策的改变可以给内部创业者提供开发新业务点子的空间，在某些领域上的政策开放或限制都有可能为内部创业者创造创业机会。以燃油为例，燃油的减少和其燃烧造成的污染，使得世界上数量不少的国家宣布停止生产和销售传统燃油车，这为电车生产企业创造了一次巨大的机会，他们可以通过提升电池的续航里程来增加电车的使用时长以及开展更多相关的电车服务，从而获得更大的市场占有率，获取更大的收益。在适应国家政策的条件下创造出的新业务，不仅能够为国家和社会做出较大的贡献，更能为企业带来更大、更稳定的收益。

4）技术环境。技术环境的变化可以作为内部创业活动的方式和来源。企业若是想要达到长期生存发展的目标，则必须密切关注企业外部技术环境的变化，并充分利用技术环境的变化，利用最新、最受欢迎的技术手段提升自身产品或服务质量，从而更好地服务于目标群体。尤其是在当今信息技术时刻更新的新兴时代，内部创业者在决定新业务时，更应该思考如何充分利用最新的技术作为新业务的手段，吸引目标顾客和增大其消费力度。

以人工智能（Artificial Intelligence，AI）技术为例，AI技术的兴起不仅引起大量社会个体的兴趣，更引发一系列相关产品或服务的产生，如迪士尼为提升消费者的娱乐体验，利用AI技术为消费者打造出一个更加栩栩如生的迪士尼世界，为其服务增加热度和受欢迎程度。在游戏行业，众多游戏企业也将AI技术添加至产品开发中，让AI技术成为游戏过程中不可或缺的部分，从而达到既吸引消费者又增添消费者乐趣的目的。

（3）内部环境

内部环境可以通过资源分析和能力分析进行探索。

1）资源分析。企业资源是指企业可以利用的、能为消费者创造价值、能为企业生产运营提供支撑的各类要素的总称。企业资源不仅仅包括企业所拥有的资源，还包括企业可以利用的"合作"组织的资源和公共资源。前者主要包括虚拟资源、租赁资源、战略联盟组织资源、客户资源等；而后者是指企业可以利用的公共自然资源、公共设施和公共信息资源等。企业资源可以大致分为有形资源、无形资源和人力资源：有形资源是指企业的物质资产和金融资产；无形资源是指能为企业创造价值但不具备实物形态的资源；人力资源则是一种反映企业的知识结构和技能的特定的有形资源。内部创业者在制作内部创业计划书之前应该详细分析企业资源，对企业资源有充分的了解，从而创建出充分利用企业资源的新业务，提升新业务成功的可能性。以阿里巴巴淘宝为例，菜鸟裹裹的创始人正是看准了淘宝资源的多样性以及物流的强大潜能，才提出与各大物流企业合作，将全国的物流连成一张密实的网，从而大大提升物品发送速度和配送速度。

2）能力分析。能力是指企业分配资源的效率，通过将企业资源有效地整合在一起，从而达到预想的最终效果。其中最为重要的是企业的核心能力，核心能力表现为企业内部经过资源、技术和知识的有效积累和整合的过程，获得的独特的、持久性的竞争力。用于衡量企业核心能力的标准可以概况为四个：价值性、稀缺性、可延展性、难模仿性。企业的核心能力表现形式包括组织洞察力和一线执行能力，前者是指企业能够发现或探寻到能创造一流优势的模式，后者是指企业能够提出并创造出行业最好的产品或服务。每个企业所拥有的核心能力各有差异，如佳能的核心能力在于企业的持续变革能力；微软和英特尔的核心能力在于企业的技术创新能力；海尔的核心能力在于企业的市场营销能力；华为的核心能力在于企业的文化和凝聚力；邯钢的核心能力在于企业的成本管理能力等。内部创业者在考虑新业务时，应当详细分析和充分了解自身所处企业的核心能力，从而在实施新业务的过程中充分利用企业核心能力。

（4）市场空隙

市场空隙是指某些因主流市场无多余精力或因其他因素导致其无意涉及的细分市场。市场总是存在盲点，尤其对中小型企业来说，要在列强争霸、群雄割据的市场，为了自身的生存和发展进行企业内部创业，可以掌握的突破点就是善于发现市场空隙。正如装满石头的桶里还可以灌细沙，堆满石头和细沙的桶里还可以倒入水，这便是市场空隙的精髓所在。如果内部创业者能够发掘不被关注的需求，从市场缝隙出发，充分开发消费者的潜在需求，就可以获得竞争的成功。

想要找准市场缝隙，内部创业者需要具备发现市场的慧眼，学会打破旧的思维定式，发现强劲的竞争对手忽略的市场空间。以海尔为例，海尔初进市场时还是一个小品牌，但它通过专业的市场调查发现了市场潜能，打开了市场缝隙。海尔通过开发一系列大学生或租用单身宿舍的青年适用的带折叠台或电脑桌的小冰箱，在美国各大家电品牌汇聚的市场中占据了数量不小的份额，从而获得了众多目标群体的喜爱。

2. 充分的市场调查

一方面，充分的市场调查能够帮助内部创业者判断新业务是否与目标群体的需求相符合。只是凭借创业者自己的想法诞生的新业务，即便想法再新奇或优秀，如果无法满足市场需求，也无法走到最后。在生产产品或服务之前进行充分的市场调查，是了解目标群体需求的重要手段。即便进行市场调查可能会消耗一部分时间和精力，但充分的市场调查不但能够帮助内部创业者判断新产品或服务与目标消费者需求的一致程度，还能为后续产品或服务改善提供有利的信息和方向，从而提高产品或服务受欢迎的可能性。

另一方面，在经过充分市场调查后，若发现新业务点子与目标市场需求差距过大，可以提醒内部创业者及时止步，从而避免将过多资源消耗于无法被市场接受、没有实现价值的新业务点子上，做到充分利用资源，不浪费资源。以美国柯达公司为例，以彩色感光技术先驱著称的美国柯达公司成功的关键在于新产品研发过程中反复进行的市场调查。其著名的蝶式相机，正是柯达通过多次市场调查，在获得用户的想法和意见之后，多次改善相机的外表和性能，直至最后获得大多数用户的喜爱和认可之后才投入生产，从而最后达到蝶式相机一投入市场就大受欢迎的效果。

3. 合理的分工配合

一份优秀的内部创业计划书离不开内部创业团队内人员合理的分工和相互配合。内部创业计划书涵盖的内容涉及多个方面，包括营销、管理、财务、经济等，绝不是以一人之力能完成的，这需要拥有不同才能的人员的合作才能完成。所以内部创业者在制作内部创业计划书的过程中，职责的合理分配以及团队成员之间的相互配合就显得至关重要，这不仅可以充分调动内部创业团队人员的积极性，更能保障内部创业计划书内容的完整和细致，从而增加内部创业活动成功的可能性。总而言之，好的内部创业计划书必定是众多团队成员意见的融合体，而只有团队成员之间合理的分工和相互之间的配合才能保证内部创业计划书内容的详尽和可靠。

6.2.2 制定内部创业计划书的步骤

1. 准备阶段

由于内部创业计划书涉及的内容较多，因而制定内部创业计划书前必须进行充分的准备和周密的安排。首先通过各种途径和方法形成新业务点子，包括在参与者自主思考出的新业务点子中选出更好的业务主题；在企业内部公开且广泛收集新业务点子等。

2. 审查制作阶段

首先由企业办公室或部门进行初次审查，对形成的新业务点子进行甄别审核。对于首次审查通过的新业务点子，即决定要实现的新业务点子，成立专门的工作小组，制订内部创业计划书编写计划，以确定内部创业计划书的种类与总体框架，并制定内部创业计划书编写的日程安排与人员分工。在内部创业者编写内部创业计划书的过程中，先进行客户识别和提供相关价值的论证信息，再由企业内部审查员针对"企业内部创业计划书"进行评估和审查。

3. 修改阶段

对于企业内部审查员审查通过的新业务点子，内部创业者根据审查员在审查过程中提出的建议和意见对内部创业计划书进行进一步的补充、修改和完善。

4. 定稿阶段

在该阶段，内部创业者对最终修改完成的内部创业计划书的文本进行最终的定稿和印制。

6.2.3 内部创业计划书的内容

内部创业计划书根据组织自身特点和需要量身定制，从而突显组织的目标、产品或服务及行业。虽然各组织的内部创业计划书各有差异，但其内容涉及的方面却基本差别不大。一般来说，内部创业计划书的主要内容包括：封面及目录、执行摘要和计划的具体细节，涉及产品或服务分析、市场分析、营销计划、盈利能力和未来行动计划等方面。

1. 封面及目录

封面及目录对于一份完整的内部创业计划书是不可或缺的，虽然它们在内容上不及执行摘要重要，但其重要性不可忽视。

封面作为内部创业计划书最外层的显示部分，在一定程度上可以展现一份内部创业计划书的品质。一份好的封面设计不仅可以直接吸引读者的注意力，还能表示内部创业计划书的独特性。

目录因其简洁性和逻辑性的特点，可以指引读者在短时间内查阅自己感兴趣的章节或内容，这要求设计者在设计目录时保证目录中的信息是有逻辑和现实的。

总而言之，一份完整的内部创业计划书不能缺少封面及目录。

> **透视**
>
> **《创美创业孵化有限公司》创业计划书——目录节选**
>
> 1　执行总结
> 　1.1　创业背景
> 　1.2　公司简介
> 　1.3　市场分析
> 　1.4　公司运作模式与效用
> 　1.5　项目集群
> 　1.6　公司发展战略
> 　1.7　营销策略
> 　1.8　投资与财务
> 　1.9　风险分析及资本退出
> 2　项目背景及分析
> 　2.1　创业背景
> 　2.2　项目背景
> 　2.3　公司基本信息
> 　2.4　公司概述
> 　2.5　公司特色
> 3　市场分析
> 　3.1　市场现状分析
> 　3.2　公司竞争力分析
> 　3.3　细分市场及定位
> 4　公司服务与运作模式
> 　4.1　公司服务
> 　4.2　项目筛选
> 　4.3　具体业务运作流程
> 　4.4　公司服务效用
> 5　项目集群展示
> 　5.1　核心项目展示
> 　5.2　子项目集群
> 6　公司发展战略
> 　6.1　公司定位
> 　6.2　战略规划
>
> 7　营销战略
> 　7.1　服务定位
> 　7.2　定价策略
> 　7.3　品牌营销
> 　7.4　网络渠道营销
> 　7.5　公益营销
> 　7.6　其他营销方式
> 8　内部管理体系
> 　8.1　组织结构
> 　8.2　管理策略
> 　8.3　人力资源管理规划
> 　8.4　人力资源绩效管理
> 9　投资分析
> 　9.1　股本结构及规模
> 　9.2　投资计划
> 　9.3　财务管理
> 　9.4　投资回收期
> 　9.5　投资净现值
> 　9.6　内含报酬率
> 　9.7　敏感性分析
> 10　财务评价
> 　10.1　财务预测框架
> 　10.2　财务盈利能力分析
> 　10.3　已包装核心项目财务
> 　10.4　公司总财务报表
> 11　风险管理
> 　11.1　风险分析
> 　11.2　规避风险原则
> 　11.3　规避风险措施
> 　11.4　风险资本退出
> 附录
>
> 资料来源：作者根据网络资料整理。

2. 执行摘要

执行摘要恰如论文写作中的摘要部分,往往在内部创业计划书的其他部分完成后撰写,其篇幅通常不超过三页,以一至两页为宜。

执行摘要通常简明扼要地描述产品或服务的独特之处和所具有的价值、企业支持度、市场规模、市场趋势和增长率,以简洁、令人信服的方式突出内部创业计划的主要方式和内容。

总体来说,在执行摘要的撰写上,内部创业者应该用简洁的方式将企业内部创业活动整体的逻辑和内容贯穿起来,并且要在内容方面表达出企业内部创业活动的意义,以及自己对企业内部创业活动的热情,从而吸引忙碌的企业审查团队继续阅读创业计划书,并使他们将创业活动的整体形象描绘于心。

透视

《创美创业孵化有限公司》创业计划书——执行摘要节选

公司简介

创美创业孵化有限公司的宗旨是最大限度地帮助大学生内部创业与就业,转化高校科技成果,广泛推广内部创业事业。公司注册资本为100万元人民币,股东由***投资公司、部分教师、学生团队组成。

公司的运作模式及效用

创美创业孵化有限公司是孵化学生自主创建项目及高校"毛坯"科技成果的营利性企业。公司采用科学的筛选流程,包括决策过程、产品服务、市场调查等七个环节,同时对通过审核的项目进行包括提供营销战略管理、团队实践素质拓展培训、内部创业计划书修改完善等在内的包装美化,力求实现"筛选有理,包装有道"。

公司依托高校创新产学研,具有研发创新、项目孵化、内部创业人才培养等功能。

项目集群

公司以孵化内部创业子项目为主,孵化项目主要分为自主开发项目和与其他风险投资机构联合投资的项目。其中,现有待投资核心项目包括便携式快速测定仪等,自主开发项目考研培训机构等多个项目。

投资与财务

公司初期共需资金145.64万元,其中用于固定资产投资20万元,无形资产投资20万元,流动资金投资为5.64万元,长期股权投资期限为五年,总投资额为100万元。公司资本为100万元,占总投资额的68.6%。公司在第二年和第五年需要外借资金20万元(银行三年中期贷款,利率为7.56%)。所筹得的资金主要用于公司的筹建以及初期的创业投资。股本结构分布如表6-1所示。

表 6-1 股本结构分布

股东性质	出资金额（元）	比 例	出资方式
***	50 000	5%	货币资金
管理层入股	300 000	30%	货币资金
***	250 000	25%	货币资金
其他企业法人	400 000	40%	货币资金
合计	1 000 000	100.00%	

公司投资回收期为 3.22 年，投资净现值为 62.99 万元（R =15%，5 年），内含报酬率为 62%，达到创业投资回报率平均水平以上，且远大于资金成本率 15%。

资料来源：作者根据网络资料整理。

3. 产品或服务分析

产品或服务分析部分着重介绍产品或服务创意的各个方面，主要描述产品或服务本身以及其满足市场需求的具体方式。针对产品限制和产品责任的讨论以及针对特定政府批文及其获得过程的分析也包含在这部分内容里。

除此之外，这部分还需要分析产品或服务的创意与企业使命、方向和重点的符合程度。具体包括：产品与企业目标、客户基础、资产利用、员工需求的符合度和渠道协同。产品或服务创意越符合企业目标，越具有将企业资产充分利用的能力，越能够吸引更多的关注，即便使用相同的销售渠道或分销系统，被销售给相同的客户群，该创意也能充分利用现有的需求和知识资源进行制造、交付和营销来增加其吸引力。

总体而言，组成产品或服务分析部分的要素包括：产品或服务的目的、发展阶段、产品局限性、专有权利、政府审批、产品责任、相关服务、附带利益和生产等。

其中，内部创业者需要认真考虑产品或服务创意的独特之处，使其与众不同。虽然每种产品或服务都有其自身的独特定位，但大多数普通产品能令人感知到的差异主要体现在其低廉的价格，即大部分无差异产品通过价格竞争来为企业获得盈利能力，此目的的实现需要企业在产品生产上提高效率并在劳动力方面降低成本。

特色产品则通过其独特之处获得溢价能力和盈利能力，它的实现需要依赖人才、营销知识、具有实用性和特色性的销售计划。一般来说，特色产品的产生有六种方式：①通过广告和创新的销售信息的支持为产品制定个性化的名字；②使用独特的方式加工或处理产品从而获得价值增值；③增加符合消费者期望的产品成分从而使其区别于同类产品；④成为市场内最早出现的产品从而获得优势；⑤充分利用产品包装或包装和品牌名称的组合，从而将普通产品打造成特殊产品；⑥改变产品的组合结构或成分从而创造出具有独特性的新产品。

除此之外，内部创业者也需要考虑产品或服务的其他特点，包括品牌名称、商标、Logo、专利和包装等，并将其他方面的因素加入考虑范围内。

（1）品牌名称

品牌名称是指该产品制造企业的注册名称，该名称可以是产品的统称、类别产品或特定产品的名称。品牌名称可分为单一品牌名称、类别品牌名称和特定产品名称。单一品牌名称指制造企业生产或销售的产品都使用一个品牌名称；类别品牌名称是使用于一类产品的品牌名称；特定产品名称则是使用于某一特定产品上的品牌名称。若特定产品名称被使用于第二个产品，特定产品名称就成为类别品牌名称。

内部创业者在选择品牌名称时，为使品牌名称具有意义，需要注意四点：①避免使用地理名称，因任何其他企业也有权使用该地理名称，从而无法使其品牌名称具有独特性；②避免使用通用术语，即用于识别具有一类成分或用途的同类产品的表达语言；③尽量使品牌名称拥有简单的发音，从而增大该品牌在市场的适应度；④尽量使品牌名称便于记忆，从而加深消费者对品牌名称的印象。

（2）商标

商标意味着所有与商标相关的商品归该企业所有，任何其他企业都无权使用其商标。

（3）Logo

Logo可以是某个单词、字母或符号，用于代表该企业的商标并被该企业独家使用。在某种程度上，Logo可被企业作为传递企业信息和价值的方式。

（4）专利

专利虽然无法给予企业品牌名称，但它具有重要价值：①以其未曾被使用过的特点成为材料的原始成分或其替代品的新组成成分或材料；②以其具有独特性的想法为国家的科技做出贡献；③以其新奇性成为生产过程中使用的机械。

（5）包装

内部创业者最后需要考虑的是产品的包装。产品的最终包装组合需要通过各个方面的检验，而良好的产品包装组合也能给企业带来各方面的价值，包括让企业产品和品牌信息保持一致、对企业产品起到保护作用、打造企业产品的独特性、促进企业产品的销售、适应企业生产线的速度、增大产品使用的便利性、可供消费者重复使用、尽可能降低包装成本、符合法律要求和环保要求等。其中，为了促进企业产品销售，即产品包装的最终任务，内部创业者在设计产品包装时需要注意包装吸引和保持目标消费者关注的能力、包装的外观和尺寸、包装对于产品质量好坏的传达能力和包装上品牌名称的可读性等原则。

4. 市场分析

市场分析往往是企业内部创业计划书最难准备的部分。虽然市场分析具有一定难度，尤其是对于来自组织技术领域的个体而言，但良好的市场分析、营销计划和信息渠道不仅可以为撰写有效的内部创业计划书提供帮助，还能提升企业对于市场分析重要性的认知度。在市场分析的部分，内部创业者应重点关注产品或服务创意的市场需求以及目前能够满足市场需求的所有产品或服务。

此外，在识别市场时，内部创业者应将市场规模、市场趋势、市场近几年的增长率等特点纳入考虑范围，而这些信息的来源可以是具有竞争性的企业和产品信息、行业和市场相关信息、搜索引擎、出版物和相关协会等。一般来说，市场分析部分的内容包括：当前市场规模、当前市场的增长潜力、行业发展趋势、行业竞争状况、目标客户的特征、目标客户的利益、市场细分、目标市场的概况等。

其中细分市场的总体分类标准可分为六个：人口统计、心理、地理、效用、使用量和可控的营销要素，与之相配合的市场可分为三类：企业对企业、企业对消费者、企业对政府（Business to Government，B2G）。

总体分类标准中最常用的两个指标是人口统计和地理，同时它们也是具有最多公开可用数据的两个指标。性别、年龄和收入在人口统计中被广泛使用，这些指标都可被用于任何定义的地理区域范围内。相对来说，其他标准较少被使用，但其中的效用标准可以产生最有效果的细分变量。一般来说，效用可被分割为可靠性、经济性、持久性、企业对企业的运行效率的把控和企业对消费者产品偏好的了解情况。内部创业者在决定产品或服务效用时，应通过市场调研的方式准确确定客户追求的效用，从而达到令产品或服务创意的独特销售主张与选定效用相匹配的目的，提高成功上市的概率。

> **透 视**
>
> **《创美创业孵化有限公司》创业计划书——市场分析节选**
> **市场细分及定位**
> **1. 市场细分**
> 　　目前，科技创业者所需的主要服务大致有五项：房产服务、物业管理服务、商业咨询服务、信息服务和风险投资服务。其中每一项服务都可以衍生出新的实业，而我国现有孵化器最薄弱的环节就是缺乏这样的衍生能力。

2. 市场定位

公司发现高校在科研成果转化和内部创业事业方面应有职能的缺失，为了把两者更好地结合起来，公司以内部创业为核心思想，致力于内部创业者的培养，同时将目标市场定位于高校科研成果转化和高成长性内部创业团队。

公司将充分利用高校的专业优势，弥补现有市场空白，致力于提高孵化体系的服务支持水平，做好市场服务，建立完备的体制以吸引风险投资，针对各项科研成果孵化出相对独立的内部创业子项目。将孵化公司提供服务的重点定位为：商业咨询服务、信息服务和风险投资服务，通过把孵化器、内部创业者和风险投资者结成联盟，积极拓展企业发展、技术开发、市场营销、竞争研究分析等由服务衍生出的新兴业务。

资料来源：作者根据网络资料整理。

5. 营销计划

营销计划的制订需要以创业创意的市场分析和市场细分为基础，其内容则基于四个主要领域：产品或服务组合、价格组合、渠道组合和促销组合。其中每种组合都有自己的组成要素，并通过各自的组合方式达到满足市场需求和实现客户满意的目的。为达到该目的，这些要素需要做到营销理念的本质，也就是将目标客户群体作为企业所有营销活动的中心和焦点，做到时刻关注目标客户群体的满意度和准确分析目标客户群体的需求，从而使企业产品或服务满足这些需求和要求。

产品或服务要素由所有组成实体产品或服务的方面构成。内部创业者在为这个领域的营销计划做出决策的时候，需要针对品种、质量、保修、保证、产品线的广度和深度、包装和服务等特性，因这些特性可决定最终产品或服务对目标客户群体的吸引力大小。

产品及其组合往往与产品价格具有密切的联系。产品价格对产品形象和产品的购买潜力都有较大的影响，因此内部创业者在决定产品价格时应将成本、竞争和消费者三个方面的因素纳入考虑范围从而为产品制定最适宜的价格。

销售渠道一般涉及两个领域：分销渠道和物流。分销渠道是指在企业将产品交予消费者这一过程中涉及的批发商和零售商；物流则是指将实物产品从企业直接交予消费者手中的转移，这一过程可能涉及库存、仓库和运输等。通常情况下，尤其在能够使用企业现有渠道和销售系统的情况下，内部创业者不需要将这部分营销计划包含于内部创业计划书的内容里。

促销的政策和程序一般包括五个方面：①促销，包括店内展示、交易促销、消费者交易类型和预算；②广告，包括预算、信息和媒介，例如电视、广播等；③人员推销，如手机经销商、电器经销商等；④公关，通过媒体报道和宣传有效地塑造并维持公司的形象；⑤社交媒体，例如微博、微信、推特等，目的是在新产品或服务的价值和利益与目标客户群体之间成功建立联系。类似于物流部分，该促销部分常常不是内部创业计划书中必需的部分。

6. 盈利能力

内部创业活动的盈利能力通过内部创业计划书的盈利部分显示，盈利部分的重点在于扣除开发和推出创意产品或服务过程中产生的任何设备资本支出以及其他相关的综合费用后产生的盈余。内部创业者在准备盈利部分内容时，需要注意的一点是，虽然表中所有的类别不是必须被估算出数值，但其中最重要的类别，包括总收入、销售成本和毛利润应至少被准确估算出第一年的数值。

7. 未来行动计划

企业内部创业计划书通常以概括性的未来行动计划部分作为结尾。该部分的主要内容通常是对企业内部创业活动的开发和营销过程中可能遇到的潜在问题、该活动给企业带来的预期收益以及其他未来发展和问题的讨论。这部分内容实质上是对企业管理和员工需求的分析，即针对企业管理的类型和规模、实现开发和落实创业活动所需员工特点的笼统性讨论。

6.2.4 撰写内部创业计划书的注意要点

虽然内部创业计划书的结构和内容与普通创业计划书没有较大差别，但是内部创业者在撰写内部创业计划书时应该注意内部创业计划书的特点，多结合企业内部情况进行相关分析和陈述。除此之外，内部创业者在撰写内部创业计划书的过程中还需要遵循以下几点原则：

1. 内容精简

内部创业计划书的内容需要遵循精简的原则，避免长篇大论，以 2~3 页的执行摘要为序言，以 7~10 页的主体内容为佳。一份优秀的内部创业计划书的内容应该避免冗长，应将主要内容针对重点部分，包括企业内部创业活动的经营计划、创意服务或产品的核心价值、盈利计划和预算等，其他一些具体的财务数据可留于之后细谈。

2. 真实合理

内部创业计划书的内容必须符合真实性和合理性的原则，内部创业者切忌为扩大内部创业计划的成功性而隐瞒或曲解事实真相，如隐瞒潜在的挑战或降低存在的风险。

只有合理且真实陈述、分析并解决潜在的挑战或风险的内部创业计划书才是优秀的内部创业计划书，容易获得企业内部审查员的认可并获得审批。

3. 通俗易懂

虽然内部创业计划书的内容涉及很多专业知识，包括营销学、财务管理、人力资源管理、创业管理、战略管理等，但是在编写内部创业计划书时需要遵循通俗易懂的原则，切忌使用专业词汇，例如使用过于技术化的词语来描述创意服务或产品运营或盈利方式，尽量少使用创业术语或行话，可多使用具体的有针对性的数据图表来陈述，从而使得内部创业计划书的内容易于阅读，让阅读者更容易接受其内容。

4. 清晰明了

内部创业计划书的内容应该尽量清晰明了，应该有清晰和符合逻辑的陈述方式或策略。可通过具体资料或有根据和有针对性的数据来帮助说明，切忌使用含糊不清的或无确切根据的陈述内容或数据，如用"产品销售在未来几年会增长一倍"等类似语句。此外，还可准备好相关财务数据以帮助内部创业者更加清晰地陈述内部创业计划书内容。

5. 突出重点

内部创业计划书应该重点突出内部创业计划书中不可或缺的部分，如新业务在运营过程中可能遇到的关键风险因素等。这样不仅可以展示出企业管理者和投资者关注的重点，也可以展示内部创业者的专业素养和综合素养，从而增加管理者和投资者对内部创业活动的信任度。内部创业者通过指出和分析风险因素，可以向管理者和投资者传达"已认真考虑过相关风险并能够处理和控制这些风险"的信号，从而获得他们的青睐。

6.3　内部创业计划书的审查、展示与抉择

6.3.1　内部创业计划书的审查

1. 内部创业计划书的审查环节

内部创业计划书的审查在内部创业活动发布会上进行，内部创业活动是否进入实施环节则由母体审查员判断。审查员通常由董事长或对投资有判断能力的董事担任，

以相关技术部门或业务部门的负责人为辅，他们将就内部创业团队发表的内部创业活动进行相关提问，内部创业团队则对问题进行回答。一般来说，每个内部创业计划书的审查需进行 30~60 分钟，其中一半的时间用于内部创业团队对其内部创业活动进行发表，另一半用于内部创业团队对审查员所关注的问题进行回答。在发布会结束后，审查员将对所有记录内部创业活动的评估单进行汇总并发布审查结果。常规而言，对汇总记录的处理有两种方法：一种是在发布会结束之后，审查员针对所有内部创业计划书统一发表意见；另一种是由负责对内部创业活动进行继续探讨的审查员进行下一个环节。

2. 内部创业计划书的审查结果

内部创业计划书的审查结果通常有以下三种：

（1）决定实施

就原内部创业活动的构想或将原构想的一部分进行变更之后实施内部创业计划。为该活动建立新的组织并投入新的预算。

（2）继续探讨

虽然内部创业活动不能进入实施环节，但因其具有成为新业务走向成功的希望，由审查员继续对其进行探讨。

（3）终止探讨

因为内部创业活动作为新业务走向成功的希望较小，审查员决定不实施该活动，故对该创业活动的探讨终止。

3. 审查员的权利与职责

审查员在拥有对内部创业活动进行相关决策的权利的同时，也承担着支持内部创业活动成为新业务的责任。内部创业计划书作为新业务的商业计划书，很难像现有业务的计划书一样完善。审查员因其对现有业务商业计划书的熟悉度，通常会觉得内部创业活动计划书的完美度远远不够。然而，审查员存在的意义不只在于能够指出内部创业计划书中的不足之处，更在于，他不仅能够对内部创业活动是否业务化进行公平的抉择，还应该承担咨询的责任，为内部创业活动的实施提供专业性的建议和提示，或作为职能部门的一员从自身角度为内部创业团队提供相关的或必要的支持。

6.3.2 内部创业计划书的展示

一份完整的内部创业计划书撰写完成后，内部创业者需要将内部创业计划书的内容展示给审查员。内部创业计划书的展示在发布会上进行，最终展示时间大约为 30 分钟。一般来说，内部创业者需要进行两类展示：一类是书面展示，也就是将内部创业计划书的终稿文本打印出来进行展示；一类是口头展示，即通过幻灯片和口头表达向审查员进行展示。

1. 书面展示

内部创业者在进行书面展示时，首先需要注意内部创业计划书的整体风格以及内容布局等，保持内部创业计划书的风格统一，内部结构布局合理。此外，内部创业者对内部创业计划书不同章节的侧重点应该也不同。在封面方面，内部创业者需要注意内部创业计划书整体呈现的风格，并将新业务的关键信息排列在计划书的封面页上，其他相关必要的信息也要合理地编排在封面上。总体应该遵循简洁大方的原则，避免多种颜色的叠加造成紊乱的视觉效果。内部创业计划书的内容应该详略得当，篇幅适当。一般情况下要注意以下七点：

1）目录可以自动生成，在目录生成后，内部创业者应认真核对页码与内容是否对应，并注意目录的篇幅是否得当，避免拖沓冗长。

2）执行摘要部分的语言应精练简洁、流畅合理，富有逻辑性和吸引力。

3）市场分析应符合客观事实，多使用富有说服力的数据来阐述，不过分夸大和刻意隐瞒事实真相。

4）产品和服务部分应注重介绍产品或服务的作用和优势，而非产品或服务的构成或来源，从而展现出产品或服务拥有的独特价值。

5）营销计划部分需要对新业务未来的营销计划和具体措施进行详细的说明，从而让管理者或投资者对公司新业务未来的发展方向有清晰的了解。

6）盈利情况部分重点在于内部创业者对新业务未来潜在利益和预计收益的详细分析，可以通过展现未来三年的一系列财务表格来实现，包括现金流量表、资产负债表、利润表等。

7）未来计划部分注重于描述新业务未来的发展方向和计划，并对预计出现的问题提出相对应的解决方案和策略。

2. 口头展示

口头展示主要通过幻灯片和口头表达的形式向审查员进行展示。口头展示要求内部创业者对内部创业计划书的内容有全面细致的了解，并将书面形式的内部创业计划书通过幻灯片的形式进行展示。只有对内部创业计划书的内容有了全面细致的了解，内部创业者才能将其通过口头语言的形式完整地展现出来，并有准备地应对审查员提出的问题或质疑。

幻灯片的效果也在一定程度上影响内部创业计划书的展示成功性。审查员需要面对数量众多的幻灯片，所以幻灯片在制作上需要保持简洁的风格，既能将内部创业计划书的关键内容包含在内，又要吸引审查员的关注和获得其认可。一般来说，幻灯片在制作时需要遵循以下几点原则：

（1）控制幻灯片总数

幻灯片总数尽量不要超过12张。

（2）幻灯片的制作需要遵循"六—六—六"法则

每页幻灯片内容不可超过六行，幻灯片每行内容不能超过六个英文单词的长度，每六页连续的文字类型幻灯片后需要使用带图片、视频、图表等形式的幻灯片进行穿插从而达到视觉停顿。

以上原则是展示者在进行口头展示时需要遵守的原则，展示者若要达到完美的口头展示效果，还应该根据其内部创业活动的实际情况进行合理适当的调整，不完全局限于规则要求。总体而言，一场优秀的内部创业计划书的展示，离不开一份制作精美的幻灯片和展示者充满激情和诚意的演讲。

3. 注意事项

内部创业者展示的是审查员第一次接触的新业务，内部创业者展示的内容即是审查员对此业务进行判断时所能依据的所有信息，这将直接影响最后的展示结果。所以内部创业团队针对内部创业计划书的展示应该注意以下三点：

（1）做好充分准备，增加练习次数

所有内部创业团队在进行最终展示时，要做好十足的准备，并且在当天全心全意地投入展示当中，努力做出最好的展示效果。在发布会开始之前，内部创业者应投入较多的时间在展示练习上，而不是花大量时间修改相关资料。练习次数的增加有助于内部创业者发现展示计划和相关资料中的瑕疵点，并帮助内部创业者增加自信，最后既帮助内部创业者提炼出需要发表的内容，也帮助其做出更好的时间分配。

（2）不局限于传达内部创业活动的内容

内部创业者在展示内部创业计划书的时候不应该只局限于讲清楚其内容，还应该传达自己对于内部创业活动的热情，以及相关负责人员对于该活动的责任感等。例如通过一些鼓舞人心的语言表述来表明自己高涨的热情和责任感。因实施内部创业活动存在风险，审查者会十分认真对待审查过程。而内部创业团队对于其创业活动热情度的高低将直接影响审查员做出企业是否投资的决定，也就是说，一个对内部创业活动没有热情的内部创业者，即便其制订的内部创业计划的完美度很高，也无法获得母体的投资。因此，内部创业者展示时的热情度才是展示成功的关键之处。

（3）调整内部创业计划被否定后的心态

虽然内部创业者对其内部创业活动的用心程度很高，但只有不到一半的内部创业计划被同意进入实施环节，大多数内部创业计划只能遗憾止步于探讨阶段。但内部创业者不能因自己的计划被否定就气馁，因为许多内部创业计划很难实现其实施环节，且强迫性地实施是毫无意义的。内部创业者在自己的计划被否定后应该及时调整心态，把握住展示过程中的学习机会，从失败的经历中总结经验，将其运用到工作中并为下次内部创业计划做好准备。

6.3.3 内部创业计划书的抉择

内部创业计划书的抉择由企业审查员进行，通过对以下项目进行评估后审查员做出最终抉择：

1. 顾客

评估点在于内部创业计划书中是否对此进行充分理解和验证。

2. 价值提供

评估点在于内部创业计划书中是否验证了多个假说并对其持保证确信态度。

3. 竞争

评估点在于内部创业项目是否拥有战胜竞争者的优势或具有很高的创建优势的可能性。

4. 销售方法

评估点在于内部创业计划中是否有能够实施的、具体的、有说服力的销售方法。

5. 收益性和风险

评估点在于内部创业项目是否预计会产生销售额和相应的收益，并且承担较小的风险。

6. 责任制和运营团队

评估点在于企业内部是否具有充足的实施该项目的人才和经验，以及推进内部创业活动的人员是否具有热情。

通过对上述项目进行评估，企业内部审查员可得出一个针对内部创业计划书的综合性判断结果，而不是各个评估条款的平均值。针对内部创业计划书的最终抉择结果有以下四种：

1）决定对内部创业项目进行业务化。
2）对内部创业项目业务化进行继续探讨。
3）虽然审查员认可内部创业项目的业务线，但暂且将其搁置。
4）确定内部创业项目本身没有业务性。

复习思考题

1. 内部创业计划书的作用是什么？
2. 内部创业计划书的内容包括哪些？
3. 撰写内部创业计划书时需要遵循哪些原则？
4. 如何对内部创业计划书进行审查？
5. 内部创业计划书的展示需要注意什么？
6. 内部创业计划书的抉择结果有哪几种？

案例分析

在大公司内部创业——腾讯云

腾讯云是腾讯社交网络事业群（Tencent Social Networking Business Group，SNG）孵化的云计算创业团队。团队在风起云涌的云计算市场，牢牢把握住市场客户需求，上下一心，在竞争中不断推出颠覆级的产品，不断拉开友商差距。这样一支神秘之师是如何思考和快速行动的？腾讯为单飞企鹅俱乐部里从腾讯离职的创业伙伴提供哪些鹅厂福利？生态合作总监王智勇在5月14日腾讯系合伙人峰会上做了如下精彩分享。

创业是个很苦的活，无论是在外面的创业，还是在腾讯内部的创业。从一开始，我们就立志要成为互联网市场云计算领域第一品牌。对手不会轻易让我们做到这一点，这需要我们比对手更专注客户，将腾讯的内部优势尽快开放，让客户可以方便、快速、安全地使用。云计算领域面向企业市场，再多的公关（Public Relation，PR）也不如客户口口相传的口碑。同时在"互联网+"领域，会遇到传统的如华为这样在私有云领域值得尊敬的对手，我们需要依托对互联网的深刻理解让客户意识和感受到"互联网+"的真正价值，通过更多连接数据的能力，推动自身升级。

任何一个创业团队首先思考的是活下来的问题。在互联网领域腾讯技术人员的口碑有一定的影响力，与此同时，偏互联网应用的企业天然就是云计算的使用者。举例来说，游戏会遇到节假日波峰、日常时间波谷的资源使用率问题，云计算的弹性可以非常好的节省成本。当腾讯云选择进入市场的时候，我们首先选择优势的领域进行渗透和拓展，同时结合企业的优势平台资源迅速扩大规模。

感谢我们合作伙伴的信任，大量的游戏企业纷纷选择腾讯云计算服务。与此同时，我们积极沟通，积极展示腾讯云的技术实力。腾讯投资的一些互联网巨头企业，例如58同城、饿了么，在多次交流后，也毅然决定将现有信息技术（Information Technology，IT）架构全面朝腾讯云迁移。不少互联网企业发展非常迅速，但短期内技术也会存在一定的瓶颈，如锤子手机发布时遇到的分布式拒绝服务（Distributed Denial of Service，DDoS）攻击，聚美优品特惠活动时遇到的大量黑客刷单等问题，都是借助腾讯云强大的大禹分布式防御和电商防刷系统顺利过关。通过十年来积累的核心能力，我们赢得了互联网大客户的信任，站稳了发展的第一步。

通过我们对企业市场的拓展，简单谈谈我们的一些看法：随着国内人口红利逐步消失和人力成本的增加，中小企业使用工具提升效率的需求越来越多，"企业软件即服务" Software-as-a-Service（SaaS）快速兴起。但在未来一段时间内，政府和中大企业依旧是市场主力军，通过大客户抓收入，通过中小企业做量（口碑）是企业云服务市场比较好的运作方式，创业首先要解决活下来的问题。

然而企业云服务市场和互联网市场还是有一定的区别，相对互联网市场的面向用户的产品快速迭代试错等行为，企业云服务市场，尤其是面向大客户的市场，建立一个完全客户驱动的组织文化和导向是基础。项目的交付质量，售后服务能力，产品有没有清晰的路标和差异化，解决方案是否切中客户的痛点，是否有一群追随和信赖的合作伙伴愿意将产品落实到客户的需求，甚至将这种融合企业原生态产品和客户需求的方案最终形成面向行业的解决方案后能通过企业销售网络在全国推广，形成厂家和合作伙伴共赢的产品销售清单，最终反哺合作伙伴的投入，这些认可、能力都需要时间和资源进行相当长时期的经营。

创业如同爬雪山，熬过痛苦的过程爬上山，你会看到美丽壮观的风景。稍作休息后，你会继续前行，因为山永远在那里。这是一场马拉松的长跑，腾讯云因为业绩的快速增长，迅速进入腾讯公司级战略，我们在互联网领域积累的十年经验，厚积薄发，在短时间内赢得了大量客户和合作伙伴的信任，也获得了非常多的改进建议。但这一切才刚刚开始，IT 的云化还需要相当长的一段时间，需要在产品服务、用户体验、开放连接等上面做大量的工作。

在巨头的大树下，投入所有的资源聚焦一点，在某个节点上投入巨头内部数倍资源的同时快速倾听市场声音，将产品的体验做到极致，迅速赢得客户口碑。这样的团队不但不会被巨轮的波浪倾覆，反而是我们极其仰仗的合作伙伴。创业永远需要不停地寻找某个领域的业务明白人，拥有洞悉市场需求的能力和坚定推动业务落地的魄力。在这一点上，对于优秀人才的寻找永远是 CEO 的第一要务。

当所有这些因素逐步具备，最后，我们需要的就是坚持，再坚持。不求毕其功于一役，要有板凳要坐十年冷的准备。企业市场的增长永远不是指数级爆发的，而是一个逐年增长的过程。

资料来源：根据网络资料整理。

思考题

1. 王智勇启动"腾讯云"公司内部创业项目的原因有哪些？
2. 王智勇成功创立"腾讯云"需要满足哪些因素？
3. "腾讯云"公司内部创业项目发展完善的过程，对你有何启发？
4. 在"腾讯云"公司内部创业项目创业计划书的撰写与展示中，应该注意哪些问题？

系列实训之六

> **实训目标**

1. 掌握内部创业计划书的相关知识。
2. 通过实际写作提升内部创业计划书的撰写能力。

> **实训内容与要求**

1. 分组:各小组基于大公司腾讯,提出内部创业构想,各组开展市场调查。
2. 根据内部创业计划书的撰写要求,撰写一份完整的内部创业计划书。
3. 各组在课堂上进行内部创业计划书的展示和交流,并对内部创业计划书进行修改。

第7章
实施内部创业

内容提要

内部创业是企业开拓新业务、推行"二次创业"、实现战略性重组与整合的有效途径，也是企业管理领域的重要内容。在推进内部创业的过程中，管理者要建立可行的管理机制支持企业内部创业，包括创意管理机制、资金管理机制、人才管理机制等。企业内部创业项目或企业对资金的需求包括发展种子期、创立期、成长期和扩展期的融资需求。内部创业的融资过程包括做好融资前的准备、估算内部创业所需资金、编写内部创业计划书、确定融资渠道、展开融资谈判。不是所有的人都适合内部创业，一个完整的内部创业培训辅导体系由三部分构成：培训内容、培训方式和培训周期。

学习目的与要求

熟悉新业务实施的管理机制，掌握内部创业的融资过程和融资评估要点，了解内部创业者的培育方式，了解内部创业团队绩效的评估标准与激励机制。

开篇案例

内部创业微案例：松下公司内部创业管理

2000年年底，松下公司为了鼓励员工进行内部创业，投资一百亿日元成立了松下创业基金，专门用于培养创业人才。松下力图通过这一措施，为立志于创业的松下员工提供自我发展的空间，同时也为企业开拓更广泛的事业领域，为松下今后的发展夯实基础、增添活力。

"2000年年底，当我听说松下用来支援员工创业的松下创业基金（Panasonic Spinup Funds, PSUF）已开始启动时，要不要申请，我还真犹豫了一阵子。"目前已经成功创业并已经是松下学习系统（Panasonic Learning Systems）社长的大山章博直率地吐露了当时的心声。

当时，他断定"随着信息技术的发展，面向企业和大学的电子学习系统的市场将不断扩大。"但原有的工作岗位局限于公司内部的服务性，不能向外自由拓展。

正当大山先生想着"要是能够把自己多年积累的知识本领拿到市场上实现价值就好了"的时候，松下推出了PSUF制度。在松下的人才开发公司也能做自己喜欢的事情，要不要冒险另外创建一个培训公司？大山先生犹豫了一段时间。促使他下决心冒险一试的是PSUF周到的员工创业支援制度。

确实，与其他公司类似的制度相比，松下为鼓励员工独立创业提供了十分优厚的条件。除此之外，松下公司还为立志创业的员工准备了一个长期的培训计划，意在消除创业者存在的"我有创业的点子，但我真的能成为企业家吗？"这一顾虑。松下员工立志创业，从报名申请PSUF到实际创业，可以有半年以上的准备期。例如通过书面审查和第一次面试的候选人，要学习成为经营者最起码的基础知识。他们必须连续三个星期，从上午九点到下午五点进修包括经营学、会计学、企业案例等内容的课程。随后完成为期一个月的名为"Brush Up"创业计划修炼的作业。

为培养出色的创业者，松下公司还注意利用社会的专业力量。从报名员工的资格审查到"顶尖工商管理硕士（Master of Business Administration，MBA）训练""Brush Up"活动，整个过程都有日本权威的智囊组织"日本综合研究所"资深专家全面协助参与，最后还邀请多名来自公司外部的风险企业精英人士以风险经营者的眼光严格审核候选人的创业计划。

经过历时半年的面试、筛选、培训和考察，46岁的大山章博被选中成为首批创业计划的三名成员之一。在此之前，大山章博只是松下公司下属人才开发公司的一名普通职员，主要从事员工的内部进修工作。借着企业内部创业的东风，如今的大山章博已经成为松下学习系统的社长，所经营的学习系统软件销售业务蒸蒸日上。

资料来源：松下的内部创业管理［EB/OL］.（2020-08-09）. https://max.book118.com/html/2020/0809/8050012017002132.shtml.

7.1 新业务的实施管理

企业的生存和发展，与企业面临的现实环境及环境的未来变化有着密切的关系。因此，对企业来说，把握住环境的现状和将来的变化趋势，利用有利于企业发展的机会，避开威胁因素，是谋求企业生存和发展的首要问题。这就要求企业要不断紧跟市场，调整自己的业务规划，确定新业务的主攻方向。

内部创业是企业开拓新业务、推行"二次创业"、实现战略性重组与整合的有效途径，也是企业管理领域的重要内容。在推进内部创业的过程中，管理者要建立可行的管理机制来支持企业内部创业。

建立有利于内部创业的管理机制的核心在于建立三个相互联系的管理机制，即创意管理机制、资金管理机制和人才管理机制。

7.1.1 创意管理机制

大多数企业，尤其是大企业的组织机构往往是层级分明的，几乎都是采用自上而下的传达方式，高层管理人员决定着资源如何分配，我们称之为资源分配型的管理体制。这时，企业往往成为阻碍新生事物发展的官僚机构。这种阻碍作用的一个典型表现是：在企业号召进行创新时，很少能得到响应。这往往并不是因为缺少好的思想，而是因为好的创意在实现的过程中有时会遇到很大的组织障碍，来自底层的构想可能在传到决策层的途中就阻塞或衰亡了。

在某种程度上，内部创业的个性化和组织权威是不相容的。为了促进内部创业的开展，需要在一定范围内绕过，或突破传统的管理体制，开辟一块自由的空间，使创意能在市场机制引导下流动、组合。这样一来，好的创意一旦得到认可，它就能吸引到资金和人才，我们称之为资源吸引型的管理体制。充满创新精神的企业拥有鼓励创新的机制和文化，以及勇于创新的员工。两者相比，机制更加重要。如果员工被束缚于因循守旧的业务模式下，那些思想活跃的人才要么离开企业，要么逐渐失去了创造力。因此，企业内部创业的管理机制应注重创意管理机制的建设。

传统大企业难以产生创新的原因有以下三点：

1. 创意产生难

大企业把注意力集中于运作效率，不论是优化供应链，还是实施 ERP 系统，其目标都在于如何把现有的业务做得更好。在这种效率哲学下，员工很少能跳出观念上的桎梏来思考创造财富的其他途径，而新一代网络新贵的成功，并不是通过在传统商业模式下提高效率来取得的，而是通过开拓新兴商业模式达到的。

2. 创意向上传达的通路不畅

创意从下向上通过反馈链一步步到达决策层，这个过程中任何一个环节的否定意见将导致创意的夭折。创意的"买方"是各个层次串联起来的，因此其被接受的可能性较小。

3. 等级束缚难以孕育创意

传统企业中对各层员工的分工也会对创意的形成带来负面影响。"战略问题是高层管理者考虑的，其他员工不必考虑"，这种等级的束缚很容易导致偏见，而偏见的土壤很难孕育自由活跃的思想。

在企业中建立创意管理机制可以消除以上阻碍，认同"创新是创造新财富的唯一途径"的理念，接受任何有价值的创意，而不考虑提出者的身份、职位。企业中成立专门的委员会，评审呈交上来的创意，决定是否提供各阶段的支持。总之，企业建立创意管理机制，就要在企业内开辟创意通道，繁荣"创意市场"，从而更有利于内部创业活动的开展。

7.1.2 资金管理机制

> **透 视**
>
> **柯达公司对内部创业者的资金支持**
>
> 在柯达公司,创新点只要有大约 10%的成功希望,就可以从新业务开发(New Opportunity Development, NOD)部门获得高达 2.5 万美元的资助。这一阶段被称为创业设想的开发阶段,发起人可以将 20%的工作时间用于完善创业设想。
>
> 如果设想可行,便可进入下一阶段。这时发起人可获得高达 7.5 万美元的项目资助,并可以离开原岗位组建项目组、撰写项目规划书、开发产品模型。这时项目小组会得到 NOD 部门的咨询服务和其他支持。
>
> 如果进展顺利,创业项目进入运作启动阶段,则可获得高达 25 万美元的资金支持,若通过严格的项目评审,还可获得更多的资金。这时,项目从属于柯达技术子公司。柯达此时扮演控股公司和风险投资公司的双重角色。尽管柯达技术是柯达公司的子公司,但它所管理的诸多创业项目和柯达公司已经脱钩。它就像一个孵化器,对创业项目投资回报率的最低要求是 25%。如果项目运转顺利,几年后创业项目还可以通过公开上市和转让,实现资本增值。
>
> 由此看来创新在不同阶段对资源和外部环境有不同的需求,而内部创业也同样存在类似的规律,也会有相应的流程。柯达公司设置的资金供给流程是合理的,既保证了创新点及时被开发出来并实施,又能通过分步的资金供给保证了对员工内部创业每一个环节的审核,确保资金的有效利用。
>
> 资料来源:内部创业激活企业家精神[EB/OL].(2014-12-14). http://www.360doc.com/content/14/1214/00/202378_432750039.shtml.

随着企业改革与发展形势的变化,支持企业改革和制度创新成为发展先进生产力的客观要求,通过对企业与资金管理机制的调整,有利于形成以出资人管理为中心的企业资产与资金管理的新框架。因此,资金管理机制的建立就显得尤为重要,它的建立能够加快内部创业者新业务、新想法的落地,更优先地抢占市场。

然而传统大企业在资金方面也存在对内部创业诸多不合理的限制。

1. 内部创业者面临的风险与得到的资金支持不对称

大企业中都有明显的权力体系,高层能做出较大支出的决定,普通员工想获取一些资金去试验新的想法时,对企业而言是一个微不足道的风险,但对那个员工或小团队却往往意味着其职业生涯的全部,但获得资金支持的机会依旧很小。

2. 侧重从财务的角度处理资金投向，而忽视资金的机会成本

有创造性的新业务设想常常因为估计的市场容量小、成长度的模糊性高、财务预测缺乏现成的分析模型和大量的数据支撑而被束之高阁。在风险投资者看来，有创意的商业计划不是规定预算如何使用的契约，它更像一个关于机会的故事，以及如何去创造和捕获财富。因此，企业要促进内部创业的蓬勃发展，就必须建立独立于传统资金管理的资金管理机制，不可忽视资金的机会成本。

3. 资金预算程序容易错过那些能带来巨大回报的创意

通常，资金预算的目标是为了避免资金投向回报率低的项目。一个已投资项目的损益是显而易见的，那些被放弃的投资机会的损失则很难被发现。

4. 掌握资金支配权的管理者可能阻断资金流向新业务领域

习惯于现有业务模式的管理者掌握着资金支配权，他们往往会阻断资金流向新业务领域。构思着新的业务模式梦想的人不得不向管理者寻求资金支持，即使创意是有益于企业长远发展的，一旦它威胁到现有业务模式，则很容易被打压。

在企业内部建立资金管理机制，能够有效地解决上述问题。目前，构建基于内部创业的资金管理机制，企业通常的做法是建立能够提供持续性支持的企业内部创业基金。员工通过递交内部创业计划书、参加企业选拔等形式，申请创业资金的投入与使用。一方面，企业内部创业基金的建立能够有效地缩短资金审核时间，减少因审核流程过于烦琐所导致的创意错失；另一方面，建立企业内部创业基金也有效地解决了因资金掌握在少数人手中所带来的资金闲置问题，加快了资金在新业务中的流动速度。

7.1.3 人才管理机制

在许多企业中，或多或少总有一些资金分配的流程，或有一些实际操作程序来评判资金是否被合理使用，而基本没有人才分配流动程序，更谈不上人才市场。因此，很少有人了解企业的人才是聚集在新机会前，还是在垂死的业务面前慢慢地窒息。

人才就是根，根深则叶茂，根固则枝荣。人才管理已经成为现代企业管理的一个重要内容。作为现代企业，面对世界经济全球化和国家进一步发展的新局面，如何加强人才管理，提高企业竞争力就显得尤为迫切和重要。如果企业不建立合适的人才管理机制，不仅吸引不到优秀的人才，而且会因为这个缺陷导致人才的不断流失。因此，应结合企业经济建设的实际，尽快建立一种完善的人才管理机制，这是企业实施新业务的关键所在。

传统企业中形成人才市场障碍的主要表现有以下几点：

1. 头衔意识、本位主义严重

头衔意识在很多企业的部门主管和管理高层中仍然根深蒂固。优秀的工程技术、市场营销人才被束缚在没有发展潜力的位置上，其才能的发挥只是他们实际能够做到的一小部分。

2. 缺乏对人才流动的鼓励和支持

要使那些优秀的人才"人尽其用"，一方面要给他们围绕新机会展开竞争的机会，另一方面要提供附加的保障和激励措施。一流的人才应工作于一流的机会上，没有理由，也没有办法把那些雄心勃勃且极富创造力的员工束缚在逐渐没落的业务中。

企业建立适合内部创业的人才管理机制可以从以下几个方面着手：

首先，要树立"大人才观"，着眼于每一个员工，坚持"以人为本、人才兴企"。树立"大人才观"，就是要以人为本，落实人人是才，"赛马不相马"的人才管理思想，充分调动每位员工的工作积极性与创新热情。坚持人才兴企，就是要加强人才资源能力建设，充分发挥人才资源在企业发展中的基础性、战略性和决定性作用。

其次，要改革原有企业的用人机制，打破传统的靠档案管人、靠权力管人的僵化体制。重新构建企业的人力资源开发部，赋予其人才调研、人才引进、人才激励、创造人才脱颖而出的企业环境等职能。这种管理机制下的人力资源管理不仅要注重管理发展和绩效评估，还要鼓励创新、创业，促进人员流动，推进人的全面发展。

最后，建立有利于企业内部创业的人才管理机制。企业内部创业的人才管理机制应当是开放的、有组织的，且机制中有新颖的、独特的发展机会。实践证明，当那些工资福利类的物质条件达到一定程度之后，这些因素对员工的吸引力就不再起决定性的激励作用了，他们更需要一种组织的重视以及社会的认同，需要自我价值的实现以及精神的愉悦。这需要企业建立基于企业内部创业的人才管理机制，采取措施鼓励和支持有创新精神的员工创业。员工可以通过内部创业过把"老板瘾"，达到自我实现的个人目标，真正成为企业的"主人"。

总而言之，当企业拥有了没有束缚的创意市场、寻求投资机会的资本、精力充沛的人才，并将这些因素完美结合，相应的管理机制逐步完善后，定能有效推进企业内部创业的成功。

7.2 内部创业融资

内部创业融资是指内部创业者从自身生产经营及资金运用情况出发，根据未来经营发展的需要，通过一定的渠道或方式筹集资金，以满足后续经营发展需要的一种经济行为。

每一个内部创业项目，都需要根据自身的发展规划、生产经营状况、资金拥有情况以及项目未来经营发展的需求，开展融资活动。

对于内部创业者来讲，融资不是一件容易的事情。由于其是在企业内部进行创业，主要的融资途径是母体的资金支持，其向外部融资的可能性较低且途径较少、限制较多。因此融资范围就大大缩小了。从内部创业融资的目的来说，企业允许员工进行创业，一方面，是为了实现内部创业者自身的创业想法；另一方面，作为母体，允许内部创业者进行创业必定也是出于自身利益的考量，因此会为其提供相关的、合理的资金资助。

7.2.1 内部创业融资需求

资金资源是新创企业成长中最重要的资源，对企业内部创业项目而言，其前期发展需要一笔金额足够大的启动资金。如果内部创业经过了前期的检验，发展前景良好，则需要寻求进一步的资金支持。因此，在内部创业过程中，其融资需求也与普通的创业企业相似，都需要不断的资金支持。唯一的差别是内部创业的融资主要来源于其母体。

企业内部创业对于资金的需求可从以下四个发展阶段来分析：

1. 发展种子期

对于多数处于种子期的新创项目或企业来说，正处于暂时的无盈利状态，使得其承担风险的能力也极为有限，因此，依靠内部创业者自身或亲友相助，以及私人的股权资本（承担高风险，追求高收益），成为这一阶段创业企业最为青睐的融资方式。此外，还有一部分新创项目或企业也会在其发展种子期，采取负债融资的方式进行融资。

区别于一般的创业企业，内部创业企业的种子期融资更多地来源于其所属母体。在这一阶段当中，内部创业者首先要根据内外发展的情况对自己所需资金的规模进行预估，撰写融资报告提交给母体，母体经过审核再决定给予资金的多少。除了向母体寻求融资，内部创业者也可根据自身的实际情况选择母体以外的适合自己的资本提供者，制定详尽的商业计划书，进而向这类投资者传递信息。在确定了自身融资计划内容之后，内部创业者便可以与风险投资家进行接触，提前为企业下一阶段发展所需的资金做准备。

2. 创立期

创立期的大多数创业企业会选择风险投资机构来进行融资。内部创业者根据项目或企业的发展情况和市场的实际情况修订相应的商业计划书。除了确定本轮融资的相关事宜，在这一发展阶段，内部创业者还会对下轮及多轮融资进行筹划。

与此同时，在这一时期，由于项目和企业未来发展依旧存在许多不确定因素，内部创业者也无法对现金流进行精准估计，因此投融资双方对企业的价值在很多情况下会出现分歧，对于股权比例的争夺也较为激烈。这一问题在内部创业中也尤为突出。由于母体是内部创业企业的主要资金来源，如果经过评估，母体决定不再继续对这一内部创业企业或者项目进行投资，那这一行为对内部创业者的打击无疑是巨大的，很可能导致内部创业的中途夭折。

3. 发展成长期

在这一阶段，由于享有一定的商誉以及拥有一定的创业资本基础，内部创业项目和企业拥有一定的资产可以用于抵押或者关联项目和企业的担保，因此该时期的融资渠道也会变得较为通畅。除了母体提供的融资辅助外，内部创业项目和企业也可选择股权融资、债务融资等方式进行融资。此时内部创业项目和企业的融资途径更加广阔，对母体的依赖性降低。

在这一时期，融资决策要包含未来的发展模式。企业未来在处于快速发展的阶段时，自身商誉也得到了进一步的提升，因此便逐渐有能力来获得其他金融机构的支持。

4. 发展扩展期

进入扩展期后，内部创业项目或企业的市场前景相对比较明朗，因此专为内部创业项目或企业融资提供服务的创业板市场会自愿提供支持。在进入创业板市场之后，内部创业项目或企业有望成为公众项目或企业，在公众市场上筹集进一步发展所需的资金。内部创业项目或企业相对独立于母体，从而能够独当一面。此时，内部创业项目或企业处于高利润阶段，具有一定的商誉，有能力获得其他金融机构的支持。

7.2.2 内部创业融资过程

内部创业融资不只是一个技术问题，还是一个社会问题，内部创业者需要熟悉创业融资过程，以便顺利筹集资金。一般来说，内部创业融资过程包括以下五个方面的内容：

1. 做好融资前的准备

尽管内部创业融资较为困难,但却是内部创业项目顺利成长的关键。因此,内部创业者一定要在融资之前做好充分的准备工作:对融资过程有一定了解;建立和经营个人信用;积累自己的人脉资源;学习估算内部创业所需资金的方法;知晓了解融资渠道;熟悉商业计划书的结构和编写策略;提高自己的谈判技巧等,以提高融资成功的概率。

个人信用是指基于信任、通过一定的协议或契约提供给自然人及其家庭的信用,使得接受信用的个人不用付现就可以获得商品或服务。它不仅包括用作个人或家庭消费用途的信用交易,也包括用作个人投资、创业以及生产经营的信用。个人信用记录包括以下四个方面的内容:①个人基本身份信息,包括姓名、婚姻及家庭成员状况、收入状况、职业、学历等;②信用记录,包括信用卡及消费信贷的还款记录,商业银行的个人贷款及偿还记录;③社会公共信息记录,包括个人纳税、参加社会保险、通信缴费、公用事业缴费以及个人财产状况及变动等记录;④特别记录,包括有可能影响个人信用状况的涉及民事、刑事、行政诉讼和行政处罚的特别记录。在我国,通过信用卡的方式建立信用也是有效积累个人信用的主要方式。

市场经济是一种信用经济,信用对国家、社会和个人而言都是一种非常重要的资源,信用在内部创业融资过程中起着很重要的作用。无论是从何种渠道筹集资金,投资者都会比较关注内部创业者个人的信用状况。因此,为保证融资的顺利进行,内部创业者应尽早建立起良好的个人信用记录,例如做一个信用卡的诚信持卡人,同时注意在日常生活中按时缴纳各项税费,遵纪守法,保持良好的个人信用记录。

2. 估算内部创业所需资金

内部创业者必须明白,内部创业所使用的资金都是具有一定成本的。但这并不意味着筹集的资金越少越好,因为任何一次顺利经营的创业都需要基本的周转资金,如果筹集的资金不足以支持创业的日常运转,则会面临资金断流,进而导致破产清算。这也不意味着筹集的资金越多越好,许多内部创业项目都是在开始时被突然获得的大笔资金"撑死的",何况,资金都是有成本的,如果在资金使用过程中不能够创造出高于其成本的收益,就会发生亏损。因此,内部创业者在筹集资金之前,要能够运用科学的方法,准确地估算资金需求数额。

3. 编写内部创业计划书

内部创业对资金的需求,需要全盘考虑内部创业活动发展的方方面面,要对企业内部创业有全面筹划。编写内部创业计划书是一种很好的对未来创业进行规划的方式。

在内部创业计划书中，内部创业者要估计未来可能的销售状况，为实现销售需要配备资源，并进而计算出所需要的资金数额。

一般来说，内部创业计划书应包括分析和确定内部创业机会和内容，说明内部创业者计划利用这个机会发展新的产品或服务所要采取的方法，分析确定创业能否成功的关键因素，以及确定实现创业所需要的资源以及取得这些资源的方法等方面的内容。

4. 确定融资来源

确定内部创业需要的资金数额之后，内部创业者需要进一步了解可以利用的筹集渠道、不同筹资渠道的优缺点、内部创业企业自身的特征、内部创业企业所处的生命周期阶段等，根据筹资机会的大小以及内部创业者对未来的所有权规划，充分权衡利弊，确定所要采用的融资来源。

5. 展开融资谈判

选定拟利用的融资渠道之后，内部创业者需要和潜在的投资者进行融资谈判。要提高谈判获胜的概率，就要求内部创业者首先对自己的创业项目非常熟悉，充满信心，并对潜在投资者可能提出的问题做出猜想，事先准备相应的答案。另外，在谈判时，要抓住时机陈述重点，做到条理清晰。如果可能的话，向有经验的人士进行咨询，也会提高谈判成功的概率。

透视

百度作业帮引入并利用外部资本

作业帮是百度集团旗下百度知道团队推出的面向全国中小学生的学习平台，功能涵盖习题搜索、高效联系与学习沟通等，是一个综合型的线上学习工具。2016年9月，作业帮用户已经突破1.75亿，占据拍照答题市场60%的份额。作业帮作为百度孵化的内部创业项目，于2015年9月正式独立运营，其中A轮融资由红杉资本和君联资本领头，且在2016年中完成B轮融资，由机缘资本和囊禾资本领头，且A轮投资人跟投。外部资本的介入，让作业帮的发展有了新的活力，这是资本市场对百度孵化产品的认可。

此后，百度集团通过"航母计划"，逐步实现了通过分拆进行融资，作业帮、百度外卖、91桌面等分拆融资的成功运行，都表明了外部资本对于内部创业发展的重要作用。外部资本的进入对百度集团优质资产的进一步独立发展和成长，以及构建有机的百度开放商业生态圈均有重要意义。

资料来源：董军.过程视角下外部资本与内部创业的关系研究——以百度"作业帮"为案例[J].中国人力资源开发，2016（22）：55-60.

7.2.3 内部创业融资评估

创新的创意和概念在不同的发展阶段都需要融资，组织内部融资需要进行财务评估，并要求一定的投资回报，包括财务的或者非财务的回报。期望的回报可以是利润率、周转率、销售收入、销量增长、成本降低、就业、股指、产品线扩展或者其他的利益。只要有证据表明一项潜在投资能够获得不低于其他备选项目的投资回报时，企业的指导委员会（顾问）、总裁、副总裁、内部资本投资委员会才会投资于该内部创业项目或企业。

资金在所有的组织中都是有限的，任何对企业内部创业或创意的支持都需要详细的财务计划、广泛的调查和相关的预案，以免高估项目（通常是营收和利润）。企业内部创业者，不管他们对于自己的创意具有多大的热情，都必须对财务规划非常熟悉，或者在企业内部创业团队中需要有具备财务规划技能的成员，能够完成商业计划书中涉及相关数字的部分。很多企业内部创业项目都因为缺乏可信的销售数据、财务计划和毛利率而融资失败。

1. 内部创业融资的评估要点

（1）新产品或服务创意的一致性

评估内部创业的新产品或服务的创意是否与企业的使命一致，是否与企业目前的产品线和市场方向一致。新产品或服务的创意应当与企业目前的发展方向保持一致。企业应运用现有的知识来帮助新产品的发布取得成功，同时产生协同作用。与现有机构的匹配是一个广泛应用的标准，除非企业试图重构自我。

（2）开发费用和期限的明确性

明确产品或服务商业化进程中的开发费用和期限。鉴于风险投资机构通常不是支持研发活动的资金源，如果产品或服务的创意需要在一定的期限内才能实现技术上的可行性，商业化进程中的开发费用和期限必须明确。

（3）新产品或服务的规模性

内部创业的新产品或服务的市场规模应当足够大，且对于企业来说是可进入的。大企业要求较高的销售额和回报，内部创业企业经常为了接受大企业的融资而对创意进行折中。为了通过创业提案和获得企业内部创业的成功，内部创业企业往往需要在该部分得到较多的帮助，科技型企业尤其如此，但如果企业真的希望拥有充满生机的企业内部创业项目，就需要为项目提供相关培训和协助。

（4）创意的负责人的确定性

必须要确定创意的负责人。尽管负责人通常是该创意的原创者，但同时需要由具备一定能力的核心成员组成小组，共同将创意转化为市场上的成功产品。提供创意的内部创业者的能力、背景、教育和工作经验以及相关内部创业团队成员的确认，都需要经过仔细的探讨。

(5) 收入和成本指标的明确性

需要明确一些收入和成本指标（见表7-1）。如售价和预计销量可用于确认产品或服务创意的潜在收入。企业内部创业者可通过培训或他人帮助大大提高预测准确度，但即便没有此类指标的精确值，提出提案的企业内部创业者也应当对价格、潜在应收、成本和潜在利润有一定把握。

表 7-1　收入和成本指标

项目	时间		
	第一年	第二年	第三年
收入			
销售量			
售价			
总收入			
销售成本			
毛利润			
费用			
一次性费用			
月度费用×12			
费用总计			
净利润			

2. 内部创业项目估值的相关因素

对内部创业的新产品和服务的创意进行估值是风险投资部门面临的一大难题，估值的核心在于确定创意的价值，并确定是否为其提供融资。

虽然对创业项目的估值会因具体情况不同而有所差异，但是也包含了一些基本要素。

1) 估值过程必须考虑整体经济环境，这是估值时需要考虑的第一个要素。这一要素要求对国内经济和全球经济中相关产业的财务数据进行考核，并评估其未来发展趋势和经济情况。

2) 估值过程中必须考虑特定产业所处的具体环境，这是估值时需要考虑的第二个要素。这一要素要求评估管理层当下和未来的能力、相关创意未来的市场空间及其未来的发展趋势、未来市场是否会出现成长、衰退或者保持稳定等情况以及这些市场情况出现的经济条件。

3）估值过程中必须考虑创意特点及其发展历程，这是估值时需要考虑的不可或缺的要素。确定创意的特征和其所适用的产业是每个评估过程的基本流程，因为这关系到所涉及的风险以及企业对不利情况的承受能力。

7.3 建立支持新业务的培育机制

透 视

福建省电信有限公司厦门市分公司内部创业实践

福建省电信有限公司厦门市分公司（简称厦门电信）是中国电信的全资子公司——福建省电信有限公司在厦门设立的分公司，其前身是厦门市邮电局、厦门市电信局，分公司于 2000 年正式成立，并于 2003 年年底顺利实现海外上市。厦门电信担负着厦门市及所辖各区的电信服务和通信保障工作，目前主要经营本地各类国内、国际固定电信网络与设施（含无线市话）；基于固定电信网络的语音、数据、图像及多媒体通信与信息服务；与通信及信息业务相关的系统集成、技术开发等业务以及国家批准经营的其他电信业务。

厦门电信先前强调以职能为核心，推行"统一管理"的计划控制模式，由集团公司全权负责整个厦门区域的电信产品的市场营销。然而该经营模式并不适应当前"短平快"的市场需求，导致市场表现乏力，且囿于落后的激励机制，导致内部员工的工作积极性也颇受影响。因此，厦门电信决定开展"小 CEO（Chief Executive Officer，企业首席执行官）"的内部创业活动，将"统一管理"调整为"划片经营"，允许员工担任"小 CEO"。一方面，员工可以倚靠集团公司提供的产品资源，自聘团队并带薪创业；另一方面，集团给予人力资源和财务资源上的帮助，通过适度放权和加大激励等方式，极大地激发了员工的积极性，实现了企业壮大和员工发展的双赢。

厦门电信在推行内部创业后，试点单位的四名内部员工经过协商，以"共同出资、共担风险、共享盈亏"为原则，成立内部创业团队。

他们参照内部创业前员工岗位职责和历史薪酬情况，以创业出资额为限，约定内部创业团队各人员股权占比，实行分别占比为28%、24%、24%和24%的股权分配模式。

在以股权比例分配利润的基础上，明确"多劳多得，绩优酬高"的利润分配模式，进一步激发内部创业团队的积极性。

按照内部创业团队股权比例集资 10 万元，用于人员招聘、卖场改造及经营等方面的日常运营。由创业团队自行招募，并落实具体工作职责。最终招聘 6 人，其中，针对不同的细分市场，四人组成住宅用户营销小组,负责面向住宅用户的市场维护和开拓;其中两人组成商业用户的营销小组,负责面向商业用户的市场维护和开拓。人员薪酬实行"基本薪资制+计件奖金"的模式,基本薪资逐月发放,计件奖金以季度为周期,根据季度考核结果集中发放。通过推行末位淘汰制,让团队成员明确绩效目标和工作重点,充分发挥考评机制的引导激励作用。同时,经常性地对团队成员开展一对一的现场销售模拟训练,强化培训指导,提高销售业绩。

此外,除了薪酬激励以外,对"小 CEO"也推行职业发展激励。如果"小 CEO"在当年完成合同规定的项目创业数值,可获得培训专项奖励;连续两年完成合同规定的项目创业数值,则在岗位升级中可以优先考虑;连续三年完成合同规定的项目创业数值,可优先作为企业的中层后备人才进行培养。

内部创业的薪酬激励制度解决了员工关心的两大问题:一是薪酬问题。从试点单位的实际情况来看,参与内部创业的员工薪酬水平相较内部创业前有了质的提升。二是晋升问题。薪酬激励制度将员工的内部创业成效与今后的晋升考核相联系,不仅打消了员工"创业就没办法晋升"的顾虑,也进一步优化了员工的职业发展道路,很大程度上提升了员工创业的积极性。

创业团队还结合辖区人口分布特点,锁定居民家庭市场和商业楼宇市场两个细分市场,并明确市场拓展策略。针对居民家庭市场推出"4G 融合 169""4G 融合 129"和"包年宽带"三项服务,针对商业楼宇市场推出集团账号等市场服务。此外,四名股东成立四个小组,将辖区分为四个社区单位,每个小组负责一个社区单位,做好老客户维护和新客户开发。

此外,内部创业团队还充分利用自身办公楼所在位置的地理优势,进行卖场化改造,实现营业场所和办公场所有机结合,多方位、一站式地满足客户的各种需求;并通过加强引流销售,打造差异化服务,有效推动人流向客流转变、客户向交易量转变,促进手机销售等主营外收入的增加。

目前,厦门电信已经在厦门全市形成了一个拥有天翼 4G 网络、大容量程控交换、光纤通信、数据通信等多种技术手段的立体化现代通信网络,并逐步向数字化、智能化、宽带化和个人化方向发展,网络规模、技术层次和服务手段都达到了较高的水平,全网综合通信能力和服务水平在全国各大中城市中名列前茅。

资料来源:刘虹. 国有通信企业内部创业的思考[D/OL]. 厦门:厦门大学,2017. http://www.cdmd.cnki.com.cn/article/cdmd-10384-1017266136.htm.

7.3.1 内部创业者的培育方式

有些人天生就有创业天赋,不用太多培养就能快速成长,独当一面。但这种人是极少数的,是可遇不可求的。大多数员工都需要通过前期的创业培训辅导来认清自己,提升能力和学习创业技巧。然而,要让习惯了随波逐流的员工转变为一名内部创业者绝非易事,即便是具有创业潜力的员工,刚开始也很难达到创业要求。要让一名创业菜鸟变为熟手,要让有潜力的员工发挥出能力,必须进行系统化的前期辅导和培训。

所以，内部创业的首要条件并不是直接让内部创业者递交商业计划书，而是一定要对其进行培训辅导。

培训辅导有两个目的：一是激发创业潜能，让不知道自己能不能创业但有潜能的人明白自己的价值所在，挖掘出潜能；二是筛选人才，让一些实际没有能力但以为自己有能力的人，更清醒地认识自己，理性退出。

一个完整的内部创业培训辅导体系由三部分构成：培训内容、培训方式和培训周期。

1. 内部创业的培训内容

对企业员工进行培训，首先要确定培训的核心内容，让企业员工的心态和内部创业理念发生转变；其次要提高企业员工的创业技能；再次要对员工进行心理培训，提高他们的沟通管理能力及抗压能力；最后要组织企业员工进行实地考察模拟，如案例分析、沙盘模拟和实地考察具体企业。内部创业培训路线图如图7-1所示。

图7-1　内部创业培训路线图

以上四个培训辅导模块的课程体系、培训方式及重点内容都有所差异。要使企业员工的心态和理念发生转变，首先要请心理专家对内部创业者进行创业心态辅导，让他们从一个打工者的心态转变为一个老板的心态；其次要请内部创业专家对企业员工进行内部创业理念培训，扭转内部创业的常识性认知偏差。具体如表7-2所示。

表7-2　心态与理念转变模块

课程名称	授课人员	培训重点
创业心态辅导	心理专家：成功内部创业者	从打工者到老板的思维转变
		内部创业者的五种独特心态
内部创业理念培训	内部创业专家	理解内部创业的三环生态
		扭转内部创业的常识性认知偏差

要提高内部创业者的技能，需要对企业员工进行一系列的培训，如内部创业团队的构建与合伙人选择、内部创业战略规划、内部创业投资融资与股权架构设计、内部创业组织运营、商业模式、商务沟通技巧等。具体课程的授课人员和授课重点都有所不同，具体见表7-3。

表 7-3 创业技能培训模块

课程名称	授课人员	培训重点
内部创业团队构建与合伙人选择	内部创业专家；创业投资人	三种内部创业团队构建方式 了解团队成员的三个来源 认清内部创业的四类合伙人
内部创业战略规划	战略规划专家；创业投资人	掌握战略规划的制定流程和方法 掌握战略规划调整的时机和方法
内部创业投资融资与股权架构设计	创业投资人；创业股权律师	内部创业投资融资技巧 内部创业股权架构设计的特殊性 财务与会计规划
内部创业组织运营	运营管理专家；成功创业者	掌握内部创业的五种模式 内部创业运营的三条路径
商业模式	商业模式专家；投资人；成功创业者	掌握构建商业模式的技巧 自我诊断商业模式的方法
商务沟通技巧	商务沟通专家	与投资人和企业内部沟通的技巧 商务场合的沟通方法
从融资到上市	上市辅导专家；财务专家	了解创业融资到上市的全链条，反向推出每个阶段的重点
应对创业失败	连续创业者	了解创业常遇见的大坑 掌握避免创业失败的方法

要提高内部创业的成功率，需要对企业员工进行心理培训，如内部创业者心理诊断与减压、拓展训练与团队文化打造、创业者情绪管理。具体课程的授课人员和授课重点都有所不同，具体见表 7-4。

表 7-4 心理培训模块

课程名称	授课人员	培训重点
创业者心理诊断与减压	心理专家；成功内部创业者	创业者的五种心理疾病 心理疾病的自我诊断与治疗 掌握创业压力的不同类型 根据不同压力选用不同减压法

(续)

课程名称	授课人员	培训重点
拓展训练与团队文化打造	拓展训练师	理解拓展训练的意义和原则 针对不同问题选择不同拓展训练方式
创业者情绪管理	心理管理专家	挫折管理、沟通管理等

最后,要让企业员工切身体验内部创业,了解企业的内部创业套路,如内部创业案例分析、内部创业沙盘推演模拟、实地考察2~3家企业。进行具体的案例分析和实地考察,让内部创业者鉴人之长,补己之短,具体见表7-5。

表7-5 实地考察模拟模块

课程名称	授课人员	培训重点
内部创业案例分析	企业总经理;成功内部创业者;内部创业专家	全面了解案例企业的内部创业套路 诊断案例企业内部创业中的问题
内部创业沙盘推演模拟	企业总经理;成功内部创业者;内部创业者	采用小组制或私聊会,模拟内部创业场景,提出解决方案
实地考察2~3家企业	企业总经理;内部创业专家	鉴人之长,补己之短

企业构建培训辅导课程体系时,必须把握以下三个原则:

原则一:上述课程培训不是泛泛地讲创业,而是让员工清楚内部创业的独特之处。例如,内部创业股权架构就涉及母体入股甚至高管跟投,很多股份甚至是母体给内部创业团队的,这样的股权架构在入股方式、比例分配、责任权利等方面,都与外部独立创业不同。

原则二:内部创业培训辅导绝非简单地上课,一定要结合商业计划书(Business Plan,BP)路演、企业考察、沙盘模拟、创业复盘等方式整体推进。

原则三:企业可以根据自身实际情况选择相应课程,课程并非越多越好。建议将课程分为两类:第一类是内部创业通识课程,第二类是内部创业专业课程。培训前期以内部创业通识课程为主,后期以内部创业专业课程为主。其中,要特别强调内部创业者的情绪和心理管理等课程,这是当前创业服务中最欠缺的一环,也是内部创业者迫切需要的。

2. 内部创业的培训方式

在具体实施内部创业者培训辅导时，有以下三种方式可供企业选择：

（1）完全委托型

完全委托外部的创业专业化机构来做，例如可以将前期创业辅导、创业大赛筹备等工作，都交由其他的创客空间承担。

（2）内外结合型

由企业内部和外部力量共同完成。例如西安光机所的培训讲师既有研究所内部光电集成领域的技术专家，也有外部投资人和产业、市场、法律专家；海尔大学创客学院定期请知名投资人、成功企业家和创业者为小微创业团队讲课，为创业者提供涉及情绪管理、财务专业知识等模块的在线微课堂，海尔内部其他职能部门为小微团队提供法务和知识产权服务。

（3）完全内部型

由企业内部单独完成培训辅导，例如完美世界对内部创业人群提供长周期、针对性的培训辅导。

3. 内部创业的培训周期

在培训辅导的周期上，企业有以下三种选择：

（1）一次性学习

在递交商业计划书后开始创业，学习长度以不超过一周为宜。

（2）阶段性学习

针对不同主题分阶段进行培训，边创边学，每个阶段培训时间不超过两天。

（3）机会性学习

选择外部公开课、创业论坛、创业路演等，或参加创业大赛，时间随需而定。

创业并不是一件容易的事情，外面的风浪并不是每个人都能抗得过去。内部创业是一个不断试错的过程，不仅是对想法的试错，更是对自己的试错。如果在内部的路演会上发现自己并不适合创业，这些员工可能会对工作和创业有一种新的认识和态度。从这个角度讲，内部创业前期的培训、路演是帮助企业留住优秀员工的一种方式。

7.3.2 内部创业团队绩效的评估标准

绩效评估聚焦于企业内部创业团队在何种程度上实现了目标。虽然内部创业企业和项目以清晰而明确的目标和宗旨起步，但它需要灵活地适应现实。在评估内部创业团队的绩效时，使用母体的传统绩效标准来评估一个新创企业的绩效是不恰当的。评估标准需要关注在保持质量标准的前提下，能否以合理的成本及时完成任务，还需要关注内部创业团队的合作、协作和投入。

以下是企业建立适当评估标准的方法：

1）确定要评估的内容：所有评估都需要采用明确、客观和一致的方法。所有关键方面都需要建立一个适当且一致的评估战略，以便准确地进行比较。

2）明确界定期望的绩效标准：要遵循实事求是的原则，并明确与所有参与者进行沟通。评估可以在项目实施期间或在完成时进行，以确保任务在合理的时间内以合理的成本完成。

3）评估实际绩效：在一定时间内根据结果的质量和替代行动方案进行评估。

4）将期望的绩效标准与实际的绩效进行比较：如果实际绩效和期望绩效之间存在可接受的差异，则评估和控制过程不必纠正偏差。

5）发现偏差，需要采取适当的行动：如果偏差是不可接受的，则必须迅速采取行动。

虽然有效的控制系统不能保证组织一定成功，但它确实有助于组织目标的实现。内部创业需要建立一个基于组织的长期目标而制定和实施的控制系统。

每个新创企业的控制系统应当具备以下特征：

1）容易理解并适用于新创企业；
2）评估和评价所有重要的创业活动；
3）在适当的时间框架内进行；
4）分为短期、中期和长期标准；
5）迅速、全面地识别所有偏差；
6）能够帮助新创企业前进；
7）在评估企业内部创业者的绩效时，企业控制系统需要保持灵活性。

> **透视**
>
> **海尔内部创业的小微模式**
>
> 2013年年初，海尔的小微模式从各地的工贸公司开始试水。海尔的工贸公司成立于2007年，主要负责在境内销售海尔及其控股子公司生产的相关产品。如今，海尔全国42家工贸公司已经全部转型为"商圈小微"。今年以来，小微模式开始在制造、设计、财务等海尔内其他部门全面推进。
>
> 各小微公司通过前期准备，在商业模式已有雏形之后，就可以通过递交商业计划书、路演等形式，来获取海尔集团的投资启动资金。在审核通过之后，各平台主还承担着为小微公司对接外部资源和人才等职能。

不过，完全打破固有的组织形式和商业模式，并不意味着海尔有时间等待小微公司长大。张瑞敏要求，在平台转型的同时，海尔的业绩也不能下滑，要如何边破边立，实现海尔转型的平稳过渡？

海尔小微项目的产品，在上市之前大都通过网上预售、与用户直接交互等方式确定了初步的产量目标。而雷神项目的问世，就是海尔与用户交互产生价值的一个样板。

2013年1月15日，雷神游戏本在京东商城刚上市，20min内3000台笔记本计算机就被抢购一空。这款火爆产品的背后是海尔计算机平台上只有三个人的"雷神小微团队"。据创始人李宁和李艳兵介绍，在产品上市前，雷神团队先在京东上打出广告，把感兴趣的人吸引到一个QQ群里。而产品在京东上市之后，连续两代产品都配了会员（Very Important Person，VIP）卡。这个卡片是进入QQ群成为粉丝的通行证。第一代产品发布时，雷神官方QQ群有500人，目前，雷神的粉丝已经达到60万人。

雷神笔记本计算机不是海尔制造的，而是李宁等人通过与粉丝们的不断交互，再联合制造商、设计人员等，不断更新产品功能，实现了产品的迭代上市。另一款海尔人常常提及的产品"天樽"空调，也是在小微成员与67万网友的交互体验中应运而生的。

这些小微公司有一些共同点，即找准某一群体，通过微信圈、海尔商城、海尔社区和官微等网络平台建立联系，通过他们提交的体验痛点和建议，找出用户需求。而在产品创意的过程中，小微还会跟海尔以及外部的合作机构就产品的研发、设计、营销、制造等环节进行沟通。因此，上市之前，这些产品已经有了一个较为明确的订单量。

"人单酬"和"迭代量对赌"是海尔小微公司实现"自驱动"的关键词。所谓"人单酬"，是指每一个海尔员工的薪酬都和其"单"，即用户数量、销量等业绩挂钩；而小微公司的小微主们，为了实现成立时承诺的"迭代目标"，还与公司进行了"迭代量对赌"。

例如小微公司"免清洗"洗衣机的迭代路线图是：七月份销售3000台，九月份销售3万台，明年十月份销售10万台。另一家小微公司"悦享"热水器的迭代路线图是：六月份销售1万台，九月份销售10万台。

智胜小微主王健牵头做了一款针对80后、90后的匀冷冰箱，最初的迭代目标是到六月底完成95万台的销售目标，到今年年底完成300万台的销售目标。王健称，目前小微已经完成95万台的销售目标，而完成年底的销售目标，他坦言"有挑战，难度不小"。王健称，这也迫使他们的团队不断去研究顾客的需求，以实现自己的年度目标，但与此同时平台也会通过各种方式给予支持。

海尔对小微公司的业绩考核分为横轴和纵轴两条线，横轴主要是原来的KPI考核，纵轴则考核其网络化客户的数量。2013年元旦转入日日顺官方网站做社会化品牌的小微主张士勇，注册成立了青岛顺康企业管理有限公司。通过这个小微公司，张士勇与日日顺官网签订了对赌协议。按照协议，张士勇横轴上要实现第一年国内家电频道平台交易额同比增长10倍；纵轴上要在年底前社会化客户达到1000家，明年年底达到1万家。如果不能完成目标，将不再是过去的解约减薪，而是双方终止合作关系。

当前海尔的小微公司主要集中在四大平台上，包括营销平台、研发企划平台、供应链模块化平台以及制造平台。"真正做小微不是把四个板块割裂开，而是打通全程链条。"周云杰介绍称，海尔小微公司的数量每个月都在动态变化。既有增加，也有因为做不出迭代方案或其他原因被兼并的小微公司。

资料来源：海尔系列报道之一：海尔"小微"怎么玩［EB/OL］．（2014-07-26）．https://mp.weixin.qq.com/s/ZJvN_L6z3h5HhHkjbgsk3A．

7.3.3 内部创业团队的激励措施

内部创业团队的激励措施对于保留创新和创造性人才很重要：奖励措施需要有激励性。个体激励需要与团体激励相平衡，以鼓励个体主动工作并融入团队。将个人激励与企业集体绩效联系起来则更具挑战性，如可将薪酬增长与里程碑达成情况相挂钩，或使企业家通过股权形式从业绩增长中享受红利，或采取给予大额奖金或一定期限的股票期权的形式。

透 视

王品集团内部创业的激励措施

创立于 1993 年的王品集团，其内部创业主要通过针对高管内部创业的"狮王计划"以及针对招聘的优秀大学生内部创业的"幼狮计划"来实施。王品遵循"即时奖励、立即分享"的原则，一月一次分红。只要门店赚钱，集团每个月就会拿出利润的 33% 在隔月发放给这家店的员工。这样的即时分享让每个店的经营都和个人利益挂钩，每个人的收入都和自己的付出直接挂钩，所以员工会主动关注组织的未来，主动付出。

当然，王品集团不只是走短期变现之路，它同样也通过"员工持股"的方式让内部创业者感受到长期持股带来的激励。让员工入股，看上去创始人的股权被稀释了，其实却收获了员工和企业同甘苦共患难的伙伴关系。活着才是王道，才有机会创造更多财富。在上市之前，王品集团的员工持股计划中规定，只要在王品工作满一年，从店长、主厨到经理以上的管理人员，都可以加入员工持股计划。2012 年上市之后，考虑到一些新进的员工可能虽然已经到了店长或主厨的岗位，但是未必会有公司的持股，所以公司为这些人做了"持股信托"：员工每月可以计提薪资的 3% 来认购王品集团的股份，公司则计提该员工薪资的 30% 支持其认股计划。在王品，每成立一个品牌、开一家分店，都会让店长、主厨到经理以上的管理人员依比例入股。这样，员工变成了股东，成为公司的主人，就会主动为公司发展出力。

员工入股和即时分红有一个重要启示：短期变现并非不可实现，并且短期变现可以和长期获利有机融合。当然，在现金流不充裕、企业不盈利时，短期变现的做法往往变得不切实际。在金融危机时期，王品集团的资金周转变得困难，不仅短期变现无法实现，还进行了一次裁员。为此，王品后来专门制定了保证企业平稳发展的安全基金制度：每月从利润额中抽取一定比例作为安全基金，防止因资金链断裂而造成的发展动荡，确保员工即时分红的利益。

资料来源：马方. 内部创业，王品为什么那么成功？[EB/OL]. (2016-08-22). https://mp.weixin.qq.com/s/yZDEU21iPDV1Pv0jutWfzQ.

如果内部创业者和内部创业团队没有得到足够的激励，母体实质上是在鼓励他们离开组织。如果公司制定了一个针对不切实际的目标的激励措施，也会使员工受挫。

1. 基于内部创业团队整体的激励模式

内部创业团队的工作集合了整个内部创业团队成员的技能和努力，从而使内部创业团队的整体绩效远远大于个体绩效之和。良好的内部创业团队应该是整体绩效强大、关系融洽的整体。因此，对于内部创业团队整体来说，要想拥有好的业绩，就要对内部创业团队整体进行有效的激励，从而发挥出整体绩效水平，实现内部创业团队目标。基于内部创业团队整体的激励模式主要有以下几种：

(1) 愿景目标激励

设置愿景目标是激励机制的一个关键。一个振奋人心、切实可行的目标，可以起到鼓舞士气、激励创业成员的作用。有效的内部创业团队必须具有一个大家共同追求的、有意义的目标，首先，它能够为创业成员指引方向，提供推动力，让创业成员愿意为它贡献力量。其次，目标一致还是搞好人际关系的首要前提。目标一致将内部创业团队成员个人目标和内部创业团队整体目标进行了很好的结合，形成一致性目标，从而产生良好的激励效果。

(2) 精神文化激励

精神的动力往往比物质动力所起的作用更大。内部创业团队文化对于团队的工作来说有一种强大的促进作用。内部创业团队要有自己的文化，才能明白自己的前进方向，才能知道自己为什么存在和如何开展工作。内部创业团队的精神直接影响团队的生存与消亡。因而，做好内部创业团队激励的同时，必须培养良好的内部创业团队文化，搞好精神文化建设。要营造相互信任的组织氛围，建立有效的沟通机制，通过文化的力量逐渐形成内部创业团队成员自身的行为习惯及行事规范。

2. 基于内部创业团队成员个体的激励模式

也许每一位管理者都有这样的经历，一个没有积极性的下属即使有能力也很难办好一件事情。可见，要实现内部创业的目标，提高内部创业团队的绩效，首先必须提高个人的绩效。内部创业团队的绩效主要来源于创业成员的努力。内部创业团队成员在整体目标之外又有个体的需求和动机。因而，在内部创业团队激励中，也要特别重视对内部创业团队成员的激励，建立基于内部创业团队成员个体的激励模式。基于团队成员个体的激励模式主要有以下几种：

（1）给内部创业团队成员提供学习、成长机会

内部创业团队成员在工作中都有表现、学习、成长的强烈愿望，而且大部分成员的成长来自工作上的发展，工作可以为员工带来学习以及吸收新技巧的机会。对于多数成员来说，得到学习和成长机会是很好的激励方式。因而，在工作中为内部创业团队成员提供学习、成长的机会将会极大地激发他们的积极性和主动性，提升内部创业团队成员的工作水平，从而更好地为内部创业团队服务。

（2）授权，让核心成员参与决策

现代人力资源管理的研究和实践经验表明，员工都有参与管理的需求和愿望，重视私人的工作空间，并希望在工作上有弹性。对于内部创业来说，授权并尽可能提供一切机会让核心成员参与管理决策是调动他们积极性的有效方法。通过授权，让核心成员参与管理决策可以增强核心成员的参与感和工作责任感，提高成员对内部创业团队的归属感和认同感。

（3）股权激励

股权激励可以将内部创业者的利益和内部创业团队的利益联系起来，以激发内部创业者通过提升内部创业团队的长期价值来增加自己的财富。股权激励的方式可以弥补传统管理方法和激励手段的不足，有利于吸引人才、留住人才、减少代理成本、减少内部创业者的短期行为、提高内部创业团队的长期效益。

总之，企业内部创业者的薪酬需要能够激励他们实现理想，并与他们对组织的贡献相关联。企业对内部创业的激励政策可以帮助吸引和留住合适的人才和团队。

复习思考题

1. 有哪些管理机制有利于内部创业的实施？
2. 简述内部创业的融资过程。
3. 内部创业融资的评估要点包括哪些方面？
4. 简述内部创业团队绩效的评估标准与激励机制。

案例分析

腾讯的内部创业

腾讯公司（简称腾讯）是中国互联网行业的龙头企业，这家公司的管理水平代表着目前中国互联网公司最先进的管理水平。腾讯内部创业的目的是创新，寻找新的增长点，并且防止优秀员工的流失。

腾讯在发布微信之前，处于一个创新乏力的时期。在那段时间里，腾讯凭借着手上握有的大量资本收购和模仿其他互联网公司的产品，例如收购易迅，抄袭开心网的偷菜等。虽说我国此类产品大多都是 C2C 的，但是腾讯当时表现出来的所谓创新只是不停地抄袭那些抄袭者。无论是腾讯微博还是拍拍网都无法和新浪微博以及淘宝相提并论。腾讯似乎只剩下了 QQ 一个主要产品。而这个产品在已经到来的移动互联网时代又显得有点过时。

直到腾讯推出了微信这个产品，并迅速在 2011 年大获成功，到现在活跃用户近十亿人，几乎成为中国人手机中的必备软件。而这一个产品就是一个内部创业项目。腾讯广州研究所以前的主要产品就是 QQ 邮箱，这个产品依附于腾讯官网和 QQ 来推广，不温不火。

这个团队内部开始做了微信这一个创新项目，当时这个项目很小，在腾讯内部得到的资源也比较少。微信诞生之初的一大优势就是背靠广州研究所，并非平地起高楼。微信项目中的很多开发人员都是从广州研究所中 QQ 邮箱团队调配的，除了新招聘的技术人员和应届毕业生外，QQ 邮箱团队时不时会在关键时刻对微信给予支持。例如微信 2.0 版本发布前后，QQ 邮箱所属的阅读空间项目组成员就从一半的数量直至全部都空降到微信上。

从腾讯公司研发微信的过程可以看到移动互联网行业的内部创业模式。首先，这种内部创业并不一定需要产权独立，只需要采取创业的模式来进行创新。对于微信项目，腾讯并没有将其独立出腾讯公司，而是一直放在母体之内，获得如此成功后升级为一个 BU（Business Unit，业务部门）即可。其次，公司给予了其很大的自由度。微信项目在研发阶段，在前期用户数量还未到上亿规模的时候，腾讯公司允许张小龙这个项目经理独立决策，没有将领导的意志强加之上，没有将微信改成另一个有着臃肿功能的 QQ，而是保持简洁易用。再次，内部创业项目虽然不一定要产权独立，但是一定会将其放在整个市场上进行竞争，公司的作用类似于风险投资，如果在市场上得到认可公司才会投入更多的资源，如果不认可，最多就是一个产品的失败。最后，内部创业团队的成员需要一定的独立性，但是也可能不具备承担一个人单打独斗带来的巨大风险的能力，而利用腾讯这个母体孵化，利用母体的资源和技术，相对而言确定性就大了很多。

资料来源：冯家欢. 联想集团内部创业机制研究[D/OL]. 上海：上海交通大学, 2014. http://www.cdmd.cnki.cn/Article/CDMD-10248-1015807250.htm.

思考题

1. 腾讯内部创业团队——微信团队在创业过程中，母体给予了哪些支持？
2. 腾讯公司内部创业取得成功，你从中获得什么启示？

系列实训之七

> **实训目标**

1. 熟悉新业务实施的管理机制。
2. 掌握内部创业的融资过程和融资评估要点。

3. 了解内部创业团队绩效的评估标准与激励机制。

> **实训内容与要求**

1. 分组：假设各组是某公司的内部创业团队，具体探讨如何开展和实施内部创业。每组6~8人，选出组长，讨论行动计划。

2. 利用课余时间进行融资，并撰写报告。

3. 课堂报告：各组陈述，交流体会。

第8章 内部创业的组织支撑因素

内容提要

内部创业是员工在现有组织中进行创业的过程,内部创业的实现离不开组织内宏观和微观、抽象和具体的因素的支撑。内部创业组织支撑因素是企业能够把控或较容易把控的因素,它是一个复杂的、多主体的立体结构系统。内部创业的组织支撑因素包括管理层支持、激励报酬机制、员工工作自主性、组织结构与组织文化五类,本章分别介绍内部创业组织支撑因素对内部创业的影响。

学习目的与要求

理解内部创业的组织支撑因素的概念,掌握内部创业的组织支撑因素的分类,了解组织支撑因素对内部创业的影响。

开篇案例

内部创业微案例:美的 M2 净水器

昂永程最近一直在外地出差,为他负责的美的 M2 净水器项目开拓市场。虽然美的没有专门为这个项目注册成立公司,但昂永程已俨然是一家小型创业公司的总经理。2015 年 9 月,美的开放式创新平台正式上线,此前已先在内部公开选拔项目。昂永程原本是热水器事业部的一名净水产品经理,听到这个消息之后非常兴奋,因为他一直都想做一台安装简单方便、同时还有热水喝的净水器。

昂永程说:"这几年,美的尝试了一系列的激励制度来鼓励内部创业,许多有想法的同事跃跃欲试。" 2015 年年初,经过路演、专家审核等步骤,昂永程的创意脱颖而出,按初步估算,项目约需要 600 万元资金。美的集团人力资源总监刘巨峰透露,为了最大限度地激励员工,内部创业的员工即使一分钱都不投入,也能获得 20%的股份,而如果投入 20%左右的资金,就可以获得 40%的股份。项目启动之初,昂永程和其他五六个工程师一起,每人投入一部分资金,并在公司内部发起小范围众筹,凑齐 120 万元,占投入资金的 20%。资金到位后,最难的阶段是设计和技术。昂永程说,最开始的产品设计完成后,由于体积太大,大家决定推倒重来。"这个净水器要放在桌子上,很笨重就会不美观。"熬夜、加班,项目团队围着办公桌日夜奋战,经过三四个月的努力,2015 年 9 月底,净水器终于做出来了,10 月底就使用美的品牌正式上市,受到消费者热捧,如今销售额已达 3000 万元。

昂永程非常感谢美的这个平台,他说,与外部创业比起来,内部创业的模式对公司和个人都是"双赢"。对美的来说,能最大限度地激发员工的积极性,是用利润换创意,项目运营得好,说不定还可以单独上市。对个人来说,创业期间个人的积极性、参与感都非常强,对员工个人也是一个学习和历练的过程。美的给创业员工正常发工资,让其专心做项目;内部创业还能借助美的的品牌、技术、渠道等优势。

资料来源：顺德大公司打造"双创"平台，掀起内部创业潮[EB/OL]．（2017-02-24）．static. nfapp. southcn. com/content/201702/24/c296191. html.

8.1 内部创业组织支撑因素概述

不少研究均表明，组织支撑因素在鼓励内部创业方面起主要作用，并且在给企业管理者创造好的创新环境上起着至关重要的作用。组织支撑因素不仅可以刺激中层管理者在内部创业方面的兴趣，而且还能影响他们的下属对内部创业行为的信心。

内部创业组织支撑因素是企业能够把控或较容易把控的因素，它是一个复杂的、多层次的、多主体的立体结构系统。组织高层管理者可以利用从组织获得的信息进行战略思考和决策，获得成功的组织往往能够根据组织的各种支撑因素，不断评估组织在行业内的竞争力，做出内部创业的相关决策，以便对外部环境做出及时的反应。

关于内部创业组织支撑因素的分类，本书在国内外现有研究成果的基础上，将内部创业的组织支撑因素分为管理层支持、激励报酬机制、工作自主性、组织结构与组织文化五种类型。下面对这五类因素进行详细阐述。

透 视

美心集团的"创业"政策

员工创业、企业出资、利润三七分成，创业员工保留职位和基本薪酬……2015年，重庆美心集团出台了一整套"创业"政策，为员工打造"零风险"创业平台，支持鼓励员工自主创业、大胆创新，在企业内掀起了一场大众创业、草根创业的浪潮，越来越多的员工创业成功。除了政策支持外，美心集团还别出心裁地打造"微企孵化园"，把废旧厂房改造成供员工创业的"众创空间"。美心集团这一创新模式实现了多方共赢的效果。创业员工提升了自身的能力，收入比之前增加不少，同时创业的梦想也得以实现；而企业则通过这种方式，发现了新的利润点，为集团未来发展储备了人才，推动了自身的转型升级，还为全社会增添了创新动力。

资料来源：在企业内部打造员工创业平台[EB/OL]．（2015-07-17）．finance.china.com.cn/roll/20150717/3235103. shtml.

8.2 管理层支持

8.2.1 管理层支持概述

企业内部创业作为一种在企业内部开展的创业活动，获得领导的授权和管理层支持是前提。管理层支持是指企业的高层管理者支持企业内部创业。具体来说，管理层支持是指管理层创业的意愿和推动内部创业的意向，包括企业管理遵循创新导向原则、支持创新实践、反对循规蹈矩、主张打破常规、鼓励尝试错误并能容忍失败的态度。这些支持可以采取多种形式，包括支持有创业想法的人、对创业风险控制提供人力和技术资源的支持、启动创业项目等。

管理层的支持对企业内部创业来说至关重要。一方面，高层领导一般是企业战略的制定者、战略实施的领导者和组织者，引导着企业的发展方向，在企业创业战略推行过程中，他们的角色是无可替代的；另一方面，管理层通常肩负着引领员工和向员工传达组织目标的责任，因此在企业内部创业活动中，领导的表现往往会成为员工行为的风向标。此外，在企业内部创业活动中，管理层还可以为员工提供支持和监督管理，例如，为员工提出的创新想法提供必要的资源、专家或保护。管理层支持表明了管理者的态度，表现在对创新的支持、对员工的鼓励等，在一定程度上能提高企业员工工作的积极性，促使企业内部创业的成功。

只有在管理层的全力支持下，企业内部的资源才能有效地被利用起来，为内部创业活动服务。管理层支持是企业的风向标，一方面能够促使公司未来愿景的建立，另一方面有助于围绕愿景逐步建立内部创业机制。例如在政策上要鼓励员工进行内部创业，允许员工在工作时间内留有一定比例的自由时间用于创业；在资金支持上，需要母体设立可以提供连续性支持的"内部创业投资基金"；在市场开拓上，需要母体市场营销部门和采购部门给予优先安排；在技术创新上，需要母体研发部门提供强有力的人才支撑和技术支撑；等等。

总的来说，管理层支持对企业内部创业来说是有益的。内部创业需要强大的组织支持，企业内部创业体现了企业创新和冒险活动，在今天竞争的市场中是必需的，它对企业革新、新业务创造和绩效改善具有重要意义。

8.2.2 管理层支持对内部创业的影响

管理层对企业内部创业的支持主要体现在以下几个方面：

1. 管理层对企业内部创业风险控制的支持

对于企业员工来说，实施内部创业计划时最主要的顾虑是内部创业风险。在风险较大的情况下，如果企业对于内部创业者给予的薪酬太低，而一旦内部创业失败又将面临过重的惩罚，那么他们宁愿选择保守消沉，所以企业管理层在制定内部创业政策时要能够容忍内部创业者犯错。

企业内部管理层的风格也会通过影响员工对企业内部创新氛围的感知来影响其内部创业行为。管理层能够营造一种组织气氛，这种气氛往往作为管理层指导员工创业工作的"原则"。依据社会规范理论，这种原则需要大家共同遵守。

（1）变革型管理层

变革型管理层将会正向影响内部创业，有利于内部创业活动。因为变革型的管理层会为员工行动提供更多的自主空间，对内部创业者的容错度较高，对风险持较乐观态度，有利于内部创业活动的产生。

（2）交易型管理层

交易型管理层在解决冲突时采取不偏不倚的奖惩制度，在组织中确定了不利于员工创新的社会规范。因此，交易型管理层可能会对组织内部创业氛围产生负面影响，对内部创业员工的容错度较低，内部创业者所面临的创业风险就会较大，不利于组织内部创业行为的产生。

2. 管理层对内部创业人才培养的支持

管理层应发掘企业内部具有创业潜力的人才，并加以鼓励支持；能够在组织内部聚集所需要的专业人才，共同组成内部创业团队。同时，在内部创业过程中，具有影响力的高层支持者需要充当创业团队的保护人，协助其获得所需资源。

企业内部创业者追求的不只是金钱的报酬，还包括成就感、地位、实现理想的机会、拥有自主权以及自由使用资源的权力。一般内部创业者大都具有长远的眼光，是行动导向型的人，有献身精神，能为追求成功而不计牺牲眼前的代价。但内部创业行为也不能只凭一股热情，内部创业者必须要有创意，并能提出具体可行的方案。

管理层在培养内部创业人才方面可以采取以下五种措施：

（1）建立人才培养责任制

有的企业或者企业管理层认为人才培养是人力资源部的事情，实际上，这是一个很大的误区，在理论上是不合逻辑的，在实践上是不可行的。虽然人力资源部应该为人才培养机制的建立提供专业服务和资源支持，但实际上的培养实施者应该是一线经理人。只有一线经理人重视了人才培养，才能够在大方向上引导企业的人才资源培育的目标，为企业的内部创业及创新注入新鲜血液。所以应该把人才培养纳入一线经理的工作职责，但是，如果只是停留在职位说明书上，这个职责也很难落地，所以还必须有明确的考核指标，例如，有的公司就把人才任职资格合格率、储备人才比率、储备人才任职资格合格率和年度人才输出率等指标作为一线经理的人才培养考核指标，这就从机制上将直线经理作为人才培养的主体，发挥他们的主动性，增强人才培养的责任感，从而提升了企业的创新活力，进而为推动内部创业提供人才上的前提条件。

(2) 建立全方位的信息系统

人才就像企业的产品，对产品不了解又如何能做好营销？在日常工作中要了解人才，就需要全面的信息。人才的信息分两类：一类是静态的，包括他们的学习情况、工作经历、家庭情况、社会关系、前期工作业绩和考核情况等信息；另一类是动态的，包括当前的工作态度、工作表现、工作状态和感受、离职倾向、个人发展需求等信息。这些信息可以帮助我们去评价他们，帮助我们采取援助计划，帮助我们及时地进行沟通，减少他们的顾虑和不满情绪。收集这些信息也有两种渠道：一种是正式渠道，例如员工档案、员工考核记录、员工360°考核评价报告、员工面谈等。这些渠道实际上是组织化的，所获得的是相对公开的信息，所以是正式渠道。另一种是非正式渠道，例如基层HR人员和主管的反馈、与之相关同事的调查、客户的反馈等。与正式渠道相比，这些渠道是非组织化的和非例行性的，所以是非正式的渠道。对于个人发展的想法和离职倾向的判断，往往是从非正式渠道获得的信息更准确、更真实、更可靠。通过建立全方位的信息系统，能够使企业对人才有更加全面的了解，帮助企业寻找、筛选有能力进行内部创业的人才。

(3) 实行干部例行评估

内部创业需要有领导者，这类人往往归属于干部级别。实行例行评估，能够在内部创业干部之间形成良性竞争，维持内部创业的积极性。有的公司是在需要晋升提拔的时候，才对候选人进行评估，这样做的意图和倾向性太明显，可能会因为太敏感而产生诸多副作用，不利于内部创业积极性的提高。因此，干部评估最好实行例行评估，例如每年进行一次或者两次评估。例行评估除了可以消除上面的副作用外，它还有许多好处：一是评估的标准可以作为干部内部创业时的行为标准和努力方向；二是可以掌握所有干部的动态，有利于人才的盘点，及时为内部创业补充新生力量；三是通过评估后的反馈让干部加强自我认知，及时调整和完善自己。现在常用的例行评估方法是360°评估，通过全方位的评估，可以消除一些不客观的因素，做到尽量真实可靠，但是要完全真实可靠是不可能的。因此，评估结果只能作为人事决策的重要参考，而非绝对标准。例行评估的资料是信息系统的一部分，可以成为今后的静态信息，为今后的内部创业领导干部选择提供一定的参考。

(4) 召开年度人事工作会议

一般公司召开年度经营会议的比较多，而单独召开年度人事工作会议的比较少见，但也有部分公司在实践，效果较好。年度人事工作会议的目的主要是营造重视人才培养的氛围，检验年度人才培养的效果，检查年度人才培养指标的完成情况和下年度的人才培养政策及计划，真正把人才培养当成一项企业经营活动。会议的内容可能包括各战略单位人才培养述职报告，对人才培养先进单位进行表彰，对人才培养的专题进行研讨，安排人力资源管理的高端培训课程等。这种会议对于每一个参与者都是一个很好的学习机会，也是对公司人才战略进行宣传并达成一致的契机。召开这样的会议可以让每个人都有被发现的机会，为展示自我提供一个平台，为内部创业人才提供机会。

（5）召开人才梯队建设例会

梯队建设例会可以根据公司的实际情况决定一年召开一次或者两次，一般在年初或者年中进行。它是公司高层和人力资源部负责人一起对公司人才梯队中人才进行评价和讨论职业发展的会议。人力资源部将公司的人才梯队按一定的标准和流程列出大名单，就大名单与公司高层进行讨论，决定最后的梯队人选的小名单，并制订下一步的培养计划。梯队建设例会在人才培养上的作用是巨大的：①公司的最高层可以清晰地掌握公司人才状况和人才梯队中人才的具体情况，为提拔和任命决策打下了基础；②通过会议，高层与人力资源部对人才的评价达成共识，可以提高人事决策的效率；③为人才梯队中人才的培养和发展提供了方向，为人力资源部的具体实施提供了支持。

在清楚掌握情况、决策效率提高、人才培养方向明确的情况下，推行内部创业也会因目标明确而更有效率。

3. 管理层对内部创业资源的支持

在内部创业之初，最重要的是争取领导的认同。如果内部创业活动得到企业管理层的认可，内部创业的资源优势就会更加明显，内部创业就更容易获得成功。对内部创业者，管理层首先要在政策与资源上给予其充分支持，只要有利于企业的长期发展，能够带来经济效益的内部创业活动都应当被允许，并给予资源和政策上的大力支持。

管理层对内部创业资源的支持主要表现为，管理层需要从利润中抽出一部分资金作为基金，用于资助那些具有可行性的员工创业方案，帮助其开展内部创业活动。

资源优势突出表现为：①充足的资金来源。管理层通过对创业项目可行性的评估，对具有发展潜力的创业项目提供充足的资金，对新项目使用种子资助资金，采取内部风险投资的方式，帮助其进行初期创业。②构建内部创业团队相对容易，人才较易获得。管理层对于有需要的内部创业团队提供公司已有人才，或者为其对接相关所需人才，帮助其进行创业团队的建设以及人员结构的优化。③可以充分利用企业现有的基础设施。例如可以共享企业的价值链等，为内部创业活动的成功开展提供一定的保障。

4. 管理层对内部创业政策的支持

政策支持主要表现为：①建立一个宽松的内部创业平台，为有潜质的员工尽可能多地提供发展机会，鼓励其去独立负责某一领域，而非管头管脚；②制定鼓励内部员工创业的相关制度措施，例如采取合理的激励措施及优惠政策来促进员工开展内部创业。

> **透 视**
>
> **德州仪器内部创业**
>
> 德州仪器采取的是目标—战略—战术（Objective—Strategy—Tactic，OST）内部创业体系，O 即 Objective，指经营目标；S 即 Strategy，指经营策略；T 即 Tactic，指实现手段。德州仪器身处技术突飞猛进的半导体行业，为了解决大公司偏重短期目标的弊病，德州仪器在多年的实践中，完善实施了 OST 体系，意在激发全公司上下的企业家精神，使员工和管理层能从企业经营的战略角度来对待内部创业项目，并使创新成为公司文化的一个密不可分的单元，成为员工的一种工作方式。
>
> 目标往往是指整个公司在一段时期内的经营目标，相对而言是个长期目标；策略是指实现总体目标的行动方案；而实施手段则是指策略派生的短期项目。
>
> 在德州仪器的 OST 体系中，所有的创新项目按照对目标、策略和实施手段的影响程度得到拨款。在评估新项目时，则自下而上对项目进行层层筛选。上一层的经理规定下属管理人员可以批准的用于新创项目的拨款额度。对有潜力但因资金额度不足而不得已搁置的项目，特别设置了一个备用项目库，以待有额外的资金来源时即启动。另外，上一级的经理对下级经理的项目评估进行复核。如果有关项目在更高的层面上有特别意义，上级经理可以修改评估结论。这就确保了全新的、有长远意义的创新项目能够在更高的管理层面上得到充分的考虑，同时也使高层经理能发现来自不同下级的新创项目间可能存在的协同作用。
>
> 资料来源：内部创业激活企业家精神［EB/OL］.（2014-12-14）. http://www.360doc.com/content/14/1214/00/202378_432750039.shtml.

8.3 激励报酬机制

8.3.1 激励报酬机制概述

激励报酬机制是指对企业内部的创意和流程改进给予奖励和报酬。企业应有完善的激励薪酬机制来促进员工开展内部创业。对企业内部创业者的激励不仅包括物质待遇，例如金钱、股票、股票期权等，还包括成就感、受重视、信任、工作授权等内在激励以及自由使用资源的权力。企业需要有好的激励措施去招募并留下那些具有创新精神的企业家并让他们努力工作。

企业应该把薪酬设计作为组织因素特质的一个关键维度，运用恰当的报酬能够调动企业员工内部创业的积极性。一个完善的报酬机制必须能对员工创业活动做出及时的反馈，并对内部创业者及时进行奖励。这种奖励包括表扬员工新思维、奖励新实践、奖赏富有挑战性的工作、重奖创新团队。合理的报酬机制会激励员工更多地开展创业活动。总之，企业激励报酬机制越合理，越能调动企业员工的积极性，从而推动内部创业活动的开展。

企业可以采取以下方式来充分调动企业员工内部创业的积极性：

1. 内部资本制度

公司可以将内部资本（Internal Capital）作为对内部创业者的一种奖励。衡量一个内部创业者进步的最基本方式之一就是看其使用公司资源来为公司发展新业务的自由程度。内部资本能给予内部创业者十分渴求的东西：实现他们想法的自由。这其实是一个授权系统，它给予内部创业者选择符合他们自己愿景的权利。

企业可提出一种新的报酬制度，即"内部资本制度"。因为一个企业能否吸引、激励以及留住内部创业者的问题并不难解决，只要公司给内部创业者的报酬除了工资和额外的津贴外，还包括与内部创业者的需求有更直接关系的东西——做事情的权力。这种做事情的权力与物质方面的激励同样重要。人们成为内部创业者的最大阻碍之一就是内部创业者不能用一项成功的创新所获得的收益为下一项创新提供资金支持。因此，需要创建一种新的报酬制度，即"内部资本制度"。这里所说的"内部资本"是一项由企业另外设置的基金，专供内部创业者代表公司创办新企业之用。这种基金是实物形式的自由权，可以用于从事未来的创新。当内部创业者获得了"内部资本"时，他们就能够自由创新，并且将创新取得的收益用作下一次创新的启动资金，那么创新就会形成良性循环，内部创业就能在企业中发展起来。

2. 股权激励

薪资与奖金相结合的报酬方式不适合内部创业企业，因为在内部创业企业里某些关键人员对企业的成功至关重要，所以他们报酬的大部分应该与公司的长远利益联系起来，而最好的方式就是采用股权激励。给予内部创业者一定的股份，使他们成为内部创业企业的股东，成为企业真正的主人。内部创业者股份的多少要根据他们开展的内部创业活动对企业的贡献程度来确定。

3. 工作安全保证

企业可使用"软着陆"机制来激励员工内部创业。所谓"软着陆"机制，即创新失败并不会影响内部创业者的职业生涯，不会使他们失去工作。而这种"软着陆"机制或许才是对得不到像企业家那样丰厚报酬的内部创业者的真正激励。

4. "双梯制"晋升

对员工的晋升，传统的"单梯制"只提供管理职位的晋升和发展空间，但缺乏相应的技术职位发展路径。对内部创业者的激励，可以实行"双梯制"，即实行管理职务、技术职务的"双梯制"，建立管理职位和技术职位的平行晋升，实行同价值、同地位、同酬劳、同发展。这样既避免了内部创业者堵塞管理通道的问题，又使得技术人员拥有更多的发展机会，能够激发技术人员的工作热情，提高技术人员对工作、对岗位的满意度。

8.3.2 激励报酬机制对内部创业的影响

合理的奖励和报酬会激励企业员工的内部创业行为，激发员工的潜能，促使他们开展内部创新创业活动。如果企业没有给内部创业者提供合理的报酬及奖励，将会阻碍内部创业活动的开展和实施，进而影响技术创新。因此，企业应建立针对员工创新的薪酬奖励制度，并适当提高员工的待遇，将薪酬与员工的绩效挂钩，以促使员工更加努力地工作。当有员工提出可行的创新想法时，组织应适当给予奖励，从而起到激励全体员工进行创新的作用。

一般员工对于企业奖惩的认知是：创新成功的报酬太低，而失败时的惩罚太重，宁愿保守应对。因此，在制定内部创业员工的奖励制度时要能容忍创新时的过错。而对于创业成功的奖励，除给予升迁选择外，还应设计分享成果红利的制度，以及给予可供自由支配的内部资本作为额外的奖赏。另外，在制定内部创业员工的奖励制度时要注重红利分配与股份持有相结合，要使员工真正有一种做"主人"的感觉，坚定其创业信心和决心。员工创业主要是为达到自我实现的个人目的，所以在薪酬方面应制定优厚的薪酬待遇。

为了更好地吸引并留住优秀的员工，企业在制定激励报酬政策时应体现竞争性、公平性以及激励性等原则。同时，促进内部创业的有效的薪酬机制必须是考虑目标、反馈、强调个体责任和目标导向的激励机制。正确使用薪酬机制能够鼓励员工承担与创业相关的风险，能够激励员工参与创新活动。除此之外，公司还应奖励有创新性的行为，为创新者提供机遇，给予更大的责任，并让其他部门和领导也了解创业者的创新思想。激励强度不足会使资源丰富的公司里的个体在使用个人资源方面逃避责任，特别是在使用创造性资源时逃避责任，这会使企业在识别新业务机会方面所投入的时间更少、注意力更少。

企业在制定评估员工内部创业成绩考核办法时，在内容上应考虑以下问题。

1）当员工提出一条好的建议和创业想法时，公司会给予什么奖励，而这些好想法又会被如何处理，是迅速被采用还是搜集以后搁置起来。

2）那些被选中的创业想法只是做一个简单的小范围测试还是一旦可行就当作一个大项目来实施。

3）如果是由员工自己实施创业项目，能不能获得公司的资金支持和其他资源；如果主要由公司实施创业项目，员工参与，在成功实施以后会得到什么样的奖励。

4）员工如果不想留在内部创业公司，可否回到原来的部门和岗位。

5）如果创业项目失败了，公司会采取什么措施来处理失败的问题。

6）如果允许失败，那应该怎么考核员工的内部创业行为。

8.4　工作自主性

8.4.1　工作自主性概述

工作自主性就是员工能够以他们认为最有效的方式进行工作，即企业允许员工进行自主创新、在新项目的开发实践中自主决策，包括决定工作方法、工作程序、工作时间、工作地点以及付出多少努力等。

各层管理人员和普通员工都要有工作自主性，具备敢于冒险的精神并主动开展创业活动，而且要能以较好的心态去面对创业失败。公司应该允许他们对业务流程进行决策，避免因为创新产生的小错误去责备员工。内部创业者的工作具有创造性，他们需要灵活地处理在工作中碰到的各种情况。他们从事的复杂的脑力劳动和所需要的创新思维，需要较多的自由空间和时间。因此，给予内部创业者们较大的工作自主性有利于他们从事创新活动。

企业给予员工工作自主性，主要包括以下方面：

1. 委派权力

授权作为一种过程包括领导与下属分享权力。为提高员工工作自主性，领导应对权力进行下放和委派。然后通过工作评价增加内部激励。这些评价和下属感知的工作意义、胜任力、自主权、影响力相关。通过这些方面的激励来维持员工的工作热情，使其愿意维持或者获得更大程度的工作自主性。

2. 自主决策

提高员工工作自主性的重要维度之一就是企业管理者要鼓励员工进行独立自主的决策。鼓励员工自主决策包括计划目标和行动，但鼓励自我管理、解决问题则是指在工作过程中主动识别问题并采取改进的办法。让员工拥有自主决策权，既是一种权力的下放，也是员工工作自主性的重要表现形式。

3. 信息分享

管理者与员工分享信息和知识，这些信息和知识很可能是让员工对企业绩效积极主动地做贡献的信息和知识。提供这些相关的信息，有利于提高员工的工作自主性，有利于促使其进行内部创业。

4. 对结果负责

赋予内部创业者行动自由，但同时要求其对结果负责。虽然授权会重新分配权力，但是责任也伴随着权力同时交予了个人或者团队。权力必然伴随着工作绩效评估系统的调整，这样才能保证个人或者团队的绩效是受评估的，并且对他们所能控制的工作绩效负责。企业对于内部创业者的创新与创业活动应给予很大程度的行动与决策自主性，在一定范围内，内部创业者可拥有自由支配资源的权力，但同时也要设定查核点（Milestone）以对结果负责，在未实现成果以前，内部创业者必须放弃分享其他部门为企业所创造的利益。

> **透视**
>
> **荷兰皇家壳牌石油公司**
>
> 荷兰皇家壳牌石油公司（Shell）于 1996 年成立了"规则改变者"内部创业小组，拨款 2000 万美元给内部创业者，授权他们实践"打破惯例、改变规则"的创业新思路。公司的任何人都可提出想法，并在顾问的指导下制订可行的商业计划、界定机遇的边界、确定潜在的伙伴关系，认清真正的竞争优势及财务问题，并帮助其实施。
>
> "规则改变者"创业小组还将这种内部创业进程制度化，每周举行会议商讨新的提议，决定哪个项目值得投资。到 1999 年，公司五个最大的增长计划中有四个可以在"规则改变者"专门小组的项目中找到源头。
>
> 资料来源：任荣伟．大公司内部创业与企业成长［D/OL］．（2020-07-20）．https://max.book118.com/html/2020/0720/7035024146002151.shtml．

8.4.2 工作自主性对内部创业的影响

权力及其分配直接影响企业决策、资源分配等企业重大问题，权力分配是企业组织管理的核心问题，直接关系到企业的生存与发展，但在实践中，人们常常被集权、授权等问题所困扰，过度集权、授权不当的现象时有发生。因此给予员工工作自主性是进行内部创业的重要前提。

企业要想鼓励员工成为内部创业者，就要建立起健全的权力机制，授予员工足够的自由权，这个自由权是一个权力束，包括创新自由权、决策自由权以及资源支配自由权。只有当内部创业者拥有了这个自由权，才能给自己制定要充当的角色，不受约束地根据需要选择资源，并且合理地分配这些资源以开展创新，这样才能促进内部创业，并使内部创业项目真正成为大型组织内部的利润中心和能力中心。

1. 工作自主性的作用

我国企业大都采用集权式领导方式，员工的积极性和创造性受到很大的限制，这也与我国的传统信任机制有关。显然我国企业员工之间普遍缺少信任，因此，给予员工工作自主权使他们有更多的时间和资源从事开发新产品、新技术和新工艺等创新活动；有了工作自主权，他们才能够更大胆地率先进行创新活动。在促进我国企业内部创业的内部环境因素中，工作自主性具有极其重要的作用。工作自主性的重要作用主要表现在以下几个方面：

（1）工作自主性能有效激发员工的创新才能

个人的思维方式和做事方式都要遵循个人的知识结构，认知风格和过去的经验是创新的重要条件，每个员工的工作方法具有异质性，企业领导给予员工工作自主性促进了个人独特性的形成。从另一方面来说，员工可以更好地发挥自己的才能，因此，在某些情况下，允许个人的个性推动个人行为和表现，工作自主性使员工在知识运用上更加灵活，有机会用自己的思维方式来处理问题或选择自己的知识和技能用于创作过程中，从而产生员工的创新行为，而不是在别人的干扰下使用自己的技能完成工作。

工作自主性满足了员工对于自主的需要，为员工提供了自由发挥的空间。工作自主性能使员工觉得工作更有意义，因为工作中的一系列自主性任务更能体现个人贡献的重要性。当日常的工作越来越有意义时，员工就更能投入其中，他们会更加认同自己的工作，想看到这些工作会对实现组织的目标产生怎样的贡献。面对自主性的任务，员工身心得到鼓舞，感觉自身能力有了用武之地，增加了对工作的兴趣。员工在工作过程中感知到更高水平的工作自主性，会积极尝试使用新的工作方法、形成新的工作思维，使其在完成既定工作任务的同时会有创新。相反，如果个体感知到较低水平的工作自主性，会缺乏工作的热情和动力，其对工作的定位和认知会较为封闭。严格规范、监督作业程序导致了工作程序的统一不变，不能促进各方面工作的有效创新，当员工不能拥有工作自主性或者自主性很低的时候，很难提出创新的方案，从而抑制员工的创新行为。

（2）工作自主性能营造良好的组织创新氛围

工作自主性越高，表明员工更有机会采用灵活的工作方式去完成工作。同时，也会激发员工的创新兴趣，去探索和采用更加有效的工作方式开展工作，从而营造出有利于组织创新的氛围。由此，工作自主性也会对创新氛围的形成起到一定的推动作用，进而促进企业内部创业。

在创新氛围和工作自主性都比较高时，组织会给员工提供有利于学习和创新的支持与机会，更加能够促进员工在工作中表现出创新行为。创新氛围是影响创新行为的一种重要情境因素，会对员工的行为倾向产生引导作用，促使员工在工作中产生创新行为，尤其是在较强的创新氛围中，员工就更有可能表现出创新行为。鉴于此，在较强的创新氛围的影响下，工作中追求能力与成长的员工在获得组织的创新支持时，会强化其创新动机，在工作中也会表现出更多的创新行为。创新氛围和工作自主性不仅为员工创新提供了组织资源的支持，还为员工提供了创新实践的机会，因此，两者的交互能够显著地调节能力与创新行为之间的关系，有效地促进创新行为的产生。

2. 提高员工工作自主性的途径

企业可从以下几个方面提高企业员工的工作自主性。

（1）明确共同目标，构建凝聚力

未来在哪里，是每个人时刻思考的问题。当人们为了一个属于自己的远景目标奋斗时，他们能忍受目前自己的种种不快和逆境。有了一致的目标，内部创业团队就会对团队成员产生强大的吸引力，从而提高内部创业项目的具体落实情况，保证项目内部个体力量与目标方向相同，避免"内耗"现象，大大提高生产效率。

（2）培养员工的主人翁意识

优秀的企业管理者能够让每位员工都有企业主人的感觉。当员工意识到自己是企业的主人时，会密切关注企业的发展，愿意保护它，甚至愿意为它付出一切。企业可从以下几个方面培养员工的主人翁意识：

1）让员工参与讨论。这种做法能激励员工，并且表明企业管理者对他们想法的重视。发动下属参与到讨论中，能让他们感受到尊重，确认自己的价值。员工积极性不高，很大一部分原因是与上级存在某种沟通上的障碍。通过讨论消除障碍，提高员工积极性，不失为一种双赢的做法。

2）安排工作时让员工了解事情的背景和原因。传统上，上级对下级布置任务时只需要说明要求，下级必须遵照执行。可是，管理级别高并不意味着全能。在任务执行的实际过程中，遇到意外情况时，可以尝试让员工主动提出解决方案。不同的管理级别代表不同范围团体的利益，不同的思考角度，专业技术员工可能提出更加合理化的方案。因此，让员工提方案而由项目经理审批绝不意味着他领导项目经理。相反，是从他的专业角度弥补项目经理的不足，使决策更加合理化。

3）熏陶员工形成"大局观"。通过培养员工的全局观念，帮助他们了解他们每一步行动产生的"多米诺效应"。这种思维有助于创造一种氛围，可以充分发挥员工的积极性。这样做是为了让员工了解自己在公司的今天和未来所起的作用，从而提高工作效率。

（3）建立日常学习机制

企业要建立日常学习机制，为员工提供相互交流的机会，搭建技术、经验共享的平台，在项目组织成员中创造良好的学习氛围。通过这些方式，可以极大地提高员工工作的自主性和热情。使员工可以借鉴彼此的经验，互相鼓励和增进理解，使其潜质得到发掘。让员工在工作中学习，又在学习中增强工作的热情，激励员工不断向前。

8.5 组织结构

8.5.1 组织结构概述

组织结构是一个组织是否能实现内部高效运转、是否能够取得良好绩效的先决条件。组织结构通常表现为一个组织的人力资源、职权、职责、工作内容、目标、工作关系等要素的组合形式，是组织在"软层面"的基本形态，其本质是实现组织各种目标的一种手段。

内部创业充满着创新性、冒险性和灵活性，企业要想尽可能地调动全体员工创业、创新的积极性，就必须要有一个合适的组织结构来充分保证全体员工的创新自由和创业自主权，同时也要保证企业整体生产管理的有效性。这样的组织结构既要保证个体的独立自由，又要保证组织的整体统一，因此必然是一种具有高度灵活性的有机式组织结构。

这种适合企业内部创业的有机式组织结构应该具备以下特点：

1. 组织结构扁平化

组织结构扁平化即是通过破除传统的科层制结构，建立一种紧缩的横向组织，使组织变得更加灵活。简而言之就是精简组织层级结构。这样的组织结构有利于激发创新和冒险活动，同时有助于员工提出创新建议和开展创新与创业活动。

2. 组织部门小型化

组织部门小型化即是单个事业单位或业务部门的规模趋向小型化，精简、拆分原有的大型或超大型组织部门。原有的大型或超大型事业单位、组织部门，规模庞大、难以管理、缺乏灵活性，而小型的组织部门则便于管理和控制，而且具有较高的灵活性，能够及时根据市场需求和竞争环境的变化迅速做出业务调整，迅速适应环境的变化。

3. 组织部门之间网络化、协同化

企业实施内部创业，需要全体员工的团结协作，这必然需要各部门之间的协同作业，尤其对于先进的技术和产品，往往需要跨部门的合作，共同开发才能抢得市场先机。这就需要打破传统组织结构中部门林立、相互推诿的状态，在组织内部营造合作共赢的文化氛围，促进各组织之间的协同作业。

4. 向学习型组织转变

学习型组织作为一种扁平化、有机式的组织结构，具有良好的灵活性和适应性。同时学习型组织还重视组织成员的自我超越和团队学习，这将极大地带动组织的创新和创业。因此，学习型组织必然会成为企业开展内部创业的最佳选择。

> **透视**
>
> **美的内部创业组织结构**
>
> 美的集团（简称美的）由成立之初的街道小厂，经过三十多年的不断调整、发展与壮大，经历了数次的战略和组织结构变革，如今已成为以家电业为主的大型综合性现代化企业集团。美的从最初被动地进行组织结构的变革发展到为强化竞争力而主动地、有意识地去让组织结构适应环境的发展，正是其不断发展壮大的动力之一。
>
> 美的组织结构调整都是围绕权力的放与收进行的，权力收放的另一方面则是责任和利益的转换与改变，是管理机制的进一步优化。正如是选择民主方式还是选择中央集权方式，我们无法完全判断所选择的管理模式的对错。随着企业的成长壮大，原有的管理机制已经不能适应企业生产的需要，每一次美的出现产业危机都预示着新一轮的组织结构变化，而在美的内部则是事业部制的发展成长。美的全面推进事业部制公司化及事业部管理下的二级子公司运作模式，进一步完善现代企业制度，从而提升经营水平和强化组织竞争力。对美的整个组织架构进行再次优化，增强了美的的市场竞争力。美的的每一次组织结构变化都带来了其生产力的一次解放。正是这一次次的自我反省、自我提升的组织结构变化使得美的一步步发展壮大，成为世界

一流的企业。

资料来源：美的集团的组织结构的案例分析［EB/OL］．https://wenku.baidu.com/view/89c56546aa956bec0975f46527d3240c8447a110.html.

8.5.2　组织结构对内部创业的影响

支持内部创业的组织结构大多趋向于扁平化，更加灵活，富有弹性；不少企业打破传统的组织结构，将组织边界模糊化，更加方便员工进行交流，部门之间的合作也简化了流程。这些新型的组织结构实质上是一种高度分权化的组织结构，公司的结构是围绕几项核心业务建立起来的，而不是围绕职能部门，职能部门的职责也相对淡化。这样有利于信息传播，为创新思想的实施提供了良好的平台，有利于员工个人及团队进行内部创业。

组织结构扁平化能有效促进企业内部创业。企业可以将组织层次进行适当删减，增加独立的业务单位，负责创业项目，也可建立横向的团队，破除不同部门各自为政的状态，使各个部门更紧密地联系在一起。一方面，这样便于上下级沟通交流，使好的创意和想法能够及时传递到高层管理者手中，便于尽快做出内部创业决策；另一方面，这样也可以较好地加强上层领导对基层员工的控制，及时掌控内部创业的进度，全方位地把握各方面的风险，加强内部创业的风险管理。总之，组织结构扁平化有利于沟通交流、激发创新和冒险活动，同时有助于员工提出创新建议和开展创新与内部创业活动。

企业进行内部创业时，可能同时进行若干个内部创业项目。为了降低内部创业风险，增加内部创业项目的成功概率，对其进行科学的管理非常有必要。为此，企业可以成立一个专门机构，负责企业的内部创业管理。该机构人员最好由企业内部的专职人员组成，需要时可临时从外部聘请相关专家。内部创业管理机构的职责是：负责创意的评审和甄别；负责内部创业项目资源的分配；负责内部创业项目的考核与管理。内部创业管理机构代表公司负责内部创业的全面管理，因此其负责人应该由公司的高层管理者担任，例如由公司总经理或者由公司专门负责投资的副总经理担任，他们有能力协调内部创业项目与公司其他部门之间的矛盾以及资源的调配。

总之，内部创业充满着创新性、冒险性和灵活性，企业在进行内部创业时要求组织结构是具有高度灵活性的有机式组织结构，良好的组织结构将极大提高员工创业、创新的积极性，为企业开展内部创业提供基础。

企业要促进员工开展内部创业，必须先改造现有的组织结构，将企业改造成为一系列生产性创业经营体和服务性创业经营体。具体而言，有以下两点：

1) 按照生产工艺和业务流程对生产性业务单元进行再造,具体就是要按照内部"市场链"结构将企业业务单元进行拆分,成立一系列前后咬合、彼此相关的小型业务单元,这些小型的业务单元具有一定的经营管理自主权,实行自主经营、自负盈亏、独立核算,我们将企业内部这样一个个虚拟的法人单位称为生产性创业经营体。

2) 企业可将传统的分散的人事、财务、采购、物流等辅助性职能部门进行整合,成立统一由集团直接管理的服务性创业经营体,这些服务性创业经营体通过为生产性创业经营体提供服务而获得收入。这样一来,企业整体上就再造成为一个创业管理服务平台,其下属业务单元就再造成为一个个创业经营体,集团性平台为各创业经营体提供服务而获得收益,创业经营体在集团性平台上开展创业活动而创造价值。这种组织结构将极大提高员工创业创新的积极性,为企业所有员工开展内部创业提供基础。

> **透视**
>
> **海尔集团内部创业组织结构变革**
>
> 海尔集团自 1998 年开始实行业务流程再造,构造内部市场链结构,整个再造过程可以分为两个阶段:第一个阶段是以流程再造、机构重组、资源整合为主的市场链流程再造,以信息化、扁平化、网络化为宗旨;第二个阶段是以全员参与市场链并成为创新的战略业务单元(Strategic Business Unit, SBU)为主的市场链流程再造,以主题、主线、主旨为宗旨,推进人人成为战略业务单元,建立一个自运转的机制。经过业务流程再造,将整个海尔集团拆分为两千多个自主经营体,各个自主经营体之间有合作也有竞争,在集团内部建立起内部市场链,并在此基础上引进内部市场化管理机制,内部市场通过内部转移价格在集团内部不同经营体之间配置资源,提高资源的配置和使用效率,在一定程度上弥补了企业权威机制在资源配置中的不足。内部市场机制与企业权威机制相互补充,共同配置集团内部的资源,为海尔集团开展全员内部创业奠定了资源配置基础。
>
> 另外,海尔集团为推行全员内部创业,在集团内部进行了组织结构变革,最为显著的就是将"正三角"的组织结构变为"倒三角"的组织结构。在传统"正三角"的组织结构中,领导在上员工在下,领导下达指令,员工被动服从命令,在组织机构庞杂、结构层级较多时,这种结构形式造成管理失效;在"倒三角"的组织结构中,员工在上领导在下,员工主动与客户沟通交流,创造性地满足客户需求,而领导则转变为资源的提供者和服务者,为员工提供相应的资源来满足客户需求。这种"倒三角"的组织结构形式提高了员工创新创业的积极性。海尔集团通过这种组织结构变革,为全员内部创业奠定了组织结构上的基础。
>
> 资料来源:侯静.海尔集团全员创业模式[D/OL].青岛:中国海洋大学,2014. https://x.cnki.net/kcms/detail/detail.aspx?dbcode=CMFD&dbname=CMFDTOTAL&filename=1015712575.nh.

8.6 组织文化

8.6.1 组织文化概述

企业实施内部创业要有一个明确的创业型战略愿景作为指导，而这个宏伟的创业愿景来源于企业的核心价值观，即组织文化。有利于企业内部创业的组织文化是一种以挑战、冒险和创造性为价值观的、以结果为导向的，即创造一种勇于承担风险的文化。换句话说，内部创业型组织文化是指组织成员在组织内可以自由地表达观点，并且对不同的观念有较高的容忍度。

创新是企业永恒的主题，没有创新就没有超越。从某种意义上来说，创新是所有优秀企业的文化核心。创新的关键是能够构建一套规则和机制，而文化则是这种规则和机制的灵魂。即使是同一个行业内的企业，创新机制也会存在很大差别，而文化则是这种机制的聚鼎因素。

内部创业型组织文化有以下几个特点：

1. 变化创新

内部创业型组织文化支持创新与冒险，重视对员工创新潜力的开发。这将影响企业中人们对待内部创业的态度，以及对不确定性规避的程度，即企业文化对模糊性的容忍程度。不确定性规避程度较低的企业文化不太受制度的约束，缺少正规化和标准化，比较宽容"离经叛道"的思想；而不确定性规避程度较高的企业文化则崇尚制度，有较多的规范和标准，不能容忍人们"离经叛道"的思想。很显然，在不确定性规避程度较低的企业中，人们对内部创业会持有一种积极和宽容的态度，受既定制度和习惯的约束较少；而在不确定性规避程度高的企业中，人们倾向于守住现有的成果，反对进行绩效待定的内部创业尝试，从而使内部创业者必须承受群体的强大压力。

2. 时间倾向

从时间倾向角度看，组织文化影响企业内部创业的评估周期及创新方向。在具有长期时间倾向的文化中，人们注重长期利益，希望保持长期稳定的合作关系；在具有短期时间倾向的文化中，人们更加注重当前利益，合作关系灵活多变。

拥有内部创业型组织文化的企业通常都有自身持续成长与发展的需要，从而产生对内部创业的强烈需要。反过来，企业的内部创业也不是一朝一夕可以完成的，需要这种企业文化的支持。内部创业型组织文化由于其对内部创业绩效评估的周期较长，从某种意义上来说是对内部创业的认可和对内部创业短期"失败"的宽容。同时，长期时间倾向允许内部创业者选择不能带来"立竿见影"效果的创业机会，并进行长期的内部创业计划和安排。可以看出，内部创业型组织文化的长时间倾向对于企业内部创业机会的选择、过程设计和实施都有影响。

3. 人本倾向

内部创业型组织文化重视员工个性的发展和创新潜力的发挥。这种"人本"倾向的企业文化认为企业的员工是企业中最重要的资产，甚至是企业核心竞争力之所在，注重对员工能力的开发、职业生涯的设计以及对员工的激励，以此来实现企业人力资本的"保值、增值"，从而影响企业内部创业机会的发现、设计、选择、实施全过程，因为内部创业的每一阶段和过程都涉及人的能动作用和创造性的发挥。

"人本"注重对员工进行培训和引导。通过培训可以使他们真正认识到内部创业的实质，鼓励员工投身于新的冒险事业中，激发员工身上的某些内部创业者特质，培养内部创业企业家的能力，例如，对不确定性环境的承受能力、捕捉机会的能力、从失败中学习的能力。

4. 合作协调

内部创业型组织文化主张企业积极为员工之间的信息共享及合作提供平台。这种强调企业内外合作协调的文化将影响企业内部创业的开展方式。

在个人主义倾向较强的企业文化中，人与人之间的关系较为松散，与良好的人际关系相比，人们更加注重自己的利益，在企业中表现为工作比关系重要；而在集体主义倾向较强的企业文化中则相反，人们在企业中总是尽力维护良好的人际关系，有时甚至以工作上的妥协作为代价。在个人主义倾向的企业文化中，企业创新以个人主义和英雄主义为基础，鼓励个人的创新和冒险精神；而在集体主义倾向的企业文化中，创新是以集体主义为基础的，强调集思广益、团队协作，甚至认为脱离集体主义而过分强调个人能力是不道德的，个人的创新必须得到集体的认同，否则创新很难成功。

5. 开放式信息交流

内部创业型组织文化倡导从理性和感性两方面进行企业与内外部环境的信息交流、沟通，加强与内外部环境的互动联系，强调内外部资源的整合。一方面以满足顾客偏好为经营导向，一方面依据企业自身情况制定产品开发方向。要熟练地协调这两个方面的关系，必须仔细分析企业的各种资源状况，同时紧密跟踪技术和市场的动向，随时准备融合新的流程运作，从而影响企业创新过程中的信息传递、知识积累与企业创新体系的建立。

8.6.2 组织文化对内部创业的影响

正如新制度经济学家诺斯所指出的，"创新的选择存在着路径依赖，组织文化由于其历史性和长期性成为创新的尺度，为创新提供了选择集。"内部创业型组织文化是企业独特的资源，能够为企业内部创业注入新的活力，引导企业内部创业的正确发展方向，获取企业持续竞争优势。

1. 组织文化为企业内部创业提供良好的创新氛围

组织文化能影响企业内部创新创业的氛围。开放性的组织文化有助于在企业中营造创新文化氛围，激发员工的创造力并给予其创新动机，促使员工积极投入创新活动中。在开放性较高的组织文化中，组织成员之间更易于展开沟通和协作，可以促进组织隐性知识的交流、分享和转化，有利于员工学习、获取和应用新知识，这对企业内部创业活动十分重要。特别是在企业内部创业活动开展的初期，需要各个部门通力合作，开放性的组织文化可以促进合作。具有开放性特征的组织文化能够以开放的态度对待员工或其他管理者非常规的思维和创造性想法，从而为企业营造有利的内部创业环境。

2. 组织文化影响组织创新精神

创业精神以及在此基础上产生的创业活动对经济增长起着举足轻重的作用，企业内部创业已成为企业成长的持续动力和竞争优势的重要来源，而企业组织文化是创新精神有效的实现途径。

组织文化会通过塑造创业精神来促进内部创业，在这个过程中，组织文化会支持创新行为，将创新成果制度化，并将其作为组织内重要的一部分，从而激励创新行为。同时也能吸引和留住优秀人才，并使组织在保持不断成长的同时提高组织的竞争力，延长组织的生命周期。良好的组织文化有利于新思想的产生，有利于交流相关的专业知识及技术，有利于培育内部创业者，最终还会为企业内部创新活动的顺利进行做铺垫。企业应该找到适合自己的内部创业型组织文化，充分调动员工的积极性，激发员工的内在创造力和创新意识，全员参与内部创新创业活动。

3. 组织文化平衡组织内部个人主义和集体主义

组织文化对于内部创业的另一个重要影响是平衡组织内部的个人主义和集体主义。个体主义和集体主义对于内部创业活动既有积极影响又有消极影响。"没有个人取向就没有创业活动"，个人取向即个人主义，它注重自我满足和控制，追求个人目标，它也能培养个人的自信、责任感和创造精神等。过分追求个人目标可能会与团队目标以及组织目标相矛盾。集体主义倡导团队合作,能够和谐组织内部人际关系,产生内部协同效应,进而促进创新,但集体主义容易产生"搭便车"行为。

另外,我们要认识到,一个企业要建立有利于企业内部创业的组织文化不可能一蹴而就,而是一个系统的工程。促进创新性的组织文化建立的一个重要环节就是要加强个体与企业以及企业与社会的交流互动。这种交流与互动是企业内外部双向循环的组织化学习过程以及企业外部知识的融合过程。企业在建立组织文化的过程中,应与内部创业相结合,使内部创业融入组织文化中,以获得更持久和综合的发展。组织文化作为组织内重要的一部分,会对创新行为给予激励,并为组织内部创业给予支持。

复习思考题

1. 你怎么理解内部创业的组织支撑因素?
2. 内部创业的组织支撑因素有哪几类?
3. 你觉得组织管理层支持对内部创业有什么影响?

案例分析

3M 公司独特的制度——内部创业

目前自黏性便条纸在企业界得到普遍应用,上至决策阶层,下至基层作业,均已成为不可或缺之物。

事实上,它是 3M 公司独特的"内部创业"制度下的产物。3M 允许技术人员利用 15%的上班时间从事自己的专案研究,以实现自己的创意。发明成功后,公司还给予表扬。

自黏性便条纸是 3M 的工程师亚瑟·佛莱(Art Fry),在"内部创业"制度下,经过 12 年的时间研究发明出来的。这个制度既可鼓励员工创新发明,又可留住人才——防止员工因想创业而离职。

佛莱在 12 年的研究期间,有一次他的上司要求他暂停一个月。佛莱说:"不能这样做,这样会使公司遭受 100 万美元的损失。"上司觉得很好笑,问道:"何以见得呢?"佛莱答道:"若干年后,此产品的月销售额一定达到 100 万美元,如果现在暂停一个月,将来不是要损失 100 万美元的营业额吗?"

结果在佛莱锲而不舍的努力之下,自黏性便条纸成功问世。在 3M 的全力促销下,销量直线上升,应验了当年佛莱所说的话。

同时,3M 公司对员工的创业失败持有建设性的态度。假如某专案研究失败了,公司非但不责备,反而鼓励专案人员重新开始另一项研究工作。

对于想创业的员工,3M 鼓励他们在公司内部创业,变成"内部创业家"。想借研究发明而自立门户的人,固然可能大展宏图,但也可能一败涂地——万一失败了就没有人再支持他进行创业。所以 3M 公司的"内部创业"制度,留住了许多出色的发明人才。

此外，3M公司较为成熟的内部创业体系也是其施行内部创业成功的重要因素。3M公司规定，所有业务部门必须有25%~30%的销售额来自最近五年投入市场的新产品，这就促使了员工们主动进行内部创业以满足这一比例要求。其次，如果员工认为某一项目的潜力诱人，可以向所在部门申请资助。如果他所在部门不予支持，该员工还可向其他部门或公司的新业务开发部门申请资助。一旦项目最终获得批准，项目发起人可以在公司内部招人组建项目小组。

正是因为上述这一整套内部创业体系，3M公司的内部创业才能够进行得较为成功。

资料来源：水之皮.3M公司独特的制度——内部创业［EB/OL］.（2008-11-09）.http://blog.sina.com.cn/blog_5cfb07c90100b8mv.html.

思考题

1. 3M公司制定了哪些措施鼓励员工进行内部创业尝试？
2. 3M公司内部创业取得成功，你从中获得什么启示？

系列实训之八

> **实训目标**

1. 掌握内部创业的组织支撑因素。
2. 了解组织支撑因素对内部创业的影响。

> **实训内容与要求**

1. 分组：假设各组是某公司的内部创业团队，具体探讨哪些因素可能支撑组织内部创业。每组6~8人，选出组长，讨论支撑因素及受到影响的内部创业的方向。
2. 利用课余时间了解内部创业的支撑因素，并撰写报告。
3. 课堂报告：各组陈述，交流体会。

参考文献

[1] 张玉利, 陈寒松, 李华晶. 创业管理 [M]. 4版. 北京: 机械工业出版社, 2016.

[2] 汪忠, 唐亚阳, 李家华. 公益创业学 [M]. 北京: 机械工业出版社, 2019.

[3] 郭超, 比勒费尔德. 公益创业: 一种以事实为基础创造社会价值的研究方法（引进版）[M]. 徐家良, 谢启泰, 卢永彬, 译. 上海: 上海财经大学出版社, 2017.

[4] 福克曼, 托卡斯基, 恩斯特等. 社会创业与社会商业: 理论与案例 [M]. 黄绮, 译. 北京: 社会科学文献出版社, 2016.

[5] 莫光辉. 农民创业与贫困治理 [M]. 北京: 社会科学文献出版社, 2015.

[6] 奥斯特瓦德. 商业模式新生代（经典重译版）[M]. 北京: 机械工业出版社, 2016.

[7] 张国良, 张付安, 李文博. 创业学: 战略与商业模式 [M]. 北京: 清华大学出版社, 2017.

[8] 李家华. 生涯规划与管理 [M]. 上海: 上海交通大学出版社, 2011.

[9] 董青春, 董志霞. 大学生创业基础 [M]. 北京: 经济管理出版社, 2012.

[10] 巴林杰. 创业计划 [M]. 陈忠卫, 译. 北京: 机械工业出版社, 2009.

[11] 李家华. 创业基础 [M]. 北京: 北京师范大学出版社, 2013.

[12] 李时椿. 创业管理 [M]. 北京: 清华大学出版社, 2013.

[13] 徐俊祥. 大学生创业基础知能训练教程 [M]. 北京: 现代教育出版社, 2014.

[14] 张玉利. 创业管理 [M]. 2版. 北京: 机械工业出版社, 2011.

[15] 蒂尔, 马斯特斯. 从0到1: 开启商业与未来 [M]. 高玉芳, 译. 北京: 中信出版社, 2015.

[16] 盖奇. 合伙人章程 [M]. 姜文波, 译. 北京: 机械工业出版社, 2015.

[17] 阿川, 罗瑟尔. 卓越领导力: 理论、应用与技能开发 [M]. 郑晓明, 赵子倩, 译. 北京: 清华大学出版社, 2010.

[18] 丁栋虹. 创业管理: 企业家的视角 [M]. 北京: 机械工业出版社, 2012.

[19] 布鲁克斯. 社会创业 [M]. 李华晶, 译. 北京: 机械工业出版社, 2009.

[20] 内克, 格林, 布拉什. 如何教创业: 基于实践的百森教学法 [M]. 薛红志, 李华晶, 张慧玉, 等译. 北京: 机械工业出版社, 2015.

[21] 瑞德, 萨阿斯瓦斯, 德鲁, 等. 卓有成效的创业 [M]. 新华都商学院, 译. 北京: 北京师范大学出版社, 2015.

[22] 孙洪义. 创新创业基础 [M]. 北京: 机械工业出版社, 2016.

[23] 王艳茹. 创业资源 [M]. 北京: 清华大学出版社, 2014.

[24] 张耀辉. 创业基础 [M]. 广州: 暨南大学出版社, 2013.

[25] 郑炳章. 创业管理 [M]. 北京: 现代教育出版社, 2010.

[26] 莱斯. 精益创业: 初创企业的成长思维 [M]. 吴彤, 译. 北京: 中信出版社, 2012.

[27] 朱晓红. 公益创业理论与实践 [M]. 北京: 知识产权出版社, 2016.

[28] 高杉尚孝. 麦肯锡问题分析与解决技巧 [M]. 郑舜珑, 译. 北京: 时代华文书局, 2014.

[29] 龚焱. 精益创业方法论 [M]. 北京: 机械工业出版社, 2015.

[30] 李肖鸣, 孙逸, 宋柏红. 大学生创业基础 [M]. 3版. 北京: 清华大学出版社, 2016.

[31] 孙继伟. 问题管理: 高水准的问题分析与解决技巧 [M]. 北京: 企业管理出版社, 2014.

[32] 巴林格, 爱尔兰. 创业管理: 成功创建新企业 [M]. 3版. 杨俊, 薛红志, 译. 北京: 机械工业出版社, 2010.

[33] 邓立治. 商业计划书原理与案例分析 [M]. 北京: 机械工业出版社, 2015.

[34] 王卫东, 黄丽萍. 大学生创业基础 [M]. 北京: 清华大学出版社, 2015.

[35] 董青春, 吴金秋. 大学生创业教程 [M]. 北京: 北京航空航天大学出版社, 2010.

[36] 姜曙光, 汪忠, 金来香. 大学生创业基础教程 [M]. 北京: 化学工业出版社, 2013.

[37] 李家华, 郑旭红, 张志宏. 创业有道 [M]. 北京: 高等教育出版社, 2011.

[38] 李时椿, 常建坤. 创新与创业管理: 过程、实践、技能 [M]. 南京: 南京大学出版社, 2011.

[39] 刘帆. 大学生KAB创业精讲 [M]. 北京: 知识产权出版社, 2013.

[40] 刘亚娟. 创业风险管理 [M]. 北京: 中国劳动社会保障出版社, 2011.

[41] 梅强. 创业基础 [M]. 北京: 清华大学出版社, 2012.

[42] 赫里斯. 创业管理 [M]. 蔡莉, 译. 北京: 机械工业出版社, 2010.

[43] 赵淑敏. 创业融资 [M]. 北京: 清华大学出版社, 2009.

[44] 李家华. 创业基础 [M]. 2版. 北京: 清华大学出版社, 2015.

[45] 吴晓义. 创业基础: 理论、案例与实训 [M]. 北京: 中国人民大学出版社, 2014.

[46] 龚秀敏. 创业基础与能力训练 [M]. 北京: 北京大学出版社, 2016.

[47] 邓汉慧. 创业基础 [M]. 北京: 北京大学出版社, 2016.

[48] 王艳茹. 创业基础怎么教: 原理、方法与技巧 [M]. 北京: 清华大学出版社, 2017.

[49] 唐亚阳, 陈伟, 汪忠, 等. 创业学 [M]. 长沙: 湖南大学出版社, 2016.

[50] 王冰, 毛基业. 传统企业的内部创业组织如何获取正当性 [J]. 管理评论, 2020, 32 (4): 104-116.

[51] 徐广平, 张金山, 杜运周. 环境与组织因素组态效应对公司创业的影响: 一项模糊集的定性比较分析 [J]. 外国经济与管理, 2020, 42 (1): 3-16.

[52] 刘静, 苏敬勤. 互联网企业内部创业路径的动态演进: 创业机会选择视角的纵向双案例研究 [J]. 经济管理, 2019, 41 (4): 75-92.

[53] 屈燕妮. 平台组织与内部创业支持: 基于海尔的案例研究 [J]. 中国流通经济, 2018, 32 (9): 58-64.

[54] 林金燕, 唐炎钊, 白云涛. 工作特征对内部创业行为的影响研究: 以工作情感为中介变量 [J]. 当代财经, 2017 (11): 69-78.

[55] 姜忠辉, 罗均梅. 基于组织情境要素的内部创业模式分类研究 [J]. 科学学与科学技术管理, 2017, 38 (9): 141-158.

[56] 杜辉, 何勤, 朱晓妹, 等. 内创业概念、内涵演变及内创业者研究综述 [J]. 管理现代化,

2017, 37 (3): 58-61.

[57] 杜跃平, 王欢欢. 企业内部沟通实践对内部创业的影响研究 [J]. 软科学, 2017, 31 (6): 100-104.

[58] 王林雪, 张娜. 中层管理者视角下企业探索性内创业的驱动因素研究 [J]. 研究与发展管理, 2017, 29 (2): 10-19.

[59] 熊宁. 企业内部创业 [J]. 企业管理, 2008 (7): 88-90.

[60] 吴建祖, 李英博. 感知的创业环境对中层管理者内部创业行为的影响研究 [J]. 管理学报, 2015, 12 (1): 111-117.

[61] 胡峰, 黄耀敏. 传媒公司共享型领导对内创业行为影响研究 [J]. 现代传播（中国传媒大学学报）, 2019, 41 (3): 133-139.

[62] 蒋丽芹, 方洁. 伦理型领导对员工内创业意愿的影响机制研究 [J]. 科技进步与对策, 2018, 35 (9): 138-144.

[63] 陈洁. 内创业理论视角下的高校创业教育模式研究 [J]. 教育与职业, 2018 (1): 54-61.

[64] 李先军. 供给侧结构性改革背景下中小企业内创业研究：模式选择与路径设计 [J]. 商业研究, 2017 (10): 107-115.

[65] 叶正飞. 地方应用型本科高校的内创业教育研究 [J]. 高等工程教育研究, 2016 (5): 53-56.

[66] 郭会斌. 内创业战略情境下人力资源策略的生产性意蕴：兼论人力资源管理促进成熟期更新的机理 [J]. 经济问题, 2015 (7): 19-23, 76.

[67] 郭美兰, 汤勇, 孙倩. 内创业员工与独立创业者创业特质比较 [J]. 城市问题, 2015 (4): 64-71.

[68] 潘建林. 专业市场转型期的义商创业行为转型：企业内创业一般模式与策略 [J]. 商业时代, 2013 (9): 108-109.

[69] 蔡春驰. 开展内创业教育：重视内创业者的培养：高校大学生创业教育发展趋向研究 [J]. 中国高教研究, 2012 (1): 86-89.

[70] 王国颖. 公司内创业：激励中层管理者的新思路 [J]. 中国人力资源开发, 2011 (12): 22-25.

[71] 黄兆信, 陈赞安, 曾尔雷, 等. 内创业者及其特质对我国高校创业教育的启示 [J]. 高等教育研究, 2011, 32 (9): 85-90.

[72] 王丽平, 李乃秋, 许正中. 中小企业持续内创业的动态管理机制研究：基于双元能力的圆形组织结构视角 [J]. 科技进步与对策, 2011, 28 (8): 78-82.

[73] 马丽波, 刘亚丹. 家族企业内创业：圈内人与圈外人选择研究 [J]. 财经问题研究, 2011 (4): 31-37.

[74] 王丽平, 李乃秋. 从巨人网络看企业的内创业 [J]. 企业管理, 2010 (7): 43-45.

[75] 马一德, 龙正平, 范利民. 公司内创业战略的组织机制实证研究 [J]. 统计与决策, 2009 (18): 91-94.

[76] 马一德, 龙正平, 范利民. 公司内创业：困境以及摆脱困境的组织因素 [J]. 山西财经大学

学报，2007（11）：73-79.

[77] 马一德，龙正平，范利民. 公司创业行为下的战略变革模式［J］. 经济经纬，2007（5）：96-99.

[78] 吴道友. 创业研究新视角：内创业及其关键维度分析［J］. 商业研究，2006（11）：20-22.

[79] 袁登华. 内创业：企业可持续发展的关键途径［J］. 商业研究，2003（18）：53-55.

[80] 张健，姜彦福，郭鲁伟. 公司创业：变追求生产利润为赢得风险收益［J］. 企业管理，2003（7）：43-44.

[81] 袁登华. 内创业者及其培育［J］. 商业研究，2003（12）：47-48.

[82] 刘莎莎，宋立丰，宋远方. 数字化情境下互联网独角兽的公司创业路径研究［J］. 科学学研究，2020，38（1）：113-123.

[83] 徐广平，张金山，杜运周. 环境与组织因素组态效应对公司创业的影响：一项模糊集的定性比较分析［J］. 外国经济与管理，2020，42（1）：3-16.

[84] 孙秀丽，赵曙明. CEO冒险倾向对公司创业的影响：一个被调节的中介模型［J］. 科学学与科学技术管理，2019，40（6）：107-124.

[85] 周翔，罗顺均，吴能全，等. 核心能力快速丧失企业的公司创业：基于海印商业运营的公司创业纵向案例研究［J］. 管理世界，2018，34（6）：157-172，181.

[86] 王凤霞，夏爽，陈亚娟. 中基层员工主导型公司创业过程研究：基于腾讯公司的探索性案例设计［J］. 科技进步与对策，2018，35（12）：107-116.

[87] 赵兴庐，刘衡，张建琦. 冗余如何转化为公司创业？：资源拼凑和机会识别的双元式中介路径研究［J］. 外国经济与管理，2017，39（6）：54-67.

[88] 杨林，张世超，季丹. 公司创业战略导向、高管团队垂直对差异与创业绩效关系研究［J］. 科研管理，2016，37（12）：92-104.

[89] 董军. 过程视角下外部资本与内部创业的关系研究：以百度"作业帮"为案例［J］. 中国人力资源开发，2016（22）：55-60.

[90] 张秀娥，祁伟宏，李泽卉. 创业者经验对创业机会识别的影响机制研究［J］. 科学学研究，2017，35（3）：419-427.

[91] 王国颖. 公司内创业：激励中层管理者的新思路［J］. 中国人力资源开发，2011，000（12）：22-25.

[92] HORNSBY J S, KURATKO D F, HOLT D T, et al. Assessing a measurement of organizational preparedness for corporate entrepreneurship［J］. Journal of Product Innovation Management, 2013, 30（5）：937-955.

[93] BURGESS C. Factors influencing middle managers' ability to contribute to corporate entrepreneurship［J］. International Journal of Hospitality Management, 2013, 32：193-201.

[94] ROMERO-MARTINEZ A M, FERNANDEZ-RODRIGUEZ Z, VAZQUEZ-INCHAUSTI E. Exploring corporate entrepreneurship in privatized firms［J］. Journal of World Business, 2010, 45（1）：2-8.

[95] WEI L Q, LING Y. CEO characteristics and corporate entrepreneurship in transition economies：Evidence from China［J］. Journal of Business Research, 2015, 68（6）：1157-1165.

[96] SHAKER A Z, COVIN J G. Contextual influences on the corporate entrepreneurship-performance relationship: A longitudinal analysis [J]. Journal of Business Venturing, 1995, 1 (10): 43-58.

[97] MARTIN-ROJAS R, GARCIA-MORALES V J, GARCIA-SANCHEZ E. The influence on corporate entrepreneurship of technological variables [J]. Industrial Management & Data Systems, 2011, 111 (7): 984-1005.

[98] ZAHRA S A, PEARCE J A. Corporate entrepreneurship in smaller firms: the role of environment, strategy and organization [J]. Entrepreneurship, innovation and change, 1994, 3 (1): 31-44.

[99] SCHMELTER R, MAUER R, BÖRSCH C, et al. Boosting corporate entrepreneurship through HRM practices: Evidence from German SMEs [J]. Human Resource Management, 2010.

[100] HAASE H, FRANCO M, FELIX M. Organisational learning and intrapreneurship: evidence of interrelated concepts [J]. Leadership & Organization Development Journal, 2015 (8): 906-926.

[101] ZAHRA S A, NIELSEN A P, Bogner W C. Corporate entrepreneurship, knowledge, and competence development [J]. International Journal of Manpower, 1999, 26 (6): 529-543.